LA VOIE
DE LA LUMIÈRE

Du même auteur
aux Éditions J'ai lu

Le sens de la vie, *J'ai lu* 4977
L'art du bonheur, *J'ai lu* 5615
L'art du bonheur-2, *J'ai lu* 6980
Paix des âmes, paix des cœurs, *J'ai lu* 6598
L'art de la compassion, *J'ai lu* 6959
Vaincre la mort et vivre une vie meilleure, *J'ai lu* 7482
L'harmonie intérieure, *J'ai lu* 7472

SA SAINTETÉ LE DALAÏ-LAMA

LA VOIE DE LA LUMIÈRE

TRADUIT DU TIBÉTAIN ET PRÉSENTE
PAR GlENN MULLIN

TRADUIT DE L'ANGLAIS
PAR AUDOUIN SOUALLE

J'AI LU

Collection dirigée
par Ahmed Djouder

Note

Dans les mots sanskrits et tibétains, la prononciation obéit aux règles suivantes :

g se prononce *gu*
j .... *dj*
ch .... *tch*
z .... *dz*
u .... *ou*
e .... *é* ou *è*

Titre original:

THE PATH TO ENLIGHTMENT
Publié par Snow lion Publications Ithaca, New York, USA, 1983

Ouvrage publié sous la direction de Glenn H. Mullin

Introduction

Sonam Gyatso, propagateur et pacificateur

Un jour de 1542, alors qu'il était dans sa soixante-huitième année, Gendun Gyatso, le deuxième dalaï-lama, dit à ses disciples : « Ce corps de lama est maintenant bien vieux et bien courbé, et il n'a plus la force de me servir ni de servir les autres. Si je pouvais de nouveau avoir un corps de jeune homme, je pourrais prendre à ma charge une plus grande part de responsabilité pour le bien du monde. Ceci me rendrait vraiment heureux [1]. »

De cette manière, il laissa comprendre à ses disciples que le moment de sa mort approchait. La même année, au matin de la demi-lune de mars, il se mit en position de méditation et cessa de respirer. Il resta dans cette posture pendant plusieurs jours, sa respiration externe et son cœur arrêtés, jusqu'à ce que tous les signes de la mort apparaissent. La légende raconte qu'il était tellement découragé par les conflits et les troubles qui accablaient l'Asie centrale depuis des siècles qu'il faillit ne pas reprendre naissance et interrompre sa lignée d'incarnations au Tibet. Il est dit que Guru Rimpoché lui apparut alors pour lui demander de reconsidérer sa

1. Cette citation est mentionnée dans la plupart des biographies tibétaines du deuxième dalaï-lama. Ici, elle est extraite du *Dukulai-gozang* (tib. *Du-ku-lai-gos-bzang*) de Desi Sanggye Gyatso.

décision, prophétisant que, s'il changeait d'avis et acceptait de continuer sa lignée, il obtiendrait l'autorité spirituelle et séculaire sur le pays une centaine d'années plus tard et aurait ainsi la capacité de mettre un terme aux querelles sectaires et provinciales. Il accepta et, précisément cent ans plus tard, en 1642, en la personne du cinquième dalaï-lama, il allait devenir souverain de la nation tibétaine tout entière. Son incarnation en tant que troisième dalaï-lama, quant à elle, allait d'ores et déjà lui permettre de jouer un rôle considérable dans l'organisation d'un nouvel ordre sur ces terres dont la paix lui tenait tant à cœur.

Un an après la mort du deuxième dalaï-lama, un enfant montrant tous les signes d'un lama réincarné naquit dans la région de Tolung. Une délégation de moines et d'officiels vint du monastère de Drépung pour l'examiner et ils le reconnurent comme la réincarnation du défunt Gendun Gyatso. Il fut emmené à Drépung[1] pour y être éduqué et y reçut le nom de Sonam Gyatso. Après avoir suivi une formation très intensive et rigoureuse dans toutes les disciplines spirituelles, il devint abbé du monastère.

A cette époque, la Mongolie était le pays le plus puissant et le plus sauvage de toute l'Asie, terrorisant tous les pays avoisinants, de l'est de la Chine jusqu'à l'Europe, et de la Sibérie, au nord, jusqu'au centre de l'Inde, au sud. Lors d'une opération de pillage en Chine, les mongols Tumed capturèrent un lama au chapeau jaune. Impressionnés par sa stature et sa conduite, ils le ramenèrent à leur roi, Altan Khan. Profondément impressionné, lui aussi, par ce simple moine, Altan Khan lui demanda quel était le nom de son maître. « Sonam Gyatso », fut la réponse. Ainsi Sonam Gyatso fut-il convoqué à se présenter devant

1. Le deuxième dalaï-lama établit le Ganden Podrang à Drépung comme résidence officielle pour la lignée des dalaï-lamas. Cette résidence eut cette fonction jusqu'à ce que le cinquième dalaï-lama fît construire le palais du Potala, à Lhassa.

Altan Khan, faute de quoi celui-ci envahirait le Tibet. Sachant qu'il avait un lien karmique très favorable avec le peuple mongol, Sonam Gyatso accepta de se rendre en Mongolie, s'engageant ainsi dans une entreprise de pacification des terres d'Asie centrale qui allait l'occuper jusqu'à la fin de ses jours. La légende raconte que, lorsqu'il arriva et fut questionné sur le degré de sa puissance, Gyalwa Sonam Gyatso plongea son bras dans un énorme bloc de pierre et en retira une large conque dont la matrice était tournée à l'envers. Il porta la conque à ses lèvres et y souffla puissamment, pour symboliser la venue du Bouddhadharma ; à la suite de quoi la terre se mit à trembler. A une autre occasion, est-il raconté, il pointa du doigt vers la rivière, fit arrêter son cours puis le fit remonter. Le Khan accepta Sonam Gyatso comme guru et déclara que son royaume serait désormais bouddhiste, mettant ainsi un terme à la phase de terreur dans laquelle l'Asie centrale avait été plongée. Le Khan donna à Sonam Gyatso le nom de « dalaï-lama », ou « Lama qui est un océan [de sagesse] ». Comme Sonam Gyatso était reconnu comme la réincarnation de Gendun Gyatso, lui-même réincarnation de Gendun Drub, fondateur du puissant monastère de Tashi Lungpo et disciple direct de Tsong Khapa, il fut appelé troisième dalaï-lama et le nom fut attribué, à titre posthume, à ses deux prédécesseurs.

Le titre de dalaï-lama tient en fait à un changement inattendu du cours de l'histoire[1]. Le premier dalaï-lama avait été appelé Gendun Drub, et le deuxième Gendun Gyatso. Il était prévu que le troisième serait appelé Gendun Drakpa et que tous les dalaï-lamas suivants auraient pour premier nom d'ordination Gendun. C'est donc à la surprise générale que Panchen Sonam Drakpa, au moment d'ordonner le jeune troisième

1. Sa Sainteté mentionne ceci dans le premier chapitre de son commentaire de *L'Essence de l'or pur*. Cet événement a été pendant plusieurs siècles un sujet d'interrogation et d'incompréhension pour les Tibétains.

dalaï-lama, lui donna le nom de Sonam Gyatso. L'événement provoqua un scandale national. Sonam Drakpa avait-il vu quelque chose que les prophètes tibétains d'avant n'avaient pas vu ? Toujours est-il que, depuis cette époque, tous les dalaï-lamas ont pour deuxième nom Gyatso, au lieu de Gendun pour premier. Si Sonam Drakpa n'avait pas pris cette initiative, le titre de dalaï-lama n'aurait en fait jamais existé, puisque *Dalaï* est la traduction de *Gyatso. Gendun,* en mongol, aurait été traduit par *Khuravag,* si bien que le dalaï-lama aurait été connu par la postérité sous le nom de « Khuravag-Lama ».

Après avoir converti Altan Khan au bouddhisme, Gyalwa Sonam Gyatso lui confia qu'il était lui-même une réincarnation de Sakya Pakpa et que le Khan, quant à lui, en était une de Kublaï Khan (que Sakya Pakpa avait converti au bouddhisme environ trois siècles auparavant). Le descendant de Kublaï avait renoncé au bouddhisme et fait revenir la Mongolie à ses anciennes coutumes chamaniques. Mais, selon le troisième dalaï-lama, Kublaï était revenu comme Altan afin de réparer les dommages qui avaient été causés et remettre les Mongols sur la voie du bouddhisme. Le troisième dalaï-lama prophétisa aussi qu'après une période de quatre-vingts ans les descendants d'Altan retrouveraient le pouvoir sur toute la Mongolie et la Chine. Les Tibétains pensent que cette prophétie fut réalisée lorsque, moins d'un siècle plus tard, les Mandchous, qui descendaient des Mongols, s'imposèrent comme pouvoir prédominant à l'est et remplacèrent la dynastie Ming en Chine.

Gyalwa Sonam Gyatso poursuivit ensuite son œuvre de pacification en Mongolie, au Tibet oriental et en Chine occidentale. Lorsqu'il enseignait, il laissait de côté la magie et le mystère pour n'évoquer que les fondements de la pratique et des méthodes permettant de cultiver une conscience spirituelle dans la vie quotidienne. Ses enseignements avaient une profonde influence sur ceux qui venaient l'écouter et, partout où il passait, il laissait derrière lui des monastères et des centres spirituels qui, au fil des siècles suivants, allaient donner une nouvelle forme aux civilisations avec lesquelles il était entré en contact. Grâce à son action, les effets pacificateurs de la doctrine du Bouddha purent se répandre sur des terres qui n'avaient précédemment connu que guerres et conflits. Ces contrées sont restées bouddhistes jusqu'à nos jours.

L'œuvre accomplie par le troisième dalaï-lama contribua d'une façon déterminante à développer l'influence du Tibet en Asie centrale. Ses activités de propagation du bouddhisme à travers les régions périphériques du Tibet, et particulièrement à l'est, allaient servir de fondation pour l'œuvre du cinquième dalaï-lama qui, en 1642, parvint à unifier toutes les régions du pays sous l'égide d'un gouvernement installé à Lhassa, gage d'une stabilité intérieure dont l'« époque de lumière » des XVIIIe et XIXe siècles fut le fruit.

Le deuxième mois de l'année de la souris de terre (1588), Sonam Gyatso manifesta des signes de maladie. Il appela ses disciples, leur apprit que le moment de son départ était venu et leur donna son dernier enseignement. Il composa alors une lettre de conseils pour ceux qu'il n'avait pas pu voir avant sa mort, les encourageant à pratiquer le Dharma du mieux qu'ils le pouvaient. Quelques jours plus tard, après leur avoir promis qu'il reviendrait rapidement dans un nouveau corps, il s'assit en méditation et mourut. Peu de temps après, Altan Khan eut un petit-fils dont la naissance fut accompagnée de nombreux phénomènes mystérieux et qui présentait tous les signes d'une incarnation supérieure. Des envoyés de Lhassa vinrent le rencontrer et le reconnurent comme la réincarnation de Sonam Gyatso.

Du fait de son activité très intense à travers l'Asie centrale, Sonam Gyatso ne fut pas un auteur aussi prolifique que ses prédécesseurs. *Le Guide de la littérature tibétaine*[1] de Longdol Lama n'énumère que quarante titres écrits de sa main, ce qui est peu selon les critères tibétains, mais les textes qu'il nous a laissés sont d'une qualité exceptionnelle.

Son œuvre la plus importante et la plus réputée est *L'Essence de l'or pur,* présentée ici avec un long commentaire de Tenzin Gyatso, l'actuel dalaï-lama. Cette œuvre est l'un des joyaux de la tradition dite du Lam Rim.

L'histoire du Lam Rim

L'histoire du Lam Rim commence avec le grand maître indien du XIe siècle, Atisha, né en 982 à l'est du Bengale, deuxième fils d'un roi. Dès l'enfance, Atisha manifesta un désintérêt pour la vie mondaine et un attrait considérable pour l'étude. A l'âge de l'adolescence, il quitta sa famille et sa vie de prince afin de s'engager dans l'étude et la pratique des *tantras* auprès de l'adepte Rahula Gupta de la Montagne Noire et différents autres maîtres. Selon grand nombre de sources tibétaines, il passa ensuite trois années à Oddijana, participant à des fêtes tantriques en la compagnie de *dakinis* mystiques. A l'âge de vingt-neuf ans, il décida de devenir moine et se consacra, pendant les douze années suivantes, à une étude approfondie de tous les écrits *hinayana* et *mahayana.* Après avoir atteint une maîtrise de tous les sujets jusque dans leurs aspects les plus subtils, il se demanda quelle serait désormais pour lui la voie la plus rapide vers l'éveil. Différents signes et visions le convainquirent alors que le seul développement de nombreux pouvoirs et d'un *samadhi* aussi stable qu'une chaîne de montagnes ne suffirait pas à lui faire atteindre son but. Le cœur de l'éveil, lui était-il indiqué au travers des messages qu'il reçut de ses gurus et divinités de méditation, c'était l'amour, la compas-

1. Tib. *gSung-'Bum-dkar-cha.*

sion et l'esprit altruiste d'éveil. Apprenant que le maître possédant les enseignements les plus complets dans ce domaine était le maître indonésien Dharmakirti (tib. Serlingpa), il se mit aussitôt en route pour l'Indonésie, qu'il atteignit au terme d'un long et périlleux voyage. Il consacra les douze années qui suivirent à l'étude des enseignements sur la *bodhicitta* (l'esprit altruiste d'éveil) et la transformation de l'esprit (Lojong) auprès du Guru Dharmakirti, puis retourna en Inde, où il passa les quinze années suivantes, jusqu'à son départ pour le Tibet en 1042.

A cette époque, le Tibet était en pleine phase de renaissance spirituelle. Après tous les efforts qu'avaient déployés, durant le VIIIe siècle, le roi Tri Song Detsen et le grand yogi Guru Rimpoché (skt Padmasambhava) pour implanter le bouddhisme au Tibet, le roi Langdarma avait, au IXe siècle, fait tout son possible pour l'en éradiquer. Au lendemain de son règne court mais dévastateur, la grande ferveur qu'une majorité de la population tibétaine éprouvait pour le bouddhisme pouvait de nouveau se manifester. Mais il fallait au préalable évaluer tout ce qui avait été détruit : du fait des grands dommages infligés par le roi Langdarma, de nombreuses traditions avaient disparu du Tibet, de fausses traditions s'étaient répandues et la communauté monastique était complètement démantelée. Une conséquence grave du désordre dans lequel se trouvait le bouddhisme tibétain est que ses aspects *soutrayana* et *tantrayana* n'étaient plus perçus comme complémentaires, mais comme contradictoires : ceux qui pratiquaient les *soutras* rejetaient les *tantras* et ceux qui pratiquaient les *tantras* n'avaient plus de respect pour la discipline.

Le besoin se faisait aussi ressentir, à cette époque, de se référer aux ouvrages sanskrits originaux, à la lumière de trois cents années d'expérience de la pratique bouddhiste que comptait déjà le Tibet.

Pour répondre à ces nécessités de mise au point et de développement apparut donc toute une vague de traducteurs qui œuvrèrent à importer ou réimporter les traditions d'Inde. Parmi eux, on peut citer Drogmé le traducteur, qui étudia les lignées du guru indien Dharmapala, et dont les disciples formèrent l'école Sakya, et Marpa le traducteur, qui étudia avec les gurus indiens Naropa et Maitripa avant de former l'école Kagyu. Mais, pour redonner une forme homogène à l'ensemble de la tradition tibétaine, le besoin se faisait également sentir de faire venir d'Inde un maître qui puisse personnifier l'unité de tous les enseignements. C'est ainsi que le roi Yeshe Od décida d'appeler Atisha.

On ne peut parler de l'œuvre d'Atisha au Tibet sans évoquer les circonstances qui entourèrent sa venue. Pendant plusieurs années, le roi Yeshe Od essaya de faire venir le célèbre pandit au Tibet, mais celui-ci était tellement populaire en Inde que les monastères refusaient de le laisser partir. Yeshe Od décida alors de se rendre au Turkestan afin de trouver suffisamment d'or pour appuyer sa requête. Il tomba, hélas, aux mains du peuple garlok, dont le roi demanda comme rançon l'équivalent en or du poids de Yeshe Od. Jangchub Od, le neveu de Yeshe Od, parvint à réunir la presque totalité de la rançon demandée et la présenta au roi des Garloks. Le poids de la tête manquant, le roi refusa la rançon. Yeshe Od put toutefois s'entretenir avec son neveu. Comparant les dix années qu'il pouvait peut-être encore espérer vivre, s'il était libéré, avec les immenses bénéfices que pourrait apporter la venue d'Atisha au Tibet, il demanda à son neveu d'envoyer la somme réunie aux monastères indiens avec le message qu'en plus de cet or, c'était la vie d'un roi qui avait été offerte pour qu'Atisha puisse venir enseigner au Tibet. Yeshe Od mourut entre les mains des Garloks, mais le don qu'il avait fait de sa propre personne allait permettre de poser l'une des plus fortes fondations de tout le bouddhisme tibétain.

Ayant promis aux monastères indiens de ne partir que pour trois ans, Atisha put enfin se rendre au Tibet où il resta néanmoins jusqu'à sa mort, environ treize années plus tard.

Lorsque Atisha arriva au Tibet, il lui fut demandé de dispenser l'enseignement le plus adapté au peuple tibétain. Il composa alors le court texte de la *Lampe pour la voie de l'éveil,* dans lequel il parvint à synthétiser l'ensemble de la doctrine du Bouddha sous une forme facilement abordable. Ce système de pratique mis au point par Atisha était le fruit de plusieurs lignées dont il était le dépositaire et tout particulièrement de deux d'entre elles : celle dite « des enseignements de la sagesse » transmis du Bouddha à Manjushri puis à Nagarjuna, et celle dite « des enseignements de la méthode », transmis du Bouddha à Maitreya puis à Asanga[1]. Il avait reçu la première du maître Vidyakokila le second et la deuxième de Dharmakirti.

Au cours des siècles, des centaines de commentaires de la *Lampe pour la voie de l'éveil,* qui sont autant de façons de présenter le système de pratique établi par Atisha, allaient être composés par les maîtres tibétains. Ils sont connus sous le nom de Lam Rim ou « étapes de la progression vers l'éveil ». Tsong Khapa, le fondateur de l'école Géluk, en écrivit trois ; Sonam Gyatso fit le commentaire de l'un d'eux : c'est *L'Essence de l'or pur.* Ces trois textes de Tsong Khapa et celui de Sonam Gystso comptent parmi ce que l'on a coutume d'appeler « les huit grands Lam Rim[2] ».

Le principal disciple d'Atisha était le pratiquant laïc tibétain Drom Tonpa (une incarnation précédente des

1. Les dates des premiers maîtres bouddhistes indiens sont très difficiles à établir, les documents s'y référant n'ayant pas survécu jusqu'à nos jours. En général, on situe Nagarjuna aux environs des Ier et IIe siècles et Asanga des IIIe et IVe.

2. Les autres des huit grands textes du Lam Rim sont *Le Chemin de la voie spirituelle* (tib. *bDe-lam-lam-rim*) du premier Panchen Lama, les *Instructions de Manjushri* (tib. *'Jam-dbyangs-zhal-lung*) du cinquième dalaï-lama, un *Guide de la voie rapide* (tib. *Myur-lam-lam-rim*) du deuxième Panchen Lama, et *La Voie des excellentes écritures* (tib. *Lam-rim-snying-gu*) de Dvakpo Ngawang Drakpa.

dalaï-lamas) qui forma une école autour de ses enseignements, l'école Kadam. Atisha transmit toutes ses lignées à Drom Tonpa, y compris celle de la *Lampe pour la voie de l'éveil*. Drom Tonpa la divisa entre trois de ses disciples et il fallut attendre la venue de Tsong Khapa, deux cent cinquante ans plus tard, pour qu'elle soit de nouveau unie. Depuis lors, elle a été transmise intacte par les dalaï-lamas et leurs maîtres jusqu'aux grands lamas d'aujourd'hui.

L'importance d'Atisha pour le bouddhisme tibétain ne sera jamais assez soulignée. Non seulement l'école Kadam servit de fondation à l'école Géluk de Tsong Khapa (l'école Géluk est souvent appelée « nouvelle école Kadam »), mais elle exerça aussi une influence considérable sur toutes les autres écoles. Elle a en fait véritablement insufflé à toute la tradition tibétaine cet esprit d'inséparabilité des différents aspects de la pratique, symbolisé par sa devise : « Une pratique externe de la discipline éthique (le Hinayana), une pratique interne de l'esprit altruiste d'éveil (le Mahayana) et une pratique secrète du mantra secret (le Vajrayana). »

La venue de Tsong Khapa, au XIVe siècle, allait donner un nouvel essor aux enseignements d'Atisha. Né à l'est du Tibet en 1357 et prophétisé maintes fois auparavant (par le Bouddha en particulier), Tsong Khapa était renommé pour ses extraordinaires facultés intellectuelles et pour la façon exemplaire dont il se donnait « corps et âme » à la pratique. Ayant étudié auprès de nombreux maîtres de toutes les traditions alors existantes, Tsong Khapa avait pour ambition de créer un ordre qui unirait en quelque sorte tous les autres. Il devait pour cela choisir entre deux approches possibles : soit s'associer à une tradition déjà existante et tenter de la reformer selon sa vision personnelle, soit fonder son propre monastère et enseigner ses propres idées. Il choisit la seconde, et le succès formidable de son entreprise semble montrer la sagesse de sa décision. Rapidement, son nouvel ordre, l'école Géluk (« la Voie vertueuse »), devint une force majeure du Tibet central. En l'espace d'un siècle, elle se développa dans toutes les régions du pays. Le monastère qu'il établit, Ganden, devint l'un des plus grands sièges d'études spirituelles que le monde bouddhiste ait jamais connus.

Comment Tsong Khapa combina-t-il les enseignements des différentes écoles ? Concernant les *soutras*, il reprit le système de pratique de l'école Kadam instauré par Atisha dans la *Lampe pour la voie de l'éveil* (les quatre écoles – Nyingma, Sakya, Kagyu et Kadam – avaient, quant au fond, des approches et des interprétations similaires des *soutras*). Pour la formation intellectuelle, il s'inspira de celle des Sakya, la plus intensive et la plus rigoureuse. Les techniques de dialectique et la tradition du *Shun Chen Kapo Nga*, ou *Cinq traités difficiles*, de l'école Sakya, furent donc incluses dans les entraînements de base de l'école Géluk. Pour les *tantras*, il emprunta aux Kagyu les lignées de l'Assemblée secrète (*Guhyasamaja*), les *Six yogas de Naropa* et les *Cinq doctrines du Mahamoudra (Le Grand Sceau)* ; aux Sakya, il prit les lignées de *Heruka* et *Hevajra* ; et aux Nyingma, entre autres pratiques, celles de la *Yamantaka rouge* et de la *Dakini à la tête de lion*.

Lorsqu'il atteignit l'âge de soixante-trois ans, Tsong Khapa fit savoir à ses disciples qu'il s'apprêtait à mourir. Le vingtième jour du dixième mois de l'année 1419, il commença une pratique de Heruka dans une chapelle supérieure du monastère de Ganden et, cinq jours plus tard, s'engagea dans une méditation spéciale appelée « dissolution des trois vacuités ». En présence de centaines de disciples, il cessa de respirer et transforma lentement son corps de vieil homme en celui d'un jeune homme. Les rides disparurent de son visage, et sa chair ainsi que sa peau prirent l'apparence de celles d'un garçon de seize ans. Des arcs-en-ciel émanant de son corps remplirent la pièce et de nombreux autres signes extraordinaires purent être observés. Ses disciples déposèrent sa dépouille dans un stoupa d'or installé dans une salle spéciale du monastère de Ganden, qui devint alors un lieu de pèlerinage, jusqu'à l'invasion du Tibet par les Chinois dans les années 1950. Les envahisseurs furent stupéfaits à la vue du corps de Tsong Khapa, qui était non seulement en parfait état, mais encore chaud, et dont les cheveux et les ongles continuaient de pousser. Incapables d'accepter l'existence d'une telle réalité, ils mirent le feu au stoupa de Tsong Khapa, puis détruisirent entièrement le monastère. Certains disciples réussirent cependant à sauver des flammes quelques reliques de ses os, qui furent emportées clandestinement en Inde, à Dharamsala, où on peut les voir aujourd'hui, dans la pièce supérieure du temple principal.

En plus d'un grand érudit, d'un grand pratiquant et d'un grand réformateur, Tsong Khapa fut aussi un écrivain prolifique. Son œuvre, regroupée en dix-huit épais volumes, contient plus de deux cents titres et couvre chaque aspect du bouddhisme exotérique et ésotérique, traitant de la théorie et de la pratique. L'une de ses œuvres les plus renommées est le *Jang Chub Lam Rim Chen Mo*, ou *Grand Exposé des étapes de la voie spirituelle,* qui est un « commentaire général sur le sens » de la *Lampe pour la voie de l'éveil.* Afin de montrer l'importance qu'il accordait au système de pratique du Lam Rim, Tsong Khapa rédigea trois versions de différentes longueurs de cette œuvre, dont la plus courte est entièrement composée à partir de ses propres expériences. C'est cette version que commente *L'Essence de l'or pur,* et nous la trouverons par conséquent citée tout au long du texte du troisième dalaï-lama.

Tsong Khapa écrivit son *Grand Exposé des étapes de la voie spirituelle* alors qu'il vivait dans une grotte audessus du monastère de Nartang, centre de l'école Kadam d'Atisha. La lignée entière des gurus, depuis ses propres maîtres jusqu'à Atisha et Bouddha, lui apparaissait régulièrement en vision et guidait ses écrits. Atisha lui-même apparut à Tsong Khapa tout au long de la rédaction de son œuvre et c'est pourquoi Tsong Khapa, dans son introduction au *Grand Exposé*, le cite comme en étant l'auteur véritable.

Le Lam Rim au présent, Tenzin Gyatso

L'Essence de l'or pur est un texte brillant et puissant, mais il contient un éventail tellement large d'idées sous une forme tellement concise (seulement vingt-trois folios, ou quarante-six pages) qu'il ne peut être aisément compris par une personne peu familière de ce genre de littérature.

L'enseignement public donné par Sa Sainteté le présent dalaï-lama est donc une explication et un complément idéal de ce texte non dénué de difficultés de compréhension. Devant un auditoire mélangé, composé de hauts lamas érudits, de nomades illettrés et de dévots ordinaires, il a dispensé son enseignement d'une façon à la fois simple et profonde, dans un souci permanent d'atteindre tout son public. Son discours étant un « commentaire sur le sens » *(Don-'grel)*, il couvre par conséquent le contenu du texte du troisième dalaï-lama d'une façon générale et directe, traitant des thèmes centraux de l'ouvrage plutôt que des technicités spécifiques. Faisant alterner des réflexions personnelles, des conseils spirituels directs et des citations scripturales, Tenzin Gyatso présente l'esprit du court ouvrage du troisième dalaï-lama avec une aisance et une fluidité étonnantes, et nous permet de bénéficier de la meilleure façon possible de la profonde expérience de tous les maîtres éclairés qui ont participé à sa genèse.

Glenn MULLIN et Audouin SOUALLE

PREMIÈRE PARTIE

L'ESSENCE DE L'OR PUR

1

La nature de l'instruction

Aux pieds du Jetsun Lama,
Personnification des Trois Joyaux,
Je prends refuge du plus profond de moi ;
Veuillez m'accorder vos pouvoirs transformateurs.

Voici, pour les êtres spirituellement orientés souhaitant tirer avantage des possibilités offertes par une vie humaine, un traité sur la tradition Lam Rim de méditation, une tradition connue sous le nom d'*Etapes de la voie spirituelle menant à l'éveil.*

Qu'est-ce que la tradition du Lam Rim ? C'est l'essence de tous les enseignements du Bouddha, le chemin parcouru par les êtres supérieurs du passé, du présent et du futur, le legs des maîtres Nagarjuna et Asanga, la religion des êtres suprêmes en route vers la terre de l'omniscience, la synthèse intégrale de toutes les pratiques des trois niveaux d'application spirituelle.

Le Lam Rim est un aspect particulièrement important du Dharma, car c'est une tradition d'origine pure. Il n'a ni défaut ni imperfection car c'est une pratique complète unissant parfaitement l'aspect méthode et l'aspect sagesse de la voie. Il présente tous les niveaux et degrés des techniques transmises au travers de Nagarjuna et Asanga, depuis les pratiques destinées aux débutants jusqu'aux pratiques finales menant au seuil de la bouddhéité complète, l'étape de non-pratique.

Ce Dharma gradué d'origine pure est comme le

joyau qui exauce tous les vœux car, grâce à lui, l'infinité des êtres peut aisément et rapidement atteindre ses buts. Combinant les courants des excellents enseignements des textes *hinayana* et *mahayana*, il est comme un océan majestueux. Révélant les principaux points du Soutrayana et du Vajrayana, c'est une tradition complète, composée d'enseignements complets. Indiquant les principales techniques pour dompter l'esprit, il peut aisément être intégré dans n'importe quelle pratique, et, en tant qu'enseignement combinant les lignées de Guru Vidyakokila, un sage de l'école de Nagarjuna, et de Lama Serlingpa (Dharmakirti), un sage de l'école d'Asanga, c'est un ornement précieux. C'est par conséquent une chance particulièrement grande que de pouvoir pratiquer l'étude, la contemplation ou la méditation sur un exposé du Lam Rim.

Pour citer le *Chant des étapes* de la voie spirituelle de Jé Rimpoché[1] :

De Nagarjuna et Asanga,
Bannières flottant sur toute l'humanité,
Ornements parmi les sages de ce monde,
Vient la sublime lignée du Lam Rim
Qui remplit tous les espoirs des pratiquants.
Combinant les courants d'un millier d'enseignements,
C'est un joyau qui exauce tous les vœux
Et un océan d'excellents conseils.

Les deux énonciateurs indiens de la lignée du Lam Rim sont Nagarjuna et Asanga, dont Bouddha Shakyamuni prophétisa la venue dans de nombreux *soutras* et *tantras*. La source ultime de la lignée, cependant, est Bouddha Shakyamuni[2] lui-même qui, par les bienfaits qu'il a apportés à tous les êtres de notre ère, est un

1. Un autre nom de Lama Tsong Khapa.

2. Shakyamuni, qui signifie littéralement « le sage du clan des Shakya », est simplement un autre nom donné au Bouddha historique. Il est appelé ainsi parce que sa famille était de la lignée des Shakya.

lotus blanc parmi les mille Bouddhas de cet éon fortuné. Bouddha Shakyamuni fit tourner la roue de quatre-vingt-quatre mille enseignements, principalement transmis à ses successeurs au travers de deux lignées : la lignée de profonde sagesse, qui aboutit à Nagarjuna ; la lignée de méthode dite « d'activités vastes », qui aboutit à Asanga. Ces deux maîtres étudièrent d'une façon très approfondie, firent des retraites intensives et parvinrent à de grandes réalisations. Ils rédigèrent de nombreux textes élucidant la doctrine et la structurant en vue d'une étude et d'une pratique efficaces. Ces deux lignées aboutirent ensuite à Dipamkara Atisha, qui les unifia et les introduisit au Tibet. Quand il lui fut demandé d'enseigner une méthode de tradition orale qui puisse convenir aux dispositions du peuple tibétain, il dispensa les enseignements du Lam Rim. La tradition a été transmise suivant une lignée ininterrompue depuis ce temps jusqu'à nos jours.

Le Lam Rim est un système particulièrement excellent, car il comprend toutes les instructions données par le Bouddha, depuis celles du Soutrayana jusqu'à celles du Tantrayana. Comprenant autant d'enseignements de base que d'enseignements de haut niveau, il peut être pratiqué par des gens de toutes conditions intellectuelles et de développement. Ainsi, c'est un vaste océan contenant les joyaux que sont chacune des méthodes du Dharma, joyaux dont les bienfaits s'étendront non seulement sur toute notre existence présente, mais loin dans les existences futures, et même jusqu'aux buts de la libération et de l'illumination omnisciente. Si nous pouvions mener à bien les pratiques fondamentales du Lam Rim et nous engager dans les entraînements extraordinaires du plus haut *tantra,* même l'éveil total en l'espace d'une seule vie pourrait être possible.

Le but, au début de la pratique du Lam Rim, est d'arriver à se rendre compte de tout le potentiel qu'offre une vie humaine et de prendre conscience de la nature insatisfaisante des formes d'existence inférieures. On devient alors attentif aux lois karmiques de l'évolution et l'on cherche refuge parmi les êtres éveillés, les enseignements et la communauté spirituelle. Dans la phase intermédiaire de la pratique, le but est de transcender l'espoir d'une renaissance supérieure et d'inspirer l'esprit à rechercher le nirvana, la libération des formes les plus subtiles de souffrance samsarique. On pratique pour cela les enseignements supérieurs de la discipline, de la méditation et de la sagesse. Une fois atteinte la stabilité dans ces deux niveaux, on contemple alors comment non seulement soi-même, mais aussi tous les autres êtres sont plongés dans la souffrance samsarique. On engendre ainsi l'esprit altruiste d'éveil, l'attitude *mahayana* de responsabilité universelle, qui vise à la réalisation de l'illumination omnisciente en tant que méthode suprême pour être bénéfique à l'ensemble des êtres. On aborde alors la pratique dite des « six perfections », « quatre manières de réunir des disciples » et « deux phases du *tantra* » pour atteindre ce but de l'illumination et être bénéfique à la fois à soi-même et à tous les autres êtres sans exception, d'une manière finale et ultime.

Telle est la large et profonde gamme de pratiques du Lam Rim synthétisée dans le court traité d'Atisha, la *Lampe pour la voie de l'éveil*. Atisha transmit cet enseignement à Lama Drom Tonpa, qui le partagea en trois lignées, qu'il transmit ensuite aux trois frères Kadampa. Ces trois maîtres de l'ordre Kadampa propagèrent largement les enseignements du Lam Rim. Les lignées issues d'eux – la *Shung-pa-wa* ou Tradition scripturale, la *Man-nga-pa* ou Tradition orale, et la *Lam-Rim-Pa* ou Tradition expérientielle – devinrent connues sous le nom de « trois courants Kadam ». Lama Tsong Khapa les reçut toutes les trois et les unifia de nouveau. En accord avec la nature des « trois courants », il écrivit trois commentaires à la *Lampe pour la voie de l'éveil* d'Atisha.

Dans le premier de ces commentaires, le *Grand Exposé des étapes de la voie spirituelle*, Tsong Khapa évoque directement les pratiques essentielles des enseignements, mettant un accent particulier sur la concentration méditative et la vue supérieure. Cette partie de son œuvre repose sur ses réflexions personnelles ; elle offre une approche unique fondée sur ses propres méditations. Le texte abonde en citations de textes indiens antérieurs qui permettent d'apprécier les sources des différentes pratiques du Lam Rim.

Le deuxième commentaire de Tsong Khapa, *Un exposé concis,* également connu sous le nom de *Chant des étapes de la voie spirituelle,* est un poème exprimant ses propres expériences de l'entraînement au Lam Rim. *L'Essence de l'or pur* du troisième dalaï-lama est principalement un commentaire de ce court ouvrage. Le troisième commentaire, enfin, *Un exposé intermédiaire des étapes de la voie spirituelle,* contient les enseignements du Lam Rim de tradition orale. Beaucoup plus court que le *Grand Exposé,* il est moins encyclopédique et est structuré pour une facilité d'enchaînement dans la pratique.

De nombreux textes de Lam Rim ont été écrits, au cours des siècles, par les grands pratiquants et gurus de la lignée. L'un des plus importants est *L'Essence de l'or pur,* du troisième dalaï-lama. Essentiellement un commentaire du plus court Lam Rim de Tsong Khapa, il est, depuis sa composition il y a quelque quatre cents ans, l'un des textes les plus populaires du genre.

Dans la vue du Lam Rim, l'élan le plus profond de tous les êtres sensibles est de connaître le bonheur et d'éviter la souffrance. Beaucoup de cultures à travers le monde ont recherché de façon systématique les moyens permettant d'atteindre ces deux buts. De nombreuses philosophies du bonheur humain ont vu le jour et beaucoup de méthodes d'obtention du bonheur ont été élaborées. La plupart de ces méthodes, cependant, visent à produire un type de bonheur qui ne porte que sur une seule vie. Leur fondement et leur dimension sont fondamentalement matérialistes. Elles montrent un manque de connaissance surprenant de la mort et de sa signification, ainsi que des processus spirituels qui donnent la paix à l'esprit dans cette vie et permettent d'aborder l'après-mort avec courage et compétence. Bouddha Shakyamuni dit à ce sujet : « Celui qui a peur quand il n'y a pas de raison d'avoir peur est un idiot. Celui qui n'a pas peur quand il y a une raison d'avoir peur est un idiot. Tous deux s'écartent du chemin. » Ignorer la mort et ses implications ne nous empêchera pas de mourir ni ne nous apportera la maturité spirituelle pour aborder les états qui lui succéderont.

Le problème d'une interprétation purement matérialiste de la vie est qu'elle néglige une dimension entière de l'esprit et qu'elle ne permet même pas de faire face efficacement aux difficultés de cette vie-ci. Un esprit matérialiste est un esprit instable car le bonheur qu'il recherche repose sur des circonstances transitoires et physiques. Le fait que les riches comme les pauvres sont autant sujets aux maladies mentales illustre bien les limites de cette approche. Bien qu'il soit essentiel de pouvoir vivre dans des conditions matérielles raisonnables, nous devons porter l'accent, dans notre existence, sur la culture des causes mentales et spirituelles du bonheur. L'esprit humain est très puissant et nos besoins matériels ne sont pas importants au point de devoir requérir toute notre attention, surtout lorsqu'on voit le peu de réponses que la réussite matérielle apporte aux nombreux défis et problèmes que nous rencontrons au cours de notre vie, et le peu d'aide qu'elle nous apporte au moment de la mort. Si nous développons les qualités spirituelles telles que l'harmonie mentale, l'humilité, le détachement, la patience, l'amour, la compassion, la sagesse, etc., nous pourrons acquérir une force et une intelligence qui nous rendront aptes à faire face efficacement aux problèmes de cette vie-ci ; et parce que la richesse que nous aurons accumulée sera spirituelle plutôt que matérielle, nous n'aurons pas à l'abandonner derrière nous le jour de notre mort. Nul n'est obligé d'entrer démuni dans l'état qui suit la mort.

Il est certain que nous mourrons tous. Certes, ce qui advient à l'esprit après la mort du corps n'est pas montrable, comme l'est un phénomène matériel, mais les récits qui nous viennent de sages, de philosophes et de gens dotés de perceptions extrasensorielles ne laissent guère douter que l'esprit continue à évoluer. De plus, les types d'êtres vivants existant ne se limitent pas à ceux ayant un corps physique grossier, tels les humains, les animaux, les insectes, etc. Non seulement le bouddhisme, mais bien d'autres cultures spirituelles à travers le monde ont perçu l'existence d'autres royaumes tels que ceux des enfers, des esprits avides, des dieux inférieurs, des dieux supérieurs, etc.

L'évolution samsarique n'est pas de nature telle que la mort ne soit suivie de rien, ni que les humains renaissent toujours humains et les insectes insectes. Nous portons tous en nous des potentiels karmiques de renaissance dans chacun des royaumes de l'existence cyclique. Beaucoup d'êtres transmigrent ainsi de royaumes supérieurs en inférieurs, ou d'inférieurs en supérieurs. Le choix de notre lieu de renaissance ne dépend pas directement de nous, mais de notre karma et de nos émotions négatives. Ceux qui possèdent de l'entendement spirituel peuvent contrôler leur destinée au moment de leur mort, mais pour ce qui est des êtres ordinaires, ils se trouvent entraînés dans un processus automatique de réactions en chaîne de graines karmiques et de schémas de comportement psychiques compulsifs. Pas du tout préparée pour les situations spirituelles qui se présentent après la mort, une personne qui n'a pas cultivé son esprit plonge dans un état de confusion et de terreur. Incapable de reconnaître les états de conscience qui surgissent ou de se situer par rapport à eux, elle finit par chercher une matrice par laquelle échapper à sa douleur, et erre jusqu'à ce qu'elle trouve le royaume et les conditions convenant le mieux à son niveau spirituel et aux forces karmiques des actions passées qui la propulsent.

La mort offre très peu d'espoir pour une personne matérialiste, démunie d'expérience spirituelle. Ayant passé sa vie entière à ignorer la mort et à éviter d'y penser, elle se retrouve complètement bouleversée au moment où celle-ci arrive, perd tout courage et toute confiance. Tout ce à quoi elle se trouve confrontée lui est inconnu car elle n'a jamais pris le temps de mettre en pratique les méthodes qui révèlent la nature de l'esprit, de la naissance, de la vie et de la mort. C'est durant la vie que s'acquiert le contrôle sur l'évolution future et non au moment de la mort. Le yogi Milarépa dit : « Craignant la mort, je partis dans la montagne. Maintenant, j'ai réalisé la nature ultime de l'esprit et n'ai plus de raison d'avoir peur. »

La cause première du développement spirituel, c'est soi-même. Bouddha dit : « Nous sommes ou notre propre sauveur ou notre propre ennemi. » Jusqu'à présent, nous avons principalement vécu sous le pouvoir de nos émotions négatives, de telle sorte que, bien que souhaitant instinctivement le bonheur, nous ne faisons que créer des causes de frustration et de douleur. Nous désirons éviter la souffrance, mais, nos esprits n'étant pas cultivés, nous courons directement vers elle comme une phalène attirée par la lumière d'une flamme.

L'expérience répétée de la frustration, de l'insatisfaction et de la misère ne provient pas originellement de causes externes, mais principalement de notre manque de développement spirituel. Ce handicap fait que notre esprit se trouve principalement contrôlé par les émotions négatives que sont l'attachement, l'aversion et l'ignorance. Ce sont ces forces qui nous guident plutôt qu'un esprit libre, l'amour et la sagesse. Reconnaître cette simple vérité est le début du chemin spirituel.

On ne peut pas dire que notre situation présente n'a pas de cause ou qu'elle est le fruit du hasard. Nous l'avons construite nous-mêmes, régulièrement, avec chacune des décisions que nous avons prises dans le passé et chacune des actions du corps, de la parole et de l'esprit qui en ont découlé. Jeter l'opprobre sur une personne ou une chose extérieure ne fait que créer plus de confusion et de négativité, et accroît nos difficultés plutôt que de les résoudre.

Comment rompre ce cycle d'évolution incontrôlée et compulsive ? Seulement en remontant à sa cause première, l'esprit ignorant qui nous lie et nous contrôle, et qui nous entraîne dans la suite sans fin des procédés futiles et négatifs qui ne font que fatiguer l'esprit. Bouddha dit : « L'esprit est le précurseur de tout événement. » Avec un esprit imprégné de sagesse, de compassion et de puissance, un sage est toujours dans un état de joie et ne crée que des causes de joie. Par contre, plus on est soumis aux émotions négatives, plus notre condition de vie devient misérable et moindres sont les causes de joie que nous créons au travers de nos activités. Une personne développée spirituellement est bénéfique à la fois à elle-même et aux autres ; c'est là l'expression spontanée de son état d'existence exalté. Une personne non développée, elle, n'apporte que souffrance et confusion à elle-même et aux autres. La présence d'une émotion négative dans l'esprit est en soi frustration, et son effet sur notre courant d'activité sème les graines d'innombrables problèmes futurs. Où qu'il aille, un esprit de sérénité apporte paix et calme dans son environnement, alors qu'un esprit négatif ne répand que la négativité. Si nous voulons le bonheur pour nous-mêmes et si nous voulons donner le bonheur aux autres dans nos échanges avec eux, il n'y a pas d'autre choix que de cultiver un esprit d'harmonie spirituelle dans le courant de notre esprit. Quand notre état de conscience a été purifié des déformations et des afflictions émotionnelles, quand l'ignorance est remplacée par la sagesse et la faiblesse par la force, alors le courant d'activités qui se manifeste spontanément donne naissance à une infinité de graines de bonheur et de joie.

Le bonheur spirituel n'est pas comparable à celui

qu'apporte la réussite matérielle, politique ou sociale, qu'un changement de circonstances peut nous dérober à tout moment et dont, quoi qu'il arrive, nous devrons nous séparer au moment de la mort. Parce qu'il ne dépend pas seulement des conditions trompeuses que sont les ressources matérielles, un environnement particulier ou une situation spécifique, une fois que celles-ci sont retirées, il lui reste toujours ses autres supports.

Purifier l'esprit, c'est contrecarrer et déraciner toutes les sources des troubles émotionnels et de l'ignorance – qu'elles soient innées ou formées conceptuellement –, ainsi que toutes les graines des tendances karmiques que nous avons accumulées dans notre courant de conscience depuis des temps sans commencement. Lorsque les émotions sont totalement purifiées, les conditions mentales qui poussent à créer davantage de karma négatif n'existent plus ; et lorsque les graines du karma négatif sont éliminées, on ne porte plus en soi de causes de frustration et de détresse. C'est pourquoi les personnes qui cherchent le bonheur et souhaitent vaincre la souffrance ont la sagesse de s'adonner de tout cœur à des pratiques spirituelles.

Dans sa *Lettre à un ami,* Nagarjuna écrit : « Nous souhaitons le bonheur, mais courons après la douleur. Nous souhaitons éviter la douleur, mais y courons directement. » Cela veut dire que nous perdons notre temps dans des habitudes négatives et superficielles au lieu de nous consacrer à des disciplines spirituellement bénéfiques. Si nous souhaitons mettre un terme au contrôle que le karma et les émotions exercent sur le courant de nos esprits, nous devons employer une méthode efficace. Tous les êtres recherchent le bonheur, mais la plupart, parce qu'ils manquent de connaissances sur la manière de l'acquérir, se trouvent perpétuellement plongés dans la frustration et la douleur. Il est donc important d'adopter une bonne approche.

Il n'y a pas de royaume dans le *samsara* où nous

n'ayons pris naissance, pas de plaisir samsarique dont nous n'ayons joui, pas de forme de vie que nous n'ayons connue au cours de nos innombrables vies passées. Toutefois, même maintenant, où nous sommes des êtres humains, nous nous conduisons pour la plupart comme des animaux aveugles, incapables de discerner les schémas de vie qui se développent en nous, laissant les buts spirituels à l'écart et ne cherchant à satisfaire que les besoins biologiques et émotionnels des sens. Totalement ignorants des méthodes spirituelles qui produisent la joie éternelle, nous admirons l'ignoble et éprouvons du dégoût pour ce qui est sain. Plutôt que de nous adonner à des activités vaines et négatives, nous devrions prendre bonne note des paroles de Kunda Rimpoché : « Ayant obtenu une renaissance humaine rare et précieuse, veillez sur elle avec le bâton de la conscience attentive et portez-vous vers la terre de la libération. »

Maintenant que se présente cette occasion d'avoir un corps et un esprit humains et d'avoir rencontré les profonds enseignements de la Grande Voie, nous devrions en tirer parti et nous engager dans la pratique de méthodes spirituelles. Si nous ne pratiquons pas maintenant, alors que nous avons une incarnation particulièrement appropriée pour atteindre l'éveil, quel espoir aurons-nous de progresser dans le futur ? D'autres sortes d'êtres sensibles, tels les chiens et les insectes que l'on voit près d'un temple, entrent en contact avec les enseignements. Mais, n'ayant pas de base physique ou mentale appropriée, ils sont incapables de les comprendre ou de les utiliser. Si grand que soit l'amour que nous éprouvons pour un animal, nous ne pouvons lui enseigner à méditer et à cultiver des qualités spirituelles. Chaque fois qu'Atisha rencontrait un chien, il le caressait avec amour et lui chuchotait à l'oreille : « A cause de tes actions karmiques négatives du passé, tu es maintenant incapable de pratiquer les saints enseignements. » Ce n'était pas par manque de compassion qu'Atisha faisait cela, mais parce que le chien n'avait pas la base nécessaire pour pratiquer et qu'il souhaitait déposer une empreinte des enseignements dans son courant de conscience.

Contrairement aux animaux, nous, les êtres humains, avons la capacité de nous engager dans les plus hautes méditations et d'atteindre l'éveil en une vie. Mais nous ne bénéficions pas tous pour autant de l'ensemble des conditions nécessaires. Les personnes totalement absorbées dans des modes de vie négatifs ou dans la culture de fausses vues, ou celles qui naissent dans des contrées reculées, où les lignées d'instruction ne sont pas présentes, ne réunissent pas toutes ces conditions. Prenons un exemple plus précis, celui du Tibet : bien que pendant des siècles il ait été un pays riche du point de vue de l'étude et de la pratique de la Grande Voie, cela fait presque quarante ans que les Chinois y ont interdit toute activité spirituelle. L'absence de cette liberté fondamentale est un grand obstacle pour l'atteinte de l'éveil. Ceux d'entre nous qui ont la possibilité d'étudier et de méditer ont une chance extraordinaire. Comme le dit Shantideva : « Maintenant que nous avons la capacité nécessaire et que nous avons été mis en contact avec les enseignements, nous devrions nous engager dans la pratique spirituelle. »

La vie humaine est rare et précieuse, mais également très impermanente. En ce moment même où nous sommes assis à écouter, elle est en train de subir un changement continu. Si nous regardons autour de nous et nous demandons combien de nos amis et de nos connaissances sont morts au cours de la dernière année, l'immanquable réalité de notre nature impermanente nous deviendra évidente.

Lorsqu'une personne meurt, ses amis et sa famille sombrent dans la tristesse et les lamentations. Mais bien vite ce sentiment disparaît. On brûle le cadavre ou bien on l'enterre, on distribue les possessions du défunt, et bientôt même son nom est oublié. Intellectuellement, nous comprenons tous que nous mourrons un jour, mais l'esprit essaie toujours de s'isoler de ce fait. D'une certaine manière, nous nous sentons très solides et nous imaginons la réalité de notre mort comme un fait très lointain. A chaque instant, pourtant, elle s'approche furtivement de nous, et personne ne peut même garantir que nous serons encore en vie ce soir.

Un des plus terrifiants aspects de la mort pour la plupart des êtres est que, soudainement, on se retrouve entièrement seul et sans autre forme de soutien que sa propre connaissance spirituelle. Lorsque celle-ci est forte, on peut faire face efficacement à toutes les circonstances dans lesquelles la mort nous projette ; mais lorsque celle-ci est faible, on doit aborder le dangereux parcours du *bardo* les mains vides. Notre cœur s'emplit de regrets et l'on comprend alors l'erreur de ne pas avoir visé de buts plus profonds.

Le Bouddha Shakyamuni fit de grands efforts pour engendrer en lui-même et réaliser l'esprit d'éveil en vue de pouvoir être bénéfique à l'infinité des êtres sensibles. Les récits de son entraînement peuvent être lus dans les *Histoires de Jataka* ainsi que dans divers *soutras* et ouvrages ultérieurs. Après avoir atteint l'éveil, il fit tourner la roue du Dharma pour les êtres de bonne fortune, révélant ce qui devait être vaincu et ce qui devait être accompli en vue de transcender les voies et étapes menant aux existences supérieures, à la libération et à la perfection omnisciente. En fait, ses enseignements sont comme un œil permettant de voir tous les niveaux de la réalité, un fabuleux remède capable d'ouvrir les portes de la sagesse conventionnelle et ultime. Ces méthodes semblables à des diamants furent transmises et clarifiées par une chaîne ininterrompue de maîtres indiens tels Nagarjuna et Asanga. Elles se répandirent ensuite à travers l'Inde, l'Asie du Sud-Est, la Chine, le Japon, la Corée, le Népal, le Tibet et l'ensemble de l'Asie centrale. Dans tous ces pays, le pur Dharma fut moulé et mis en forme selon les expériences des maîtres de lignées, qui formulèrent les enseignements de la façon la mieux adaptée à l'époque, à la culture et aux dispositions de ceux qui s'entraînaient auprès d'eux. Le bouddhisme finit ainsi par avoir beaucoup de formes différentes. Mais l'essence de toutes les transmissions valides reste la même : vaincre la négativité, accroître la bonté et cultiver et libérer l'esprit.

Le bouddhisme fut aussi transmis par un certain nombre de lignées au Tibet. Bien que chacune d'elles présente les enseignements d'une façon légèrement différente selon les besoins des disciples et les époques ou régions du Tibet où elles furent introduites, les différences ne sont pas importantes car elles acceptent toutes les quatre sceaux d'un ordre bouddhiste, pratiquent toutes une voie combinant le Soutrayana et le Tantrayana, et possèdent toutes des méthodes permettant d'atteindre l'éveil en une vie. On peut aussi trouver des différences de détail entre les pratiques des bouddhismes théravadin, chinois, japonais et tibétain, mais le fil essentiel dont ils sont tous tissés est la substance fondamentale de la parole d'or du Bouddha. Les différences sont plus dans la manière dont les ornements ont été placés au-dessus de ce fil en vue de répondre plus encore à la spécificité des besoins des disciples. Il n'est pas nécessaire d'avoir une forme unique de bouddhisme, tout comme il n'est pas nécessaire pour le monde d'avoir une religion unique. Bien que tous les êtres soient égaux, nous avons tous un passé karmique qui nous est propre, une manière unique de voir et d'apprécier les choses, et des goûts spirituels et philosophiques particuliers. Tout comme ont été conçues à travers le monde différentes sortes d'aliments destinées à satisfaire les goûts de différents peuples, la variété des religions et des sujets au sein de chaque religion est positive et offre des parcours pour une plus vaste gamme de disciples. Au Tibet, nous encourageons ce type de liberté religieuse de l'individu, au point qu'est né un dicton : « Chaque lama est sa propre école. » La diversité est à la fois belle et nécessaire.

Bien que, au cours de ce siècle, on ait assisté à un grand déclin de l'intérêt religieux dans le monde, l'espoir qu'une approche matérialiste dépourvue de base spirituelle puisse apporter un bonheur durable à l'homme s'est rapidement dissipé au fil des dernières années. De nouveau, nombre de gens commencent à ressentir le besoin d'aller au-delà d'une existence animale et de se tourner vers le développement intérieur. La technologie et le progrès matériel ne sont pas des forces négatives en eux-mêmes, mais, quand ils ne sont pas associés à l'entraînement spirituel, ils n'apportent à l'esprit ni connaissance ni bonheur profonds, et sont très dangereux pour le monde. La bombe atomique, la pollution chimique, les sociétés policées contrôlées par des procédés sophistiqués d'espionnage et d'élimination physique en sont quelques exemples. Il y a grand espoir pour notre monde dans une technologie coordonnée au développement spirituel. Mais si nous persistons dans la direction actuelle, utilisant surtout nos connaissances technologiques et scientifiques pour exploiter les individus et les ressources en vue de satisfaire des soifs de pouvoir ou des envies de domination commerciale mondiale, il est difficile de prévoir combien déplaisant sera notre avenir.

Beaucoup de traditions spirituelles prospèrent encore à travers le monde. Ce ne sont pas les enseignements qui nous manquent, mais l'inclination à les étudier et à les pratiquer. Beaucoup de maîtres, actuellement, pourraient nous montrer les voies et les pratiques, mais nous ne nous engageons pas à pratiquer auprès d'eux. Qui pouvons-nous blâmer sinon nous-mêmes si, dans ces conditions, nous ne connaissons pas d'expérience spirituelle ?

Le bouddhisme parle des Trois Joyaux de refuge – les êtres éveillés, les enseignements et la communauté spirituelle. En un sens, les êtres éveillés sont le refuge ultime car ce sont eux qui donnent les enseignements. Mais, en fait, le refuge ultime, c'est le Dharma qu'ils enseignent, car c'est par l'étude et la pratique des enseignements que nous obtenons l'éveil et la protection contre la souffrance. Le Dharma a ici deux sens :

la transmission des enseignements, qui doivent être étudiés et maîtrisés ; et la transmission de la réalisation, qui est le fruit de la pratique. C'est en appliquant les méthodes du Dharma qui enlèvent les défauts, accroissent les forces et donnent naissance à la vue supérieure et à la connaissance que nous pouvons bénéficier de l'existence des êtres éveillés. Le Dharma est donc l'objet immédiat de refuge, tandis que les êtres éveillés et la communauté spirituelle sont les maîtres et amis sur le chemin.

En ce qui concerne les trois buts spirituels discutés dans la littérature du Lam Rim – une renaissance supérieure, la libération et l'éveil omniscient –, la plupart des religions présentent des méthodes relativement uniformes pour produire une renaissance supérieure comme humain ou dans un paradis. Toutes les écoles bouddhistes exposent les deux premières voies – celles menant à une renaissance supérieure et au nirvana ou libération de l'existence cyclique –, mais seul le Mahayana expose des voies menant à l'omniscience. Au sein du Mahayana, seules les écoles présentant des méthodes tantriques ont la capacité de produire l'éveil omniscient chez un être en l'espace d'une seule vie. Les écoles ne comptant que sur les méthodes *soutrayana* doivent travailler à établir une direction spirituelle dans cette vie-ci, qui ne culminera en l'illumination qu'après une longue série de vies futures. Néanmoins, bien qu'il y ait beaucoup de niveaux et de formes de pratique du Dharma, tous partagent le même but fondamental : mener les êtres sensibles de l'obscurité à la lumière, du mal au bien, de l'ignorance à la sagesse.

Dès le début de notre pratique, nous devrions cultiver la discipline consistant à abandonner les modes d'action nuisibles, destructifs, et à cultiver les vertus simples telles que la gentillesse, la patience, la non-violence, etc. Au lieu de nous consacrer à des lectures futiles, nous devrions nous efforcer de lire les biographies et les écrits des maîtres du passé. Attentifs à toutes les activités de notre corps, de notre parole et de notre esprit, nous devrions vivre en considérant notre pratique comme un trésor intérieur et non en l'exhibant devant les autres comme une parure. Il y a un dicton tibétain qui dit : « Changez votre esprit ; laissez le reste tel qu'il est. » C'est un conseil particulièrement bon pour les débutants.

En tant qu'êtres humains, une occasion très spéciale s'offre à nous, une occasion que n'ont pas les formes de vie inférieures. L'esprit humain est très unique et très précieux. Doté d'une élasticité et d'une capacité inhabituelles pour la sagesse, il peut évoluer à une vitesse qui ne se retrouve dans aucune autre forme de vie. L'homme peut tomber dans la plus profonde obscurité spirituelle tout comme il peut atteindre l'état suprême du parfait éveil. Cela dépend de lui. Si nous cultivons notre esprit avec des méthodes spirituelles et choisissons des styles et des directions de vie positifs et créatifs, nous en recueillerons incontestablement les bénéfices. En revanche, si nous nous contentons de poursuivre des buts superficiels et si nous ne prêtons pas attention aux besoins plus profonds de l'esprit, nous tomberons inévitablement dans la frustration et la confusion.

Quand nous cherchons les sources de tous les problèmes auxquels la vie humaine nous confronte, nous invoquons habituellement toutes les causes sauf la cause première : notre manque de discipline spirituelle et de réalisation. Particulièrement durant cette époque de dégénérescence où l'atmosphère générale du monde est si négative et où les conditions autour de nous favorisent surtout la production de mauvais karma et les distractions futiles, ne pas être protégé par la connaissance spirituelle équivaut à être totalement sans défense face à l'esprit négatif. Quand ce sont les émotions négatives qui dominent l'esprit, actions destructrices et souffrances s'enchaînent inexorablement. Ainsi, le cercle vicieux de l'existence samsarique nous entraîne dans son courant et, bientôt, nous ne pouvons même plus exercer ne serait-ce qu'un semblant de contrôle. Notre vie nous plonge dans l'obscurité, et la mort nous laisse nus, avec le seul souvenir de nos quêtes futiles pour nous accompagner dans les existences futures.

C'est maintenant le moment d'extraire l'essence de la vie. Nous devons regarder en direction des êtres éveillés, des lignées de transmission spirituelles et de la communauté des pratiquants accomplis, et nous consacrer aux enseignements. Cela ne veut pas dire qu'aujourd'hui nous sommes des êtres ordinaires et que demain nous serons capables de suivre toutes les instructions, mais plutôt que, lentement et soigneusement, nous étudierons et contemplerons les enseignements puis travaillerons à la maîtrise des divers niveaux de méditation. Depuis d'innombrables vies, nos esprits sont familiarisés avec les procédés samsariques ; nous ne devons donc pas nous attendre que la voie soit rapide ou facile. Un effort persistant, régulier et un esprit clair et investigateur sont les conditions du succès. Chaque disciple a son propre rythme de progression spirituelle, lequel est fonction de son bagage karmique et de la force et de la qualité de sa pratique. Nous devons par conséquent nous atteler à la pratique sans avoir d'attentes trop fortes d'un résultat spécifique. Un moine occidental est un jour venu me trouver pour me dire que ses cinq années de pratique n'avaient donné aucun résultat. Je lui ai répondu que son esprit n'ayant rien connu d'autre que le *samsara* pendant des millions de vies, il devait être plus précis et plus persistant dans ses efforts. Si nous pratiquons correctement, il n'y a aucun doute que la route du progrès finira par s'ouvrir en nous.

La pratique spirituelle est-elle vraiment valable ? Est-il réellement possible d'éliminer en nous les forces qui font naître la souffrance ? Comme il est dit : « La nature ultime de l'esprit est la claire lumière. » Il existe beaucoup de niveaux de conscience et, bien que les niveaux les plus grossiers soient touchés par les forces souillantes, le niveau le plus subtil reste libre des négativités grossières. Dans le Vajrayana, ce niveau subtil de conscience est appelé « esprit de claire lumière ». Les états d'esprit déformés et les émotions négatives, ainsi que l'esprit dualiste qui distingue le bien du mal, l'amour de la haine, etc., sont seulement liés aux niveaux grossiers de conscience. Actuellement nous sommes totalement absorbés par l'interaction de ces états grossiers. C'est pourquoi nous devons commencer notre pratique en travaillant sur eux. Cela suppose d'encourager consciemment l'amour plutôt que la haine, la patience plutôt que la colère, la liberté émotionnelle plutôt que l'attachement, la gentillesse plutôt que la violence, et ainsi de suite. Cette pratique apporte immédiatement paix et calme à l'esprit, rendant ainsi possible une méditation plus élevée. Ensuite, parce que la saisie du « soi » et des phénomènes perçus comme véritablement existants est la cause de la vaste suite d'états d'esprit déformés, on cultive la sagesse qui élimine cette saisie de l'ego. Vaincre la saisie de l'ego, c'est vaincre la totalité des déformations mentales.

Les émotions ne sont pas quelque chose de solide, fondé sur la réalité. Elles disparaissent d'elles-mêmes lorsque nous leur appliquons les antidotes méditatifs. Reposant sur des croyances profondément enracinées en une réalité qui n'existe pas, elles sont vite déracinées par la sagesse et les autres qualités spirituelles. C'est ainsi que l'on parvient à dissocier l'esprit des forces négatives qu'il porte en lui et que l'on vainc la souffrance pour toujours.

Pour se libérer du *samsara,* il faut parachever les trois entraînements supérieurs : la discipline, la concentration méditative et la sagesse de la vacuité. Le plus important d'entre eux, en un sens, est la sagesse de la vacuité. Car lorsque l'on comprend la nature vide, non inhérente du « moi » et des phénomènes, les formes sans fin de troubles émotionnels et mentaux provenant de la saisie d'une existence réelle sont directement éliminées. Cependant, pour que l'entraînement de la sagesse puisse mûrir et devenir fort, il faut auparavant développer la concentration méditative ; et pour développer et soutenir la concentration, il faut cultiver l'entraînement de la discipline, qui calme l'esprit et procure une atmosphère favorable à la méditation. Lorsqu'on pratique l'ensemble de ces trois entraînements supérieurs et qu'on les pousse jusqu'à la perfection, la libération du *samsara* est assurée.

Si les trois entraînements supérieurs vont dans la direction du véhicule du Hinayana qui, dans le système de pratique du Lam Rim, ne fait pas référence à différentes écoles du bouddhisme, mais à un ensemble de disciplines et de méditations à maîtriser, la substance de l'entraînement du Lam Rim, toutefois, se trouve dans la direction du Mahayana. Comme dans une démocratie, les besoins de tous les êtres sont pris en compte. On pense : « La majorité des êtres est plus importante que moi seul, qui ne suis qu'une personne. De plus, dans cette vie et beaucoup d'autres vies passées, les autres êtres m'ont manifesté beaucoup de gentillesse. Comment puis-je les négliger en travaillant pour un nirvana qui ne serait que pour moi seul ? Même ma capacité de pratiquer les enseignements, je la dois à leur gentillesse. Afin de pouvoir la leur rendre, puissé-je toujours me manifester d'une façon qui leur sera bénéfique ! Toutefois, parce que le seul don ultime est le don de la sagesse, si je veux les aider, je dois d'abord développer moi-même la vue supérieure qui comprend les niveaux plus profonds de la vérité. Et comme un Bouddha omniscient est seul doté d'une puissance et d'une connaissance complètes lui permettant de communiquer avec les êtres en total accord avec leurs dispositions et leurs besoins, je dois m'efforcer d'atteindre la bouddhéité parfaite. » Cette aspiration à obtenir l'éveil en vue d'être le plus bénéfique possible pour le monde doit être cultivée et entretenue jusqu'à ce qu'elle imprègne spontanément chacune de nos activités, du sommeil à la méditation. En tant que fondement et essence de la Grande Voie, elle ouvre la porte à la pratique des six perfections, des quatre manières de réunir des disciples et des deux phases du *tantra*, et transforme chacune de nos pensées, de nos paroles et de nos actions en des causes potentielles de l'éveil omniscient.

Ainsi, bien que *L'Essence de l'or pur* du troisième dalaï-lama soit un texte bref, il constitue un guide du corpus entier de la pensée et de la pratique bouddhistes, depuis les méthodes du Hinayana jusqu'à celles du Mahayana et du Vajrayana. Un commentaire de ce texte peut durer aussi bien quelques heures que de nombreux mois, voire de nombreuses années.

La principale source de la tradition du Lam Rim est le recueil des *Soutras Mère* ou *Soutras sur la perfection de la sagesse* qui furent prononcés par Bouddha Shakyamuni. Nagarjuna les étudia avec le Bodhisattva Manjushri et, après être parvenu à une compréhension ultime du sens de la doctrine du Bouddha sur la vacuité, il écrivit d'importants résumés qui vinrent à être considérés comme la base de la voie du milieu, libre d'extrêmes philosophiques, de l'école Madhyamika. La présentation de Nagarjuna est ultimement profonde en ce sens qu'elle transcende les inconsistances logiques des écoles bouddhistes inférieures et rejoint plus directement l'intention du Bouddha.

La source de l'approche du chemin selon le Lam Rim est *L'Ornement de la claire compréhension*[1] de Maitreya. Il est dit qu'Asanga, non satisfait de sa compréhension des *Soutras sur la perfection de la sagesse*, entreprit une retraite intensive de méditation qui se prolongea pendant douze années. Comme sa retraite demeurait vaine, frustré et déçu, il y mit un terme et

1. Cinq textes principaux résultèrent des visions qu'Asanga eut du Bouddha Maitreya au terme de ses douze années de retraite. Ils sont connus en tibétain sous le nom de *Mipamdenga* (tib. *Mi-pham-sde-lnga*). Les spécialistes occidentaux les attribuent à Asanga car c'est lui qui les écrivit. Les bouddhistes traditionnels, cependant, les attribuent à Maitreya, puisque c'est lui qui les inspira.

s'en alla. C'est alors qu'il rencontra sur le bord de la route une chienne infestée de vers, qui était à moitié morte. Une grande compassion s'éveilla en lui et il décida de la délivrer des vers. Afin d'éviter de les tuer, il se découpa une bande de chair pour les y déposer. La chienne se transforma alors soudainement en le Bodhisattva Maitreya. Asanga avait réalisé l'essence de la pratique spirituelle. A partir de sa vision de Maitreya, il écrivit plus tard *L'Ornement de la claire compréhension,* une explication et un résumé de toutes les vastes doctrines concernant les voies, pratiques et étapes contenues dans les *Soutras sur la perfection de la sagesse*. Il est souvent dit que le Lam Rim constitue en fin de compte l'instruction orale quintessentielle de *L'Ornement de la claire compréhension.*

Atisha, qui introduisit la tradition du Lam Rim au Tibet, étudia durant douze années auprès de Serlingpa, un détenteur de la lignée d'Asanga, et déclara souvent que, de ses cinquante-cinq maîtres, Serlingpa fut celui qui avait eu le plus de bonté envers lui. Très importants aussi dans sa vie furent Vidyakokila le Second, qui lui transmit la lignée de sagesse de Nagarjuna, et Rahulagupta de la Montagne Noire, qui lui transmit de nombreuses doctrines tantriques.

Le Lam Rim passa ensuite par une série de maîtres *kadampa* et influença considérablement l'ensemble des écoles du bouddhisme tibétain dans les siècles qui suivirent. Dans le Nouvel Ordre Kadam, l'école Géluk, le Lam Rim fut accepté comme l'approche fondamentale de la pratique du Dharma. Au début de son *Grand Exposé,* Tsong Khapa déclare clairement que l'inspiration essentielle de sa composition peut être directement attribuée à Atisha et sa *Lampe pour la voie de l'éveil.*

L'auteur de *L'Essence de l'or pur* naquit dans le district de Tolung, au Tibet. Peu de temps après sa naissance, un yogi clairvoyant de la région prophétisa qu'il était l'incarnation de Gyalwa Gendun Gyatso (le second dalaï-lama) récemment décédé. Les paroles de sa prophétie se répandirent et une délégation fut envoyée, qui examina l'enfant et le plaça sur la liste des candidats. Plus tard, l'oracle de Nétchung certifia que le garçon était bien l'incarnation de Gendun Gyatso, ainsi qu'une émanation de Guru Padmasambhava. Alors qu'il était encore adolescent, Sonam Gyatso lui-même eut une vision de Tsong Khapa. D'autres prodiges eurent aussi lieu durant son enfance. Il fut placé à Drépung pour y être éduqué et y étudia et pratiqua durant de nombreuses années.

Une anecdote plutôt amusante : le nom du premier dalaï-lama ayant été Gendun Gyatso et celui du deuxième Gendun Drup, en accord avec la prophétie, le troisième dalaï-lama fut originellement appelé Gendun Drakpa. Il devint donc connu sous le nom de Gendun. Quand, plus tard, il reçut l'ordination de Panchen Sonam Drakpa, le vieux lama changea son nom en Sonam Gyatso. Les moines de Drépung s'en plaignirent, mais Panchen Sonam Drakpa le maintint. Ainsi Sonam Gyatso semble-t-il avoir vécu une vie entière sous un nom contredisant les prophéties. Dans ses écrits, le cinquième dalaï-lama critique Panchen Sonam Gyatso pour sa décision inhabituelle de changer le nom de Gendun Drakpa.

Gyalwa Sonam Gyatso était particulièrement bon avec les populations de ces régions qui, en ce temps-là, étaient les plus isolées et les plus primitives de l'Asie centrale, et il passa la fin de sa vie à enseigner, construire des monastères et répandre les enseignements du Lam Rim à travers la Mongolie et en de nombreux endroits du Tibet oriental. Kumbum, le monastère qu'il construisit dans l'Amdo, devint l'une des plus grandes institutions monastiques du Tibet.

2

La voie progressive vers l'éveil

L'Essence de l'or pur commence avec un vers d'hommage au Jetsun Lama[1], le noble maître. La syllabe *Je* évoque ici la liberté spirituelle en laquelle l'esprit, au lieu d'être attiré par les activités grossières, se délecte dans la quête de la bonté supérieure. La réalisation de cet état est le but du premier des trois degrés de pratique du Lam Rim. La syllabe *tsun* évoque l'état de liberté où l'esprit n'est plus attiré par la plus haute perfection samsarique ni même par l'extase de la sérénité du nirvana. Ces deux états sont respectivement caractéristiques du deuxième et du troisième des trois degrés de pratique du Lam Rim. Les syllabes *Je* et *tsun* indiquent aussi l'accomplissement des deux phases yogiques du plus haut *tantra* et, ainsi, l'atteinte de la forme et de la sagesse de l'illumination complète. Si l'on pense au passé, ce vers d'hommage est dirigé vers la lignée des gurus de transmission ; si l'on pense au présent, il est destiné à son ou ses propres maîtres ; et si l'on pense au futur, il est adressé au refuge résultant que nous sommes nous-mêmes, un être qui accomplira l'éveil. Nous réfléchissons sur ce Jetsun Lama au début du texte afin de stimuler notre inspiration et d'entamer

1. Tib. *rJe-btsun-bla-ma*. Le terme signifie simplement « saint guru ».

notre étude dans un cadre propice à l'assimilation spirituelle.

Le Lam Rim est appelé « essence de tous les enseignements du bouddhisme » car sa source principale est le *Soutra sur la perfection de la sagesse*, sur la base duquel il présente un éventail de voies et de pratiques incorporant tous les enseignements *hinayana*, *mahayana* et *vajrayana* dispensés par le Bouddha. Ce *soutra* portant sur la nature profonde de l'existence, il est le chemin parcouru par les êtres supérieurs du passé, du présent et du futur. Car rien d'autre, en effet, que la compréhension de cette vérité plus profonde ne peut porter un être au-dessus des forces de l'ignorance, des émotions perturbatrices et des instincts karmiques négatifs. Le Lam Rim incorpore les trois degrés de pratique. Néanmoins, comme son but est de mener le pratiquant au plus haut degré – celui de l'accomplissement de l'éveil omniscient afin d'être bénéfique au monde –, il est appelé « religion pour pratiquants suprêmes ».

Le Lam Rim est comme le joyau qui exauce tous les vœux, car il contient toutes les pratiques par lesquelles on peut acquérir toute joie, toute force et tout niveau de réalisation, y compris ceux du nirvana et de la bouddhéité. C'est un océan dans lequel furent versés les courants d'innombrables lignées indiennes du bouddhisme et desquelles peuvent être tirées les perles de chaque pratique. Ces pratiques sont présentées en une structure destinée à une application méthodique et interpénétrante. Par exemple, le premier sujet de méditation discuté dans *L'Essence de l'or pur* – la manière de cultiver des attitudes correctes envers le maître spirituel – n'est pas seulement enseigné en accord avec les méthodes de base, mais est influencé par la philosophie du plus haut *tantra*. Cette approche interactive donne à la pratique un effet maximum car même lorsque l'esprit n'est engagé que dans des méthodes inférieures, il commence déjà à être mûri et préparé pour les plus hautes techniques. Inversement, même lorsque nous sommes absorbés dans la pratique tantrique la plus haute, nous gardons l'œil sur les disciplines plus générales pour être sûrs de ne pas être en train de les enfreindre. Nous appliquons de cette manière le dicton qui dit : « Une pratique externe du Hinayana, une pratique interne du Mahayana et une pratique secrète du Vajrayana. » Dans le Lam Rim, cet éventail de sujets n'est pas présenté pour une consommation intellectuelle. Il est purement destiné à apporter aide et efficacité dans la pratique.

L'étude du Lam Rim offre au pratiquant quatre grands bénéfices : il percevra les diverses doctrines du Bouddha comme non contradictoires ; il prendra les divers enseignements comme des conseils personnels ; il arrivera facilement à la pensée du Bouddha ; et il sera protégé de la grande faute d'abandonner tout aspect du saint Dharma.

L'enseignement du Lam Rim présente quatre aspects particulièrement remarquables.

1) Il montre comment toutes les différentes doctrines du Bouddha sont non contradictoires.

Si l'on s'en remet aux enseignements du Lam Rim, on pourra comprendre toutes les paroles du Bouddha d'une façon utile pour nous. On verra qu'il y a des pratiques principales et des pratiques annexes, et qu'il y a des enseignements directs et indirects, tous visant à apporter de l'aide à un pratiquant tel que nous-mêmes le long des différentes étapes du développement spirituel.

Bouddha parcourut l'Inde pendant près de cinquante ans, instruisant les gens selon leurs dispositions personnelles. Il enseigna parfois à de grands yogis, de grands érudits ou de grands méditants, parfois à des rois et des reines, parfois à des gens ordinaires. L'ensemble de ses paroles s'adresse par conséquent à beaucoup de niveaux et d'objectifs, certains d'entre eux étant, du moins en apparence, contradictoires. Par exemple, certains des *Soutras sur la discipline* (Hinayana) contiennent des passages décrivant les sortes de viandes pouvant ou ne pouvant pas être mangées ; le *Soutra de la descente à Lanka,* un traité *mahayana,* proscrit, lui, totalement la viande, et certains textes *vajrayana* en encouragent la consommation. Lorsqu'on étudie et pratique le Lam Rim, on perçoit que la séparation entre méthodes principales et méthodes annexes ne cesse d'évoluer, en fonction du stade de pratique auquel on est parvenu et des dispositions de chaque étudiant. Et l'on comprend pourquoi Bouddha enseigna certaines méthodes pour certains stades de l'entraînement et certains types d'étudiants, et d'autres méthodes tout à fait différentes pour des étudiants se trouvant à d'autres stades ou ayant des dispositions différentes. Cette compréhension nous permet de lire n'importe quel traité spirituel avec entendement, ou d'étudier n'importe quelle lignée d'enseignements sans risquer de tomber dans le trouble ou la confusion en face de contradictions apparentes. Chaque enseignement pourra être apprécié pour sa propre et unique valeur par rapport à une situation spécifique, ou à des niveaux de pratique et des types d'étudiants spécifiques, et aucun enseignement ne sera vu comme étant en contradiction avec un autre.

2) Les différents enseignements seront vus comme des conseils personnels.

Les profonds enseignements des *soutras* et des *tantras,* ainsi que les traités et dissertations écrits par les maîtres ultérieurs, et tous les niveaux et ramifications de la pratique, seront vus comme des méthodes pour vaincre les aspects négatifs de l'esprit. La signification de tous les enseignements du Bouddha et de ses successeurs – depuis l'enseignement sur la manière de suivre un maître spirituel jusqu'à ceux qui montrent comment percevoir les aspects les plus profonds de la réalité – se révélera à nous. On pourra apprendre comment pratiquer la méditation contemplative sur les paroles des enseignements puis la méditation fixe sur les thèmes centraux de ces paroles. Tous les enseignements seront ainsi vus dans la perspective de sa propre vie et de ses propres progrès.

Une fois acquise une perspective d'ensemble des diverses voies et pratiques, on peut non seulement comprendre en quoi toutes les instructions spirituelles sont non contradictoires, mais aussi comment elles doivent toutes être adoptées et intégrées dans notre entraînement. Comme Tsong Khapa l'écrit dans son *Grand Exposé* : « Nous deviendrons capables, aux différents stades de notre entraînement, de savoir quelles pratiques utiliser comme méthodes principales et quelles pratiques prendre temporairement comme instructions annexes. » La capacité nous est donnée d'explorer d'une façon sûre et bénéfique l'éventail complet des enseignements, d'une manière qui nous fasse voir tous les préceptes comme des instructions personnelles du Bouddha, à appliquer nous-mêmes en vue de dompter et de cultiver notre esprit. Pour reprendre l'exemple sur la consommation de produits animaux, quand nous nous engageons dans certaines pratiques *hinayana,* nous ne pouvons manger que certains types spécifiques de viande et devons en exclure d'autres. Dans certaines pratiques du Mahayana ainsi que dans le Kriya Tantra, etc., la viande doit être totalement proscrite. Et quand nous nous engageons dans le plus haut *tantra,* nous en mangeons selon ce qui nous est indiqué dans les rites et méditations effectués. De cette manière, tous les niveaux de pratique sont vus non seulement comme non contradictoires, mais aussi comme des méthodes destinées précisément à être appliquées par un pratiquant comme nous en vue de produire et réaliser différentes qualités spirituelles.

Le Lam Rim présente toutes les pratiques comme

des techniques devant être utilisées au cours de l'entraînement d'un pratiquant tel que nous ; il offre en outre une voie à la fois pratique et intellectuellement satisfaisante. Dans l'entraînement Lam Rim du guru-yoga, par exemple, ce n'est pas seulement une visualisation ou une simple contemplation qui nous est proposée ; on est aussi encouragé à explorer les raisons de trouver un guru et de cultiver une relation fructueuse avec lui ou elle. Cette combinaison de l'emploi de la méditation et de celui de l'investigation intellectuelle doit être conservée tout au long du Lam Rim. Elle donne à l'aspirant spirituel une compréhension épanouie et solide de toutes les étapes de l'entraînement, ce qui renforce sa confiance et son sens personnel des responsabilités, deux qualités importantes sur la voie bouddhique.

> 3) La pensée du Bouddha sera facilement atteinte.
>
> Bien sûr, les paroles originales du Bouddha ainsi que celles des commentateurs ultérieurs sont des enseignements parfaits. Mais, pour un débutant, ces enseignements sont tellement nombreux que leur sens est difficile à saisir. Bien que l'on puisse en faire l'étude et la contemplation, on ne pourra probablement pas faire l'expérience de leur véritable essence ; ou, même si on le pouvait, il faudrait un effort et une période de temps considérables. Toutefois, parce que la tradition du Lam Rim prend sa source dans la *Lampe pour la voie de l'éveil* d'Atisha, qui incorpore tous les enseignements oraux des suprêmes maîtres indiens, même une personne comme nous pourrait aisément et promptement parvenir, par son biais, à la pensée du Bouddha.

Les paroles originales du Bouddha sont vastes et profondes. Le *Kangyur* (le recueil des paroles traduites du Bouddha) contient à lui seul plus d'une centaine d'épais volumes d'écritures, et le *Tangyur* (le recueil des œuvres des maîtres indiens ultérieurs) plus de deux cents. Un débutant trouverait très ardu de venir à bout d'une telle quantité d'ouvrages ; même s'il était capable de les lire tous, il aurait peu de chances de pouvoir les assimiler intellectuellement ou de tous les intégrer dans sa pratique personnelle. Comme la plupart de ceux-ci portent sur des aspects spécifiques du Dharma, il serait difficile et fastidieux de les structurer en une pratique efficace. Mais en s'appuyant sur une tradition orale telle que la *Lampe pour la voie de l'éveil* d'Atisha, on peut très aisément parvenir à la substance des enseignements du Bouddha et rapidement développer en son propre courant de conscience une pratique complète et systématique de tous les enseignements.

> 4) La grande faute d'abandonner certaines des lignées du Dharma cessera spontanément d'être commise.
>
> Lorsque l'on réalisera l'intention du Bouddha, tous ses enseignements directs et indirects seront alors vus comme des moyens sages et habiles pour satisfaire l'éventail des besoins spirituels des différents êtres. Dire que certaines lignées du Dharma sont des méthodes parfaites devant être pratiquées et que d'autres sont imparfaites et qu'elles devraient être ignorées est le karma appelé « abandonner le Dharma », une négativité particulièrement grave. Toutefois, si l'on étudie le Lam Rim, on verra en quoi toutes les doctrines du Bouddha et les lignées émanant de lui sont non contradictoires. La grande faute d'abandonner un des aspects du Dharma ne se produira alors plus jamais.

En acquérant une vue d'ensemble des voies et pratiques, puis en contemplant pour quoi, pour qui et pour quelle nature d'entraînement le Bouddha les exposa, on en vient à apprécier la valeur propre de chaque enseignement. On évite ainsi de tomber dans la plus grande faute – celle de dire : « Cet enseignement-ci est excellent, celui-là est sans intérêt ; cette école-ci est bonne, celle-là est mauvaise ; etc. »

Il est dit dans les *soutras* que le sectarisme est un mal plus grave que de tuer un millier de Bouddhas. Pourquoi cela ?

Le but essentiel des Bouddhas, en donnant des enseignements, est de nous aider à éliminer nos états d'esprit erronés et de mettre fin à notre expérience de la souffrance. C'est aussi pour accomplir ce but qu'ils ont travaillé pour atteindre l'éveil. Leur seule motivation est d'être bénéfiques aux autres, et ils y parviennent en enseignant. Mépriser n'importe lequel des enseignements des Bouddhas est par conséquent pire que de mépriser les Bouddhas eux-mêmes. Voilà donc ce que cela implique de suivre une tradition du Dharma tout en en dénigrant d'autres.

Les Bouddhas, de plus, respectent eux-mêmes toutes les traditions des enseignements. Ne pas faire de même revient donc à mépriser les Bouddhas. Il y a beaucoup de manières de comprendre cette citation des *soutras*. Quel est le devoir, pour ainsi dire, d'un Bouddha ? Seulement d'enseigner le Dharma. Et c'est le Dharma qui a amené ce Bouddha à son état de réalisation. De plus, nous n'acceptons pas, dans le Bouddhadharma, la théorie d'un créateur ; tout dépend de soi-même. Il n'est donc pas possible pour les Bouddhas de réaliser directement leur souhait d'aider les êtres. Ils ne peuvent le faire qu'au travers des enseignements. On pourrait dire qu'ils sont comme handicapés. Les enseignements qu'ils donnent sont par conséquent plus précieux et plus importants qu'ils ne le sont eux-mêmes. En fonction des diverses capacités et inclinations des êtres, ils ont enseigné différentes philosophies et méthodes de pratique. Si nous suivons l'une d'elles tout en en dépréciant d'autres, nous abandonnons le Dharma et par conséquent les Bouddhas.

Tels sont les quatre aspects remarquables de la tradition du Lam Rim. Quelle personne dotée d'un tant soit peu de bon sens ne tirerait-elle pas profit de l'écoute d'un exposé de celui-ci, auquel se sont fiés depuis longtemps les fortunés d'Inde et du Tibet, cet enseignement véritablement haut qui délecte le cœur, la tradition connue sous le nom d'*Etapes de la voie spirituelle* pour les trois niveaux d'application ?

Pour citer Jé Rimpoché sur ces quatre effets résultant de l'écoute, de la contemplation et de la méditation sur un exposé du Lam Rim :

> *[A travers lui,] toutes les doctrines sont perçues comme non contradictoires,*
> *Tous les enseignements apparaissent comme conseils personnels,*
> *L'intention du Bouddha est facilement trouvée,*
> *Et l'on est protégé du précipice des plus grandes actions négatives ;*
>
> *C'est pourquoi les êtres sages et fortunés d'Inde et du Tibet*
> *S'en sont entièrement remis à ce legs excellent,*
> *Les « Etapes dans la pratique des trois types d'êtres spirituels ».*
> *Quel grand esprit ne serait-il pas intrigué par celui-ci ?*

En étudiant et pratiquant un enseignement de tradition orale rassemblant l'essence de toutes les écritures, on obtient autant de bénéfice que si l'on avait étudié et pratiqué tous les enseignements. Si nous voulons toutefois aborder cette doctrine essentielle d'une manière qui fasse mûrir en nous ces effets bénéfiques, il nous faut aborder notre étude et notre pratique d'une façon correcte. Cela signifie que nous devons débarrasser notre esprit des préconceptions et des superstitions, que nous devons fournir un effort attentif et que nous devons tenter de garder consistance et régularité dans notre pratique. Etudier et pratiquer le Dharma en se fondant sur des préconceptions est semblable à verser de la nourriture pure dans un pot sale ; être inattentif est semblable à essayer de verser de la nourriture dans un pot retourné ; et être irrégulier et inconsistant dans l'étude et la pratique est semblable à verser de la nourriture dans un pot au fond troué. Si nous souhaitons obtenir les pleins bénéfices de nos efforts, nous devons remplacer ces trois mauvaises attitudes par un état d'esprit ouvert, et par de la clarté et de la consistance dans notre application. Nous devrions toujours être conscients des six constatations : que nous sommes spirituellement malades, que les êtres éveillés sont les docteurs, que le Dharma est le remède dont nous avons besoin, que pratiquer le Dharma est comme suivre un traitement médical, que Bouddha Shakyamuni était un être extrêmement bon et sage, et que sa lignée d'enseignement est un trésor particulièrement précieux pour l'humanité.

> Cette tradition dotée de tant de force et d'impact prend le cœur de l'ensemble des enseignements du Bouddha et le structure en étapes pour une évolution progressive au travers des expériences successives dans les trois niveaux d'application spirituelle. Quelle approche du Dharma ! Comment pourra-t-on jamais en décrire la grandeur ?
>
> Considérez les effets bénéfiques d'entendre ou d'enseigner le Lam Rim ne serait-ce qu'une seule fois : une compréhension du Bouddha et de ses enseignements apparaîtra et, en adaptant des attitudes et une application pures, celui qui est un vaisseau convenable pour le Dharma accumulera des bénéfices équivalents à ceux d'avoir entendu toutes les paroles du Bouddha. Abandonnez par conséquent les trois mauvaises attitudes – assimilées au pot sale, au pot troué et au pot retourné – et prenez conscience des six constatations. Vous pourrez, de cette manière, récolter les fruits d'avoir correctement abordé le sujet. Que vous soyez en train d'étudier ou d'enseigner un texte du Lam Rim, faites-le avec pureté et énergie.
>
> Pour citer Jé Rimpoché :

Une séance à écouter ou enseigner,
Cette tradition incorporant l'essence de toutes les paroles du Bouddha,
Permet de récolter des ondes de mérite équivalentes
A celles d'écouter ou d'enseigner tout le Bouddhadharma.

3

La rencontre entre maître et disciple

Bien que l'écoute de l'enseignement du Lam Rim avec une bonne attitude soit en soi une expérience extrêmement dynamisante, il faut maintenant en venir aux qualités d'un maître de Lam Rim.

Pour pouvoir parcourir sans danger les voies et étapes qui défont les nœuds de l'asservissement émotionnel et karmique, il faut avoir une méthode efficace et l'appliquer correctement. Le meilleur moyen est de s'en remettre à un ami spirituel pleinement qualifié, quelqu'un qui a réalisé personnellement les fruits de l'entraînement spirituel et qui a acquis la capacité de communiquer ses expériences aux disciples.

Les textes du Vinaya (Hinayana), du Mahayana et du Vajrayana donnent chacun leur propre définition des qualifications que devrait posséder un maître valable. Au sein même du Vajrayana, les hauts et les bas *tantras* requièrent chacun des qualités spécifiques.

Si les qualités nécessaires diffèrent selon le type d'étude et de pratique, c'est simplement parce que chaque niveau d'enseignement nécessite un type de relation spécifique entre guru et disciple. En général, plus la méthode appliquée est puissante et plus le maître doit être qualifié. Par exemple, il faut s'en remettre à un guru qui soit un Bouddha entièrement illuminé pour pouvoir s'engager avec succès dans les yogas finaux du plus haut *tantra*, tandis que pour être dirigé au travers des niveaux d'instruction moins élevés, il suffira de rechercher quelqu'un ayant une connaissance solide des écritures ainsi qu'une expérience des pratiques en question. *L'Essence de l'or pur* suggère que nous recherchions un maître possédant les six qualifications de base et les quatre qualités altruistes indiquées dans *L'Ornement des soutras mahayana.*

Les trois premières des six qualités de base requises d'un maître de Lam Rim sont les trois entraînements supérieurs. Bien que ces trois entraînements suivent la direction du véhicule du Hinayana, chacune des six qualités peut être interprétée dans une perspective *hinayana, mahayana* et *vajrayana.*

La première qualité est l'entraînement supérieur de la discipline. La discipline est la base du chemin. Un guru sans discipline ne pourra l'inspirer à ses étudiants. Quand bien même ceux-ci s'engageraient dans les yogas les plus puissants du plus haut *tantra,* ils resteraient comme des enfants jouant aux petits soldats. La glace sur laquelle serait construit leur palais yogique fondrait bien vite sous les vents chauds des épreuves de la vie.

La deuxième qualité du maître de Lam Rim est d'avoir un esprit reposant dans la sérénité de la concentration méditative, les niveaux grossiers des perturbations émotionnelles et psychiques ayant été maîtrisés. Sinon, son expérience des méditations à enseigner sera insuffisante et il n'aura pas pu développer la troisième qualité – l'entraînement supérieur de la sagesse. Un maître sans expérience directe des niveaux de vérité les plus profonds sera de peu de valeur comme maître spirituel car, les émotions négatives de son esprit n'ayant pas été apaisées, ses enseignements ne pourront faire retentir le Dharma dans toute sa pureté. Un maître sans sagesse est à la fois dangereux pour lui-même et pour les autres, car la base tout entière de son expérience est faussée. Il peut facilement manifester des qualités telles que le sectarisme ou la saisie matérialiste, qui sont symptomatiques des maîtres non qualifiés. S'il dirigeait ses étudiants sur de tels chemins, leur situation serait bien périlleuse.

Les quatrième et cinquième qualités sont celles du guru détenteur des transmissions scripturales et « expérientielles » du Dharma. Un maître détenant ces deux transmissions sera capable de mettre en œuvre les vastes et profondes pratiques sans déformation ni erreur, et de diriger ses étudiants au travers des étapes successives en maintenant l'harmonie entre connaissance et expérience interne. Une voie combinant ces deux aspects sera toujours forte et stable. Un maître devrait toujours avoir une meilleure connaissance et davantage d'expérience du sujet traité que l'étudiant, et posséder les quatre qualités altruistes mentionnées dans *L'Essence de l'or pur*.

Toutes les qualités positives bénéfiques à notre vie présente et à nos vies futures s'acquièrent par le développement d'une amitié avec un maître spirituel ; c'est pourquoi nous devrions nous engager dans une telle relation avec sagesse et prudence. Que nous apportera de nous dévouer à un maître qui nous fera perdre du temps et nous dirigera au travers d'expériences déformées des enseignements ? Mieux vaut d'abord apprendre ce qu'il faut rechercher chez un maître, puis bien examiner tout maître éventuel avant de s'engager à pratiquer sous sa direction.

Notre rapport à la pratique doit être fondé sur la raison et sur le bon sens. Le principal sujet d'étude est la nature des deux niveaux de vérité, dont les étapes peuvent être approchées par les moyens combinés de l'écoute, de la contemplation et de la méditation. Il est très important de toujours se souvenir de la contemplation, qui consiste en l'analyse et l'examen des enseignements au moyen de la raison. Les deux vérités parlent de la réalité, et non d'une quelconque construction intellectuelle. Examiner les enseignements avec un esprit critique est vivement encouragé, de même qu'un étudiant en médecine est encouragé à appliquer concrètement ses théories et à vérifier par lui-même leur validité. Le bouddhisme n'est pas une simple relique culturelle du passé. Ce dont il parle, c'est la vie et la situation humaine. Les temps changent peut-être beaucoup, mais la nature essentielle des problèmes et des mystères les plus profonds que les humains rencontrent au cours de leur vie reste la même. Contempler les enseignements du Bouddha Shakyamuni, ce n'est rien d'autre que contempler certaines facettes de la réalité ; cela fait éclore en nous une compréhension plus profonde de nous-mêmes, de notre esprit et de la nature de notre sentiment d'être. Comme les enseignements ne font que mettre en évidence les facteurs clés de la vie – facteurs qui, s'ils sont réalisés, permettent à l'esprit d'évoluer dans des directions bénéfiques –, un examen critique de ceux-ci ne pourra qu'étendre la confiance des étudiants. Raisonnez bien dès le départ et vous n'aurez jamais besoin de regarder en arrière dans la confusion et le doute. Il importe de ne pas aller plus vite qu'on ne le peut dans l'application.

La nature essentielle des deux vérités est toujours présente, et pourtant nous n'en sommes pas conscients – de sorte que la vision de notre esprit n'est pas en accord avec la nature véritable de la réalité dans laquelle nous vivons. Le but de la voie spirituelle est d'opérer cet accord. En suivant un maître spirituel qui a réalisé les natures conventionnelles et ultimes de l'existence, nous nous donnons une occasion unique de pouvoir le faire.

Puisque les écritures ont si longuement décrit les caractéristiques d'un ami spirituel qualifié, il nous reste à faire notre part de travail en utilisant toute notre raison dans notre choix. Les lignées de transmission bouddhistes sont tout à fait nettes et il n'est pas difficile de s'assurer qu'un maître particulier a reçu ou non une formation appropriée. Nous devons ensuite vérifier si ce maître possède ou non une personnalité et des méthodes d'enseignement qui conviennent à nos dispositions et à notre sensibilité propres. Il est difficile d'apprendre auprès de quelqu'un dont tous les aspects nous dérangent. Pensez donc bien à ce que représente un maître spirituel, puis abordez la question avec toute la force de la raison critique.

D'une manière générale, les qualités des maîtres du Hinayana, du Mahayana et du Vajrayana sont multiples, et tout maître bouddhiste est un maître valable. Pour ce joyau qu'est la tradition du Lam Rim, les qualités spécifiques requises d'une personne devant en donner un enseignement sont celles décrites dans *L'Ornement des soutras mahayana* : elle doit avoir une certaine réalisation, c'est-à-dire que son courant de conscience doit : 1) être dompté par la réalisation de l'entraînement supérieur de la discipline éthique ; 2) être pacifié par la réalisation de l'entraînement supérieur de la concentration méditative ; 3) être tempéré par la réalisation de l'entraînement supérieur de la sagesse ; 4) faire autorité en matière scripturale, c'est-à-dire avoir entendu beaucoup d'enseignements sur les Trois Corbeilles, etc., de la bouche de maîtres compétents. Elle devrait : 5) posséder une conscience attentive capable de percevoir la vacuité ; 6) avoir plus de connaissance et de réalisation que le disciple. Telles sont les six qualifications nécessaires pour un maître de Lam Rim.

Il devrait aussi avoir les quatre attitudes altruistes suivantes : 1) l'habileté et la créativité spontanée dans sa manière d'appliquer les méthodes pour engendrer des progrès chez ses disciples, à qui il enseigne avec une motivation pure et libre de la saisie envers la richesse, la renommée ou le pouvoir ; 2) l'enthousiasme et la joie à consacrer tout son temps et toute son énergie à enseigner ; 3) la diligence et la persévérance pour enseigner ; 4) la patience avec les disciples qui ne pratiquent pas bien.

Si vous pouvez trouver un guru qui possède ces six qualités personnelles et ces quatre qualités altruistes, suppliez-le de vous donner des enseignements, puis suivez-les bien.

L'Essence de l'or pur décrit maintenant les qualités que doit posséder un étudiant du Lam Rim. La première est un esprit de recherche sincère. Si l'on se contente de lire les instructions sans réfléchir, ou de les lire en pensant : « J'appartiens à telle ou telle tradition, et ceci n'est que du bouddhisme tibétain », ou : « Je suis *kagyu*, et ceci n'est que de la doctrine *géluk* », nous nous enlevons toute possibilité de tirer un profit significatif de notre étude.

Lire *L'Essence de l'or pur* avec des préjugés, cela revient à mettre un anneau en or à un âne, trop bête pour faire la différence entre du fer et un métal précieux. Atisha écrivit la *Lampe pour la voie de l'éveil* à la demande des habitants du Tibet occidental qui souhaitaient un enseignement oral quintessentiel spécialement adapté aux Tibétains. Peut-être, en un sens, pourrait-on qualifier le Lam Rim de « lamaïsme », mais, du fait qu'il prend toutes ses sources dans les doctrines du Bouddha telles qu'elles ont été réunies et clarifiées par les maîtres indiens prophétisés, tels Nagarjuna et Asanga, chaque tradition bouddhiste doit pouvoir retrouver le reflet de ses propres pratiques dans chacun de ses aspects. Comme le Lam Rim combine toutes les pratiques essentielles du Hinayana, du Mahayana et du Vajrayana telles qu'elles ont été enseignées et pratiquées suivant des lignées ininterrompues depuis Bouddha Shakyamuni, son étude doit nous permettre de progresser dans notre pratique, et ce indépendamment de toute considération d'école ou de tradition. Comme je l'ai dit plus tôt, toutes les écoles au sein du bouddhisme tibétain sont imprégnées directement ou indirectement des enseignements du Lam Rim. Marpa lui-même rencontra Atisha au Népal, et il échangea de nombreux enseignements avec lui. Le principal disciple de Milarépa, Gampopa, était renommé pour avoir combiné les courants de la tradition Lam Rim d'Atisha avec la lignée du Mahamoudra de Milarépa. Quand Atisha vint au Tibet, alors qu'il voyageait vers le nord, en direction de Tholing, il passa près de la montagne qui devait plus tard être connue sous le nom de Sakya, où l'école Sakyapa allait établir, quelques années plus tard, son siège principal. Atisha descendit de sa monture, se prosterna en direction de la montagne et prophétisa l'établissement du monastère Sakya et la succession des premiers patriarches de l'école. Les propres lignées d'Atisha, y compris le Lam Rim, allaient plus tard devenir un pilier à part entière de la doctrine Sakyapa.

On entend parfois dire que les *gélukpa* sont trop intellectuels, et que leur usage de l'analyse et de la raison est un obstacle à la méditation et à la voie spirituelle. J'estime qu'il s'agit là de paroles insensées venant de personnes aux connaissances limitées. Aussi bien le premier que le deuxième, le troisième, le cinquième et le treizième dalaï-lama tiraient dans une large mesure leur pratique de toutes les écoles du bouddhisme tibétain, et particulièrement de l'ordre Nyingmapa. Ces dalaï-lamas étaient tous appelés « Lamas de Drépung » et « Détenteurs du Chapeau Jaune », mais ils n'en respectaient pas moins toutes les écoles d'une manière égale et étudiaient avec les maîtres détenant les lignées qui les intéressaient, quelle que fût leur école. Avoir l'esprit fermé à certains textes ou à une lignée du Dharma par esprit de chapelle, c'est transformer un remède efficace en poison. Ce complexe de supériorité religieuse ne peut rendre qu'idiot. J'ai moi-même reçu une ordination et une formation *géluk*, mais les lignées tibétaines sont très étroitement liées les unes aux autres, et l'une des principales méditations *géluk* est issue d'une lignée amenée au Tibet par le fondateur *kagyu*, Marpa Lotsawa. Un tiers du reste de ma pratique repose sur une lignée *nyingma*. J'ai aussi rencontré et échangé des idées avec de nombreux maîtres japonais, théravadins et autres. La plupart des maîtres tibétains pratiquent ainsi. Quand on comprend la nature de la voie spirituelle, il n'y a jamais lieu de voir de contradiction entre les différents types de formation bouddhistes. Bouddha n'a pas transmis son vaste éventail d'enseignements dans le but de plonger les êtres dans la confusion quant à ce qui relève purement du bouddhisme ou non, ce qui est supérieur et ce qui est inférieur. Quiconque a acquis une compréhension fondamentale de l'intention des êtres éveillés peut voir le reflet du pur Dharma dans chaque parole de chaque maître, indépendamment de toute notion de tradition ou de lignée. Tout comme un homme qui voyage à travers différents pays s'habillera chaque fois en fonction du climat ambiant, chaque lignée du Dharma prend un caractère légèrement particulier selon l'époque et la culture dans lesquelles elle se développe. Mais si l'on vérifie sa source, on peut voir qu'elle provient toujours du Bouddha Shakyamuni suivant une ligne ininterrompue. Peut-être remonte-t-elle au premier tour de la roue de la loi, et elle appartient alors à la catégorie *hinayana* des pratiques, qui a pour axes principaux les Quatre Nobles Vérités, le renoncement et les trois entraînements supérieurs. Peut-être vient-elle du second tour, et elle mettra alors l'accent sur la vue du milieu du Mahayana. Peut-être encore appartient-elle au troisième tour, et elle sera alors fondée sur la doctrine dite de « l'esprit seul ». La lignée pourrait aussi être une méthode du Vajrayana ayant été transmise secrètement, ou une tradition orale unissant plusieurs lignées. Un étudiant ayant acquis une certaine appréciation de l'étendue et de la profondeur des doctrines bouddhistes réunies et exposées par les premiers maîtres indiens, tels Nagarjuna, Asanga, Vasubhandu, Dharmakirti, etc., sera immédiatement capable de respecter chaque lignée pour ce qu'elle est. Nous devrions nous-mêmes nous efforcer de suivre cette approche éclectique adoptée par tant de maîtres du passé. Cela ne signifie pas qu'il faut mélanger toutes ces pratiques en une « grande soupe », mais qu'il faut adopter une attitude ouverte à tous les enseignements, les considérer comme des transmissions authentiques de la pensée des Etres éveillés et des sources de connaissance pouvant soutenir et renforcer la lignée spécifique que nous sommes en train de suivre.

La deuxième qualité attendue d'un pratiquant du Lam Rim est l'intelligence critique. Enseigner à un étudiant qui n'aurait pas ce sens de la curiosité reviendrait à faire tourner un singe au bout d'une corde. Quelle que soit notre foi, si nous ne maintenons pas en permanence une attitude inquisitive et critique, notre pratique présentera toujours une légère incohérence. Même les quatre initiations au *tantra* le plus élevé ne pourront avoir de valeur pour nous si nous ne cultivons pas une attitude mentale correcte.

Le but de chaque enseignement du Bouddha est de calmer l'esprit négatif et de donner naissance à des qualités spirituelles. Si nous manquons de cette attitude inquisitive, nous ne serons pas capables de savoir comment appliquer les instructions spécifiques à notre propre courant de conscience. Passer sa vie entière à l'étude et à la pratique du Dharma tout en conservant un esprit barbare, c'est permettre à un être divin de devenir un démon. Quand la lecture de dizaines de textes ne réduit pas notre attachement, notre aversion, notre orgueil, etc., il est temps de reconsidérer les méthodes que nous employons pour assimiler les enseignements dans notre cœur et en vivre l'expérience. Ceci est particulièrement valable pour les débutants. Il est très important qu'étude et pratique soient abordées d'une façon équilibrée, et, bien que l'usage de l'intellect soit important et indispensable, il faut nous assurer que notre entraînement va au-delà de la simple intellectualisation, qu'il est bien adopté dans le dessein de cultiver l'esprit et d'éliminer les faiblesses intérieures. Nous devrions être comme le disciple d'Atisha, Lama Drom Tonpa, qui disait : « Chaque fois que j'étudie, je contemple et médite aussi. Chaque fois que je contemple, j'étudie et médite aussi. Et chaque fois que je médite, j'étudie et contemple toujours. Telle est la manière Kadampa. » Cette approche combinée nous préserve de jamais nous engager sur de fausses voies ou de nous laisser égarer par des instructions erronées.

Ce sont les deux qualités les plus importantes d'un aspirant spirituel. Nous devons essayer de les cultiver, en même temps que les autres qualités prérequises énumérées dans *L'Essence de l'or pur*. Ni le meilleur guru, ni l'enseignement le plus élevé ne pourront nous aider si nous ne faisons pas les efforts nécessaires pour cultiver en nous-mêmes des attitudes et des qualités bénéfiques.

Comme l'a dit Maitreya : « L'essence de Bouddha pénètre tout ce qui vit[1]. » La nature du niveau de conscience le plus subtil, qui est pure et libre de toute tache, est une chose que partagent tous les êtres sensibles. Par rapport à elle, tous les êtres vivants sont égaux. Nous partageons tous la même situation : quand les conditions correctes seront réunies, notre nature de Bouddha évoluera vers la bouddhéité omnisciente. Du point de vue du chemin vers l'éveil, cependant, nous, les humains, sommes d'une certaine manière mieux placés que les formes de vie moins élevées, du fait de certaines caractéristiques spéciales de notre corps et de notre esprit. La sophistication de notre système nerveux et la capacité supérieure de notre conscience discriminante font que nous avons de bien plus grandes possibilités de développement spirituel. Même les vers atteindront un jour l'éveil. Pourquoi donc penser que le progrès spirituel est au-delà de notre portée ? Nous avons peut-être beaucoup de défauts et de faiblesses à l'heure actuelle, mais si nous nous consacrons avec application aux enseignements, au moyen de l'étude, de l'analyse critique et de la méditation, il n'y a pas de raison que nous ne fassions l'expérience des qualités intérieures qui éliminent les négativités de l'esprit. Ces qualités intérieures sont comme des antidotes qui

1. Cette citation est prise de l'*Uttaratantra* de Maitreya, un autre des cinq ouvrages de Maitreya mentionné en note page 41.

contrecarrent l'influence empoisonnante de l'esprit négatif. Par une familiarisation prolongée avec les antidotes méditatifs, la force de la distorsion mentale et de l'affliction émotionnelle finira par se dissiper et l'esprit s'élèvera dans son aspect pur et libre de déformations.

Le mot tibétain pour désigner Bouddha est *Sang-gye* [1]. *Sang* désigne un état purifié de toute faute et faiblesse ; *gye* fait référence à l'expansion de la sagesse aux limites de l'existence. Du fait que nous avons tous un certain degré de pureté et de connaissance, on pourrait dire que nous sommes tous des Bouddhas de tailles diverses. Bien que le Bouddha en nous soit bien petit encore, comparé à un être entièrement éveillé, la bouddhéité complète n'est pas hors de notre portée. L'imperfection peut systématiquement être éliminée de l'esprit, et, avec un entraînement correct, chaque qualité de la réalisation peut être engendrée. Tout ce qui est requis, c'est de cultiver certaines conditions. Notre esprit est maintenant teinté d'imperfection, mais si nous fournissons des efforts intenses pour développer de la maîtrise dans les diverses méditations permettant de contrecarrer ces traits imparfaits, il est certain qu'ils seront vaincus. Il existe encore à l'heure actuelle de nombreuses lignées d'enseignements authentiques capables de nous mener aux états de connaissance immaculés, en lesquels tous les défauts intérieurs ont été surmontés et où l'esprit demeure joyeusement, totalement libéré des déformations, des afflictions émotionnelles et de l'enchaînement interminable de souffrances que ces éléments négatifs produisent. Il y a aussi beaucoup de maîtres spirituels vivant encore sur cette terre. Mais si nous ne faisons pas l'effort personnel de prendre avantage de ces aspects, notre précieuse incarnation humaine ne se révélera, en fin de compte, pas si fructueuse que cela.

1. Tib. *Sangs-rgyas*.

Le disciple devrait avoir trois qualités fondamentales. Il devrait : 1) être sincère ; 2) avoir une intelligence capable de distinguer les forces bénéfiques des forces déviatrices sur la voie ; et 3) avoir un désir intense d'acquérir de la compréhension et de l'expérience spirituelle. Il devrait aussi avoir une quatrième qualité, qui est d'avoir de l'appréciation pour le Dharma et le maître de Dharma.

Six qualités sont parfois mentionnées. Pour pouvoir être mené le long de la sublime voie de la pratique du Lam Rim, un disciple doit : 1) avoir beaucoup d'intérêt pour le Dharma ; 2) être capable, au cours des enseignements, de garder son esprit alerte et bien concentré. Il doit : 3) avoir confiance et respect envers le maître et ses enseignements ; 4) abandonner les mauvaises attitudes envers les enseignements et leur être réceptif ; 5) maintenir des conditions propices à l'étude ; et 6) éliminer toute condition non favorable.

Si vous deviez donner un enseignement sur le Lam Rim, essayez d'avoir les qualités du maître décrites plus tôt, et si vous deviez en écouter un enseignement, cultivez en vous-même les qualités du disciple idéal indiquées ci-dessus.

Nous autres humains ne sommes en fait pas si loin de l'illumination. Nos cinq sens sont comme le Corps d'émanation d'un Bouddha ; notre corps de rêve, qui est similaire à la forme d'après la mort, est comme la Forme béatifique d'un Bouddha ; et la base de ces deux corps est la subtile et claire lumière de l'esprit qui partage la nature du Corps de sagesse d'un Bouddha. Tout ce que nous avons à faire est d'apprendre à transformer ces éléments ordinaires en leur pure nature. Alors la bouddhéité viendra naturellement dans nos mains.

Pendant que vous vous entraînez dans la tradition du Lam Rim, sous la direction d'un maître spirituel entièrement qualifié, essayez de vivre dans un lieu paisible et agréable pour l'esprit. Arrangez un autel avec des images de vos maîtres et du Bouddha, un stoupa et un texte, ainsi que des offrandes pures et fraîches. En face de cet autel, préparez un siège de méditation confortable et, quatre ou six fois par jour, asseyez-vous-y dans la posture en sept points, effectuez le rite préliminaire du Lam Rim, puis méditez selon les instructions.

Il y avait une tradition, au Tibet, d'étudier le Lam Rim dans le cadre d'une retraite ou d'une semi-retraite. L'étudiant était instruit d'un sujet de méditation à la fois, puis il allait pratiquer pendant des semaines ou des mois, jusqu'à ce qu'une certaine stabilité et des signes de progrès apparaissent. Il est important, pour ce faire, de choisir un lieu de pratique calme et plaisant, où les beautés naturelles de l'environnement puissent imprégner l'esprit de sérénité et de joie. Il faut faire deux, ou quatre, ou six séances quotidiennes, en commençant par le rite préliminaire du Lam Rim [1], puis en s'engageant dans ce qui sera notre principal sujet de méditation. On commence par une méditation contemplative sur l'ensemble des sujets, puis l'on s'absorbe dans une méditation fixe sur un aspect spécifique. En semi-retraite, on n'effectuera en général qu'une, deux ou trois séances.

COMMENT S'EN REMETTRE À UN MAÎTRE SPIRITUEL

La meilleure façon de s'en remettre à un maître spirituel est de pratiquer la méditation contemplative sur ses qualités spirituelles ainsi que sur sa fonction bénéfique dans notre vie spirituelle.

Considérez le nombre incalculable de formes que peut prendre sa bonté pour vous : il est la racine de toute réalisation spirituelle, la source de tout ce qu'il y a de bon dans cette vie et dans les vies futures, le docteur qui éradique la maladie des troubles mentaux et psychologiques avec la pilule du Dharma. Bien que vous ayez erré dans le *samsara* depuis un passé infini,

1. Le rite personnel du troisième dalaï-lama de cette nature est traduit dans la deuxième partie de ce livre.

vous n'avez jusqu'à présent jamais rencontré de guru. Ou même si vous en avez rencontré un, vous n'avez pas correctement suivi ses enseignements, puisque vous n'êtes pas encore un Bouddha. Pensez : « J'ai maintenant rencontré un maître spirituel et je devrais par conséquent essayer de pratiquer comme il lui plaît. »

Il est plus bénéfique de donner un simple bol de nourriture à celui qui meurt de faim que de donner une poignée de pièces d'or à celui qui jouit de toutes les richesses. C'est pourquoi il est dit que notre guru personnel a plus de bonté que le Bouddha lui-même. Le texte des *Cinq stades* affirme :

Le Bouddha « apparu de lui-même »
Est un être accompli en la perfection ;
Mais plus bienfaisant que le Bouddha est notre propre maître,
Car c'est lui qui nous donne personnellement les enseignements oraux.

Contemplez en quoi le guru est meilleur que tous les Bouddhas du passé, du présent et du futur.

La méthode véritable pour cultiver les attitudes correctes envers le maître spirituel est de pratiquer la méditation contemplative sur ses bonnes qualités et sur les effets bénéfiques qu'il apporte dans notre vie. En réfléchissant encore et encore sur son immense bonté, une confiance naîtra qui nous rendra prêts à être formés sous sa direction. Ce processus de réflexion sur le rôle du guru est aussi important au début que lors de pratiques supérieures, car lorsqu'on s'assoit en contemplation, on se trouve confronté à un courant de réactions qui, si elles sont comprises à un stade initial, permettent de dégager l'esprit de quantité de doutes, de confusions et de superstitions.

Le maître spirituel est la source de tout progrès spirituel. A ce sujet, Géshé Potawa a dit : « Si même ceux qui veulent apprendre un métier mondain ordinaire doivent étudier sous la direction d'un maître qualifié, combien plus devons-nous le faire, nous qui voulons l'illumination. La plupart d'entre nous provenons des royaumes inférieurs et n'avons pas de connaissance ou d'expérience passées des voies et étapes vers l'éveil ; si nous souhaitons acquérir cette expérience, pourquoi n'étudierions-nous pas avec quelqu'un qui soit qualifié pour nous enseigner les méthodes qui la développent ? »

Au début de son *Grand Exposé,* Lama Tsong Khapa écrit : « La racine du développement spirituel est de cultiver une relation fructueuse avec un maître. » Ce qui veut dire que nous devons cultiver les attitudes correctes, puis les appliquer convenablement dans l'action. Cette racine, si elle a été rendue forte, pourra soutenir le tronc, les branches, les feuilles et les fleurs de la pratique. Quand les racines d'un arbre sont fortes, l'arbre tout entier devient fort ; si les racines sont faibles, l'arbre entier est faible.

Les deux principales attitudes à cultiver sont le respect du guru et l'appréciation des effets bénéfiques qu'il apporte dans notre vie. Nous devrions le respecter au point de voir en lui un Bouddha. Si nous y parvenons, l'expérience que nous aurons de lui sera semblable à celle que nous aurions d'un Bouddha et nous serons donc suffisamment inspirés pour pratiquer son enseignement. Plus nous sommes près de quelqu'un, plus nous sommes susceptibles d'être influencés par son conseil. Le maître spirituel peut nous montrer le chemin de l'éveil, mais pour que ses conseils puissent nous être bénéfiques, il nous appartient d'accomplir les pratiques. Quand nous voyons le guru comme un Bouddha, il devient très facile d'intégrer ce qu'il enseigne dans nos activités du corps, de la parole et de l'esprit.

L'instruction de voir le guru comme un Bouddha n'est pas excessive car, à beaucoup d'égards, il est Bouddha. Le Bouddha, qui est considéré comme le fondateur du bouddhisme et qui enseigna les diverses voies vers l'éveil, mourut il y a quelque vingt-cinq siècles. La tâche de nous introduire et de nous guider dans notre expérience des enseignements n'est effectuée par nul autre que notre guru, le maître spirituel. Aussi, si nous le considérons comme une personne ordinaire et manquons de cultiver une relation constructive avec lui, il restera un large fossé entre le Bouddha et l'être qui en accomplit l'œuvre. Bouddha est le suprême des Trois Joyaux de refuge, la source de toute excellence, et si nous respectons les Trois Joyaux, comment pouvons-nous ne pas respecter la personne qui en accomplit l'œuvre spécialement pour nous ?

L'enseignement de voir le guru comme un Bouddha vient en fait du plus haut *tantra*. Les textes du Hinayana et du Mahayana évoquent chacun les types de gurus, la nécessité d'avoir un guru qualifié, les qualités que celui-ci doit posséder, les attitudes que doit avoir le disciple, etc. Ces sujets sont aussi discutés dans les textes tantriques, à la différence que, en plus des qualités mentionnées dans les catégories de *soutras* précédentes, un guru tantrique doit être un Bouddha. Il doit être capable de donner les enseignements sur les deux phases de la pratique en accord avec sa propre expérience. Et il doit en particulier être capable de dispenser la « quatrième initiation » à partir de sa propre expérience, ce qui veut dire introduire le disciple aux « grandes unions de la pratique et d'au-delà ». Seul un Bouddha Vajradhara peut faire cela. Un maître dispensant véritablement les quatre niveaux d'initiation doit avoir réalisé les claires lumières métaphorique et réelle ainsi que le corps illusoire, qui est le véhicule de l'esprit de claire lumière ; il doit aussi avoir réalisé l'état de grande union auquel le disciple est introduit. Voilà ce qui est demandé au maître lui-même.

De notre côté, même si le guru n'a pas vraiment cette réalisation et qu'il donne l'initiation dans le but principal de déposer des instincts favorables sur le courant de conscience des disciples, du fait que la force de l'instinct est déterminée par l'état de l'esprit dans lequel il est posé, c'est en considérant le maître initiateur comme un Bouddha que l'on acquerra l'instinct le plus fort – ce qu'il devrait réellement être s'il devait véritablement dispenser les quatre initiations.

La relation entre guru et étudiant est très importante. La première chose à faire, en vue d'établir une telle relation, est d'apprendre les qualités du maître idéal. Avant d'accepter qui que ce soit comme guru, vérifiez bien attentivement qu'il est qualifié pour assumer la fonction de guide spirituel. Prenez le temps d'analyser vos sentiments personnels envers lui et déterminez avec certitude si vous avez ou non la capacité de pratiquer comme il l'enseigne et de voir en lui un Bouddha. Une fois que vous avez la conviction de pouvoir garder foi en lui et de pouvoir maintenir des attitudes correctes envers lui, il y a beaucoup à gagner à développer une relation. En revanche, quelles que puissent être les qualités d'un maître, si vous ne pouvez vous sentir en confiance avec lui et avoir foi en ses capacités, étudier un sujet spirituel auprès de lui vous donnera très peu d'inspiration. C'est par conséquent un droit et une responsabilité que d'être très sélectif lorsqu'il s'agit de choisir quelqu'un pour guru.

Si les qualités d'un maître sont décrites d'une façon si détaillée dans les textes, c'est pour nous aider à identifier un guru capable d'ouvrir en nous les voies de l'éveil. Entreprendre un entraînement avec un maître non qualifié peut être désastreux. Il est dit dans les textes tantriques que ce n'est pas manquer de sagesse que d'examiner un guru pendant douze ans avant de l'accepter comme maître. Le choix d'un maître est un choix important, qui doit être fait avec soin.

Non seulement le guru accomplit l'œuvre des Bouddhas, les égalant ainsi dans leur activité, mais en termes de bonté, il les surpasse. Il est dit que, de tous les Bouddhas du passé qui se sont manifestés comme maîtres spirituels, Bouddha Shakyamuni est le plus bienveillant envers nous, puisque c'est avec ses enseignements que nous sommes entrés en contact. Ceux du Bouddha Kashyapa, qui vécut avant lui, ne sont pas parvenus jusqu'à nous. Cependant, même si Bouddha Shakyamuni est le plus bienfaisant parmi les Bouddhas du passé, nous n'en sommes pas moins dans l'incapacité de recevoir des enseignements de lui ou de bénéficier de sa présence inspirante. Aucun de ces deux Bouddhas du passé ne peut nous aider directement.

Si tous les Bouddhas et maîtres de lignées du passé se manifestaient devant nous en cet instant, nous ne serions pas capables de les reconnaître en tant qu'Etres éveillés ; parce que nous n'avons pas de lien karmique suffisamment fort avec eux, ils ne pourraient rien faire pour nous. Le guru a la grande bonté de venir à nous sous une forme ordinaire, que nous pouvons voir et dont nous pouvons nous sentir proches. Le fait qu'un âne soit emmené dans la famille des êtres spirituels est purement dû à sa bonté. Les Bouddhas ne peuvent venir à nous qu'à travers lui. Aussi, si nous ne le respectons pas et ne prêtons pas attention à ses enseignements, que pourrons-nous espérer ? Nous devrions méditer sur sa bonté sans égale et donner naissance à un profond sentiment d'appréciation.

La raison pour laquelle nous avons erré sans interruption dans l'existence cyclique depuis des temps immémoriaux est que nous n'avons jusqu'ici pas rencontré de maître spirituel, ou que, même si nous en avons rencontré un, nous n'avons pas cultivé une relation fructueuse avec lui. Nous devrions nous déterminer à saisir les occasions que nous offre notre situation humaine présente et à cultiver une pratique spirituelle sous la direction d'un maître.

L'APPROCHE DU MAÎTRE SPIRITUEL

Afin de recevoir des instructions spirituelles, Bouddha lui-même fit l'offrande de biens matériels, de services et de pratique. Dans une vie antérieure, par exemple, il offrit cent mille pièces d'or à un maître pour recevoir le demi-vers : « S'il y a naissance, il y a mort ;

arrêter ce processus est félicité même. » Dans une autre vie, cette fois-là en tant que roi, il renonça à sa femme et à son seul fils pour un simple vers de Dharma. A une autre occasion encore, il transforma son corps en lampe et le brûla en offrande à son maître. De toutes ces manières et de bien d'autres encore, il abandonna fortune, possessions et autres objets d'attachement. Etant des disciples du Bouddha, nous devrions agir de même. Si vous avez entendu beaucoup d'enseignements de votre guru, sa bonté n'est-elle pas immense ?

Il y a des gens qui pensent qu'un maître ne devrait être révéré que s'il a des qualités évidentes. Ils disent : « Je vais à lui pour entendre ses paroles sur le Dharma, pas pour le voir lui », ou : « Je ne vois aucun grand trait de caractère en lui, il n'est donc pas utile d'avoir de la révérence. » Quels idiots ! Même si, par exemple, nos parents n'ont pas de bonnes qualités, nous devons apprécier leur bonté car faire ainsi permet d'obtenir de grands bénéfices, alors qu'en ne les appréciant pas il ne résulte que douleur et confusion. Il en va de même pour notre attitude envers le guru.

De quelqu'un qui nous donne un peu de sa fortune, on pense qu'il est très bon, mais le guru, lui, peut nous donner tout bienfait dans cette vie-ci et dans les vies futures. En contemplant d'une façon approfondie, il devient évident que toutes les phases de développement – de celle de simple laïc jusqu'aux états de Bodhisattva et de Bouddha – dépendent entièrement du contentement du guru. Il y a beaucoup d'exemples de gens qui atteignirent l'éveil total en une courte vie grâce à une dévotion correcte envers un maître, et si vous contentez votre maître avec les offrandes de biens matériels, de dévotion et de pratique intensive, il n'y a pas de raison que vous ne puissiez faire de même. L'accent ne sera donc jamais assez mis sur l'importance d'approcher correctement le guru à la gentillesse sans limites. Rencontrer un guru avec qui nous ayons une relation dharmique et être pris en charge par lui dans cette vie et dans des vies futures dépend entièrement de nous. Aussi servez bien votre guru.

Il n'y a absolument aucune méthode qui permette d'obtenir l'éveil sans suivre un maître qualifié. Tous les *soutras* et les commentaires insistent sur ce point. Ils nous le répètent maintes et maintes fois : « Pratiquez de façon à satisfaire le guru. » Il ne faut pas considérer ceci comme une chose pénible, telle une peine de prison ou autre chose de similaire, car qui ne veut pas d'avenir heureux ? Et comme il est dit dans de nombreux *soutras, tantras* et *shastras,* il n'y a pas de moyen plus rapide ou plus puissant d'accroître votre lot de bonne fortune que de suivre correctement un guru.

Quand vous vous entraînez avec un guru, cependant, soyez sûrs de garder une attitude correcte envers lui. Quoi qu'il arrive, ne laissez pas se développer la pensée qu'il pourrait avoir des défauts ou des imperfections. Méditez de cette manière, pas seulement au niveau des mots, mais du plus profond de votre cœur, jusqu'à ce qu'entendre simplement son nom ou penser à lui fasse dresser tous les poils de votre corps et emplisse vos yeux de larmes.

Dans l'ensemble, tous les Bouddhas et Bodhisattvas ont dit qu'il ne fallait jamais voir dans le guru les fautes d'un être humain ordinaire. Si vous pensez voir quelque chose de bas ou d'indigne en lui, considérez que ce n'est là qu'une réflexion de vos propres attitudes impures. Comment pouvez-vous réellement savoir ce qui est indigne et ce qui ne l'est pas ? Un jour, alors qu'Arya Asanga faisait une retraite sur le Bouddha Maitreya, il perçut Maitreya comme une chienne infestée de vers. Naropa vit son maître pour la première fois sous la forme d'un lunatique attrapant des poissons et les avalant vivants. Et dans le *soutra* appelé *Une rencontre entre père et fils,* Bouddha se manifesta en démon pour pouvoir œuvrer pour le bien du monde. Au vu de ces récits, comment pouvez-vous croire que les fautes que vous semblez voir dans le guru sont réelles ? Faites naître en vous la conviction qu'il est une manifestation du Bouddha.

Le *Texte racine du* tantra *de Guhyasamaja* et les *Cinquante vers sur le guru yoga* d'Ashvagosha enseignent qu'il n'y a pas de faute plus grave que de dire ou croire que son guru a des défauts. Pratiquez par conséquent le guru yoga tel qu'il est décrit dans la biographie de Lama Drom Tonpa – sans aucun doute ni aucune hésitation. Une fois que vous aurez accepté un guru, méditez de telle sorte que vous n'aurez plus aucune pensée irrespectueuse ou indigne pour lui, même si c'est votre vie qui est en jeu.

Comme l'a écrit Jé Rimpoché :

La racine de toute cause
Produisant le bonheur dans cette vie et dans les vies futures
Est la pratique de s'en remettre en pensée et en action
A l'ami sacré qui révèle la voie.
Voyant cela, suivez-le à tout prix
Et contentez-le avec l'offrande de la pratique.
Moi, un yogi, je fis ainsi ;
Vous, ô chercheur de la libération, devriez faire de même.

C'est parce qu'il était animé d'une grande compassion que Jé Rimpoché donna ce conseil, et non parce qu'il voulait que ses disciples l'honorent ou le glorifient.

Parce que avoir un maître spirituel nous permettrait de bénéficier de beaucoup de bienfaits dans notre vie, nous devrions tenter d'en trouver un et d'établir une connexion avec lui en lui faisant trois types d'offrandes : objets matériels, services et pratique correcte. Milarépa dit à ce propos : « Je n'ai pas assez de fortune pour faire une offrande matérielle, mais à la place je contenterai mon guru en lui offrant une pratique correcte. » Le résultat est qu'il atteignit l'éveil en une vie. L'offrande de mettre en pratique les enseignements que l'on reçoit peut parfois se révéler ardue, mais les fruits qu'elle donne font d'elle la plus précieuse. Les maîtres ne devraient pas chérir les offrandes matérielles plus que l'offrande de la pratique, et les étudiants devraient, quant à eux, mettre en œuvre tous les efforts possibles pour faire cette offrande.

L'offrande de la pratique réclame de toujours vivre selon les enseignements de son guru. Mais que faire quand le guru nous donne un conseil que nous ne souhaitons pas suivre ou qui contredit le Dharma ou la raison ? Le point de référence, dans ce cas, doit toujours être la logique et la raison du Dharma. Tout conseil en contradiction avec ceux-ci doit être rejeté. Cela fut dit par Bouddha lui-même. Si l'on doute de la validité des paroles du guru, il faut lui demander simplement de préciser sa pensée afin d'ôter tout doute. Cette tâche devient un peu plus délicate dans le plus haut *tantra*, où le total abandon au guru est exigé. Mais, même là, cet abandon ne doit être fait que dans un sens particulier. Si le guru pointe à l'est et dit d'aller à l'ouest, il y a peu d'autres possibilités pour l'étudiant que de faire une objection. Cela devrait toutefois être fait avec respect et humilité car montrer quelque sentiment négatif que ce soit envers un maître n'est pas une noble façon de lui rendre sa bonté.

La pratique du *guru yoga* signifie que l'on ignore tout défaut que le guru puisse sembler avoir, et que l'on médite sur ses qualités positives. Si l'on peut développer l'habitude de toujours le voir au travers de ses bonnes qualités, notre confiance en lui grandira naturellement et nous finirons par être capables de combattre nos idées préconçues quant à ses défauts apparents et de les transformer en outils spirituellement utiles. La perception de défauts chez le guru ne devrait pas nous faire perdre notre respect envers lui car, en nous montrant ses défauts, il nous montre en fait ce que nous devons abandonner. C'est du moins, pour nous, l'attitude la plus utile à adopter. Il est important que le disciple ait ici un esprit de recherche sincère et une foi éclairée plutôt qu'aveugle.

On dit fréquemment que l'essence de l'entraînement au *guru yoga* est de cultiver l'art de voir comme parfait tout ce que fait le guru ; mais, moi-même, je n'aime pas que cette attitude soit poussée trop loin. Nous voyons souvent écrit dans les textes : « Chaque action du guru vue comme parfaite. » Nous devons comprendre cette phrase à la lueur des propres paroles de Bouddha Shakyamuni : « N'acceptez mes enseignements qu'après les avoir examinés, comme on analyserait de l'or avant de l'acheter. N'acceptez rien par simple foi en moi. » Le problème de la pratique de voir tout ce que fait le guru comme parfait est que cela peut très facilement devenir un poison, pour le guru comme pour le disciple. Lorsque je donne ce genre d'enseignement, je préconise donc toujours de ne pas trop insister sur la tradition de voir chaque action du guru comme parfaite. Chaque fois que le guru manifeste des qualités non dharmiques ou donne des enseignements en contradiction avec le Dharma, l'instruction de le voir comme parfait doit faire place à la raison et à la sagesse du Dharma. Par exemple, parce que beaucoup de dalaï-lamas passés étaient de grands sages et que l'on dit que je suis leur réincarnation, et parce que, cette vie-ci, je donne beaucoup d'enseignements religieux, un grand nombre de personnes mettent beaucoup de foi en moi et, dans leur pratique du *guru yoga*, me visualisent comme étant un Bouddha. Je suis aussi considéré par ces gens comme leur dirigeant séculier. Cet enseignement de « toute action vue comme parfaite » peut donc aisément devenir un poison pour moi dans ma relation avec mon peuple et dans mon administration des affaires de l'Etat. Je pourrais me dire : « Ils me voient tous comme un Bouddha et accepteront par conséquent tout ce que je leur dirai. » Avoir une foi trop aveugle et interpréter machinalement comme pures les actions du guru peut très facilement faire « pourrir » les choses. Par conséquent, je recommande toujours que, dans leur vie, les pratiquants ordinaires ne mettent pas l'accent sur l'enseignement qui consiste à voir les actions du guru comme parfaites. Il serait en effet bien malheureux que la pratique approfondie du raisonnement, qui est le fondement du Bouddhadharma, soit reléguée derrière cet enseignement.

Peut-être penserez-vous que le dalaï-lama n'a lu aucun texte de Lam Rim et qu'il ne sait pas qu'il n'y a pas de pratique du Dharma sans guru. Sachez que je ne suis pas en train de manquer de respect aux enseignements du Lam Rim. Un étudiant de la voie spirituelle doit s'en remettre à un maître et méditer sur sa bonté et ses autres qualités. Mais l'enseignement qui dit de voir ses actions comme parfaites ne peut être appliqué que dans le contexte du Dharma dans son ensemble et de l'approche rationnelle de la connaissance qu'il préconise. Comme cet enseignement est tiré du plus haut *tantra* et est présenté dans le Lam Rim dans le but principal de préparer l'étudiant à la pratique tantrique, les étudiants doivent l'aborder avec précaution. Quant au guru, s'il dénature ce précepte du *guru yoga* pour profiter de ses naïfs disciples, cela reviendra pour lui à déverser les feux liquides des enfers directement dans son estomac.

La raison et la connaissance du Dharma doivent toujours être les principales lignes de conduite du disciple. Sans cette approche, il lui sera difficile d'assimiler ses expériences du Dharma. Avant d'accepter une personne comme guru, analysez-la bien et, même après, suivez-la en vous référant, comme Bouddha l'a montré, à la raison. Les enseignements qui disent de voir les actions du guru comme parfaites devraient plutôt être réservés à la pratique du plus haut *tantra,* dans le cadre duquel ils prennent un nouveau sens. L'un des principaux yogas du véhicule tantrique est de voir le monde comme un *mandala* de grande félicité et de se voir soi-même et tous les autres êtres comme des Bouddhas. Dans ces circonstances, il serait absurde de penser que vous et tous les autres sont des Bouddhas, mais que votre guru n'en est pas un !

Au Tibet, parce que le Dharma était très répandu et

grâce à la bonté des nombreux maîtres passés, les gens étaient animés d'une foi considérable. A tel point que même un petit bout de tissu rouge représentait à leurs yeux la Sangha. Ils n'avaient aucune difficulté à pratiquer l'enseignement de voir chaque action du guru comme parfaite. C'est ainsi que la responsabilité de la pureté de la tradition reposait sur les lamas ; malheureusement, il est très facile pour un lama de perdre son éthique à cause de cet enseignement. En fait, plus on nous montre de respect, plus nous devrions nous sentir humbles ; hélas, c'est parfois l'inverse qui se produit. Un maître spirituel doit se surveiller attentivement et se souvenir des mots de Lama Drom Tonpa : « Utilisez le respect qui vous est montré comme une cause d'humilité. » C'est la responsabilité du maître. L'étudiant, lui, a celle d'utiliser la sagesse dans sa démonstration de foi et de respect.

La foi engendrée est une vertu, mais, si elle n'est pas guidée par la sagesse, elle peut nous apporter des ennuis. Nous, les Tibétains, avons généralement tant de foi que nous ne remettons pas en question les pratiques du Dharma. Un moine qui vit des offrandes des bienfaiteurs, mais qui ne vit pas en accord avec les pratiques, crée un karma négatif équivalent à celui de voler dans un temple. Une personne qui a des qualités spirituelles ou qui est engagée dans une étude ou une pratique intensive est qualifiée pour recevoir des offrandes, et il est bénéfique qu'elle les accepte. Mais un mauvais moine ferait mieux d'avaler directement une boule de fer incandescente. Un de nos problèmes est que nous n'observons en général que les enseignements qui alimentent nos émotions et que nous ignorons ceux qui pourraient en venir à bout. C'est pourquoi je considère comme un poison l'enseignement de voir toutes les actions du guru comme parfaites. Beaucoup de problèmes de sectarisme au Tibet ont été créés et sont entretenus par cet enseignement.

Le premier dalaï-lama a écrit : « Le véritable maître

spirituel regarde tous les êtres vivants avec des pensées d'amour et montre un respect égal envers les maîtres de toutes les traditions. Il ne fait de tort qu'à ses propres émotions, l'ennemi intérieur. » Les diverses traditions sont principalement apparues comme des ramifications de méthodes habiles destinées à des disciples de capacités diverses. Si nous prenons un aspect de leurs enseignements, tel le précepte qui consiste à voir toutes les actions du guru comme parfaites, pour l'utiliser à des fins sectaires, comment aurons-nous alors remercié les maîtres du passé pour leur bonté à nous donner et à nous transmettre le Dharma ? Ne les aurons-nous pas plutôt disgraciés ? Si nous comprenons mal et appliquons mal les enseignements, ils en seront bien peu contentés. De même, il est méritoire pour un lama d'effectuer des rites ou de donner des initiations pour bénéficier aux êtres, mais s'il n'est motivé que par le gain matériel, il ferait mieux de faire du commerce. Utiliser la couverture du Dharma pour exploiter autrui est un grand mal. Les Chinois nous ont fait du tort, mais utiliser le Dharma à des fins sectaires ou pour exploiter des gens en ferait bien plus. Cela pourrit la base. Le grand yogi Milarépa dit à ce propos : « Quand les pratiquants du Dharma ne se conforment pas à leur pratique, ils ne font rien d'autre que porter préjudice aux enseignements. » Tout comme des vers intestinaux peuvent tuer un lion, utiliser les enseignements à seule fin de sectarisme ou d'exploitation peut facilement détruire le Dharma. Nous érigeons des autels sophistiqués et faisons de nombreux pèlerinages, mais il est bien plus bénéfique de se remémorer les enseignements du Bouddha : « Ne soyez jamais cause de mal ; créez toujours le bien ; que toutes vos pratiques servent à cultiver votre esprit. » Si notre pratique accroît les émotions, la négativité et les perturbations mentales, c'est le signe que quelque chose ne va pas.

Il est parfois dit que le déclin du bouddhisme en Inde, il y a huit cents ans, fut principalement dû à la pratique du Vajrayana par des personnes non qualifiées et au sectarisme provoqué par la corruption au sein de la Sangha. Toute personne enseignant le bouddhisme tibétain devrait garder cela à l'esprit quand elle se réfère au précepte qui réclame de voir chaque action du guru comme parfaite. C'est un enseignement extrêmement dangereux, particulièrement pour les débutants.

4

La situation humaine

Arrivé à ce stade, celui d'envisager de s'en remettre à un maître spirituel montrant la voie de l'éveil et de le contenter en faisant l'offrande de pratiquer selon ce qu'il nous enseigne, on peut se demander ce que signifie exactement l'offrande de la pratique.

Pratiquer, cela signifie assumer soi-même la responsabilité de toujours vivre en accord avec le saint Dharma, les enseignements donnés par votre maître spirituel. En travaillant avec le guru et avec les lois des causes et effets, vous pouvez tirer parti de votre extrêmement précieuse vie humaine, une forme de vie difficile à trouver et, une fois trouvée, pleine de potentiel ; un trésor plus précieux qu'un joyau qui exaucerait tous les vœux. En dehors de cela, il n'y a pas d'offrande de pratique. Serrez les dents et ne laissez pas s'échapper cette occasion unique que vous offre l'existence humaine. Si vous n'utilisez pas cette potentialité prodigieuse, votre cœur n'est-il pas vain ?

Pour l'instant, nous avons acquis une forme humaine dotée des huit libertés et des dix attributs propices à la pratique spirituelle. Même si, en un sens, tous les humains sont égaux, du point de vue de la pratique du Dharma, une personne possédant ces dix-huit qualités est spéciale parmi les égaux.

Quelques-unes de ces dix-huit qualités sont partagées par tous les humains à toutes les époques ; les autres sont particulières aux êtres de grand mérite.

Les quatre premières des huit libertés sont communes à tous les humains : être libre de la renaissance dans 1) les enfers, 2) les royaumes des esprits avides, 3) le monde animal et 4) les paradis des dieux aux longues vies. Les quatre restantes touchent à la liberté par rapport aux quatre états humains défavorables : 1) et 2) ne pas être né dans un endroit éloigné ou barbare, où n'ait jamais vécu ni enseigné un être éveillé ; 3) avoir toutes les facultés physiques ou mentales ; 4) ne pas vivre sous l'influence aveuglante d'attitudes et de croyances grossièrement erronées.

Les cinq premiers des dix attributs sont dits « personnels » : 1) avoir un corps humain complet ; 2) être né dans un pays ayant une forte culture spirituelle ; 3) avoir toutes les facultés normales ; 4) n'avoir commis aucun des cinq karmas inexpiables ; et 5) avoir de l'intérêt pour la voie spirituelle. Les cinq derniers attributs concernent l'environnement : être né dans une ère 1) où un Etre éveillé se soit manifesté ; 2) où il ait enseigné la voie ; 3) où ses enseignements prospèrent encore ; 4) où des disciples de sa lignée existent toujours ; et 5) bénéficier de l'assistance compassionnelle des autres dans son étude et sa pratique du Dharma.

La première chose à faire est de reconnaître ces qualités et d'identifier celles que nous possédons et celles qui nous manquent. L'idéal pour la pratique du Dharma est de posséder les dix-huit.

Nous avons tous une chance extraordinaire d'être nés en cette époque présente. Une vie humaine dans cette ère est quelque chose de très puissant, offrant beaucoup de possibilités d'évolution. Elle peut permettre d'accomplir n'importe quel but, y compris le but suprême de l'éveil omniscient. En contemplant ce fait, nous réalisons que c'est une occasion particulièrement précieuse qui nous est présentée, et que, si nous la gâchons, nous souffrirons d'une grande perte. Reconnaître les libertés et attributs permet de sentir en soi un désir spontané d'utiliser sa vie d'une façon productive.

Pour se rendre compte de la valeur d'une renaissance humaine, il suffit de contempler la vie des êtres des enfers, ou celle des esprits avides, ou même celle d'un animal ou d'un insecte. Regardons par exemple un chien se promenant autour d'un temple pendant un enseignement. Que peut-il faire de plus que de remuer sa queue et s'endormir au soleil ? Si nous comparons ce qu'il peut comprendre de l'enseignement et ce que peut en comprendre un humain, le contraste est frappant. Cette capacité qu'ont les humains de percevoir et communiquer les vérités plus profondes est très importante spirituellement car elle nous donne le pouvoir d'envisager des accomplissements qui transcendent les limites de cette seule vie.

C'est grâce à une impulsion de bon karma que nous n'avons pas pris renaissance dans les royaumes inférieurs, ou bien en une époque ou un lieu exempt d'enseignement d'Etre éveillé, ou encore dans un éon noir, durant lequel la pratique du Dharma n'est pas possible. C'est aussi une grande chance que nous n'ayons pas pris renaissance dans une contrée éloignée ou barbare, où les enseignements spirituels ne seraient pas parvenus. De ce point de vue, si nous réfléchissons à ces dix-huit qualités, nous en venons à apprécier l'aspect particulièrement propice et rare de notre situation présente.

Que devrait-on faire d'une occasion aussi précieuse ? Pratiquer le Dharma et réaliser l'essence de la vie, l'éveil. Une fois que l'on a identifié les dix-huit qualités d'une précieuse vie humaine, il convient ensuite de réfléchir au potentiel qu'elle nous offre. Avec un corps et un esprit humains, on peut méditer, acquérir une compréhension des lois karmiques des causes et effets, produire le sentiment du refuge dans les Trois Joyaux, cultiver les trois entraînements supérieurs de la discipline, de la concentration méditative et de la sagesse de la vacuité, développer des qualités *mahayana* telles que la grande compassion, l'amour et l'esprit d'éveil, s'engager dans la pratique des six perfections et des quatre façons de réunir des disciples, et enfin pratiquer les yogas du plus haut *tantra,* y compris les phases de génération grossière et subtile et les cinq stades de la phase d'achèvement. En bref, tout homme ou toute femme de cette planète ayant une forme humaine complète avec les six éléments et les canaux d'énergie fonctionnant normalement peut s'engager dans la pratique du plus haut *tantra* et atteindre l'éveil complet et parfait dans cette vie-ci. Bien sûr, il faut aussi posséder les causes karmiques qui favorisent le succès de la pratique spirituelle, mais cela est un autre sujet.

Puisque, grâce à cette base humaine rare et précieuse, il est possible de produire les plus hauts accomplissements, nous devons prendre avantage de notre situation et cultiver la gamme des pratiques spirituelles, causes des réalisations supérieures. Par la méditation sur les dix-huit qualités et leur nature pleine de potentiel naîtra en nous la conviction que nous pouvons pratiquer le Dharma et atteindre des états supérieurs d'existence. Par la persistance dans cette méditation, nous renforcerons cette conviction et créerons ainsi une base mentale solide pour notre pratique.

La précieuse renaissance humaine est non seulement noble, mais elle est aussi très puissante, puisqu'elle permet de réaliser des buts à la fois matériels et spirituels. Dans ces conditions, cela vaut la peine de porter sa vision au-delà des formes de vies inférieures, telles celles des animaux, qui ne savent que satisfaire leurs besoins matériels, et de s'employer à la réalisation des buts élevés – les buts spirituels d'une renaissance supérieure, de la libération du *samsara* et de l'éveil omniscient. En revanche, si nous n'utilisons pas maintenant cette vie humaine à des fins valables, nous devons comprendre que nous aurons peu de chances d'en obtenir une nouvelle dans le futur. Penser que l'on peut mettre le Dharma de côté dans cette vie avec l'idée de le pratiquer dans une incarnation future est un vain espoir. La forme humaine étant noble et puissante, elle nécessite des causes karmiques de la même qualité.

Il y a trois principales causes karmiques à cultiver si l'on veut pouvoir espérer retrouver une renaissance humaine après la mort : une discipline éthique pure, la pratique des six perfections et de fortes aspirations spirituelles. On ne peut espérer obtenir une nouvelle forme humaine dans le futur que si l'on est resté conscient de ces causes durant toute sa vie. La force de ces causes karmiques doit, de plus, être nourrie et entretenue sans dégénérescence. Il y a peu de chances d'obtenir une renaissance humaine si l'on vit la vie samsarique habituelle. Car même si l'on crée quelques forces karmiques positives, leur puissance est rapidement perdue quand elles ne sont pas protégées et cultivées par la pratique spirituelle. En effet, les petites actions vertueuses que nous n'effectuons qu'au prix de grands efforts sont rapidement contrecarrées par les effets des activités négatives qui semblent, quant à elles, se déclencher à la moindre provocation. La bonté ne peut l'emporter sur le mal qu'avec de grands efforts et beaucoup de persistance, alors qu'une fois la terrible force de la négativité entrée dans l'esprit elle peut rapidement contrecarrer et détruire le peu de bonté que l'on aura acquis, particulièrement en cet âge dégénéré où la plupart des gens ont une pratique faible, construite sur des bases fragiles. Le karma positif n'est produit que rarement et avec peu de force dans nos vies, alors que les actions négatives le sont presque continuellement, et avec beaucoup de force. Même maintenant, où nous sommes en train de faire l'expérience du fruit du karma positif et où, en tant qu'humains, nous avons rencontré des maîtres spirituels et les enseignements sur la voie vers l'éveil, nous n'en continuons pas moins, du fait de la force de nos émotions et des conditions perturbantes qui nous entourent, à persévérer dans des activités plus négatives que positives. Cela étant le cas même quand nous avons d'excellentes conditions, nous pouvons imaginer le courant ininterrompu de forces karmiques négatives que nous avons créé dans les innombrables vies passées où nous n'avions ni maître, ni enseignements, ni sagesse du Dharma. Les empreintes de ces forces sont conservées en nous et, si nous ne les purifions pas pendant cette vie, elles pourront facilement exercer leur influence sur nous durant la mort et nous entraîner dans une renaissance inférieure. Les trois poisons psychiques de l'ignorance, de l'attachement et de l'aversion nous ont accompagnés depuis des temps sans commencement et ont certainement donné forme à d'innombrables actes négatifs du corps, de la parole et de l'esprit. On ne peut s'apercevoir de cela qu'en regardant l'imperfection de notre état d'existence présent. Même maintenant, où nous jouissons de la protection de notre pratique du Dharma, les trois poisons nous dominent encore. Combien plus nous auraient-ils influencés si nous n'avions pas eu une telle discipline personnelle ? En méditant sur ce fait, un désir fort et spontané se manifeste en nous de cultiver des réalisations spirituelles et d'éliminer les poisons psychiques et les schémas karmiques qu'ils créent. Tel est l'enseignement qui inspire les disciples de bonne fortune à décider de tirer le plus grand profit possible de leur vie humaine.

Si nous voulons savoir comment approcher l'essence de la vie humaine, le troisième dalaï-lama donne la réponse dans les lignes suivantes du texte :

> Toutefois, il est d'une valeur limitée d'écouter ou de pratiquer le Dharma si notre motivation est mélangée avec les aspects blanc, noir et gris des huit Dharmas mondains, c'est-à-dire la motivation de l'emporter sur ses ennemis et de protéger ses amis, qui est louée par les gens ordinaires, mais est en fait superficielle ; la motivation d'obtenir un bénéfice matériel, universellement condamnée ; et la motivation d'impressionner les autres, que certains jugent bonne et que d'autres méprisent. Si l'on se porte au-delà des schémas de pensée mondains sans méditer sur l'impermanence, la mort, etc., on court le grand risque d'avoir l'esprit dominé par de mauvaises motivations. En revanche, si l'on pratique le pur Dharma correctement et sans prétention,

les bases du bonheur durable seront vite et fermement posées.

Laissez derrière vous, telle l'enveloppe sans essence d'une graine, ces quêtes mondaines dénuées de conséquences positives et spirituellement périlleuses. Saisissez l'essence du Dharma, de façon qu'au moment où ce corps humain sans substance devra être abandonné vous ne quittiez pas cette vie avec regret. Pensez également à pratiquer immédiatement. Buvez dès maintenant les eaux de la méditation et soulagez le désir d'extraire l'essence de la vie.

Comme l'a dit Jé Rimpoché :

La vie humaine, trouvée seulement cette fois-ci,
Plus précieuse que le joyau qui exauce tous les vœux,
Si difficile à obtenir de nouveau et si facilement perdue,
Est aussi brève qu'un éclair.
Voyant cela, abandonnez les activités mondaines comme l'enveloppe d'une graine
Et employez-vous nuit et jour à saisir l'essence de la vie.

5

Les trois grandes étapes de la vie spirituelle

Le but de tous les enseignements que le Bouddha Shakyamuni a dispensés, avec toute son habileté et sa générosité, est d'apporter des bienfaits aux êtres et de satisfaire leurs besoins spirituels. Ces besoins sont de deux sortes : accéder à un état samsarique, et donc temporaire, favorable au progrès et au bonheur ; et accéder à l'état permanent correspondant soit à la libération du *samsara,* soit à l'obtention de l'éveil omniscient. Quand on parle de la voie à trois niveaux, le premier niveau répond au premier de ces besoins – l'obtention temporaire d'un statut samsarique favorable au progrès et au bonheur. Le deuxième répond au besoin de se libérer du *samsara* et le troisième à celui d'obtenir la bouddhéité omnisciente. Toutes les pratiques enseignées par Bouddha entrent dans l'un de ces trois niveaux : certaines parties des enseignements visent à produire une renaissance élevée dans le *samsara,* d'autres à produire l'état libéré de nirvana et d'autres, enfin, à produire l'éveil omniscient.

Si l'on voulait saisir l'essentiel des possibilités offertes par un vaisseau humain, comment devrait-on procéder ?

Il est extrêmement important ici de comprendre les différentes méthodes permettant de réaliser les bases générales des voies et des pratiques d'une façon authentique. J'en expliquerai donc brièvement le processus.

Cette explication comprendra deux volets : comment la voie des trois niveaux d'application spirituelle condense tous les enseignements du Bouddha ; et la raison pour conduire des aspirants à travers ces trois niveaux.

COMMENT LA VOIE DES TROIS NIVEAUX D'APPLICATION SPIRITUELLE CONDENSE TOUS LES ENSEIGNEMENTS DU BOUDDHA

Bouddha lui-même commença d'abord par développer l'esprit altruiste d'éveil, l'aspiration à atteindre la parfaite compassion, la parfaite sagesse et la parfaite puissance en vue de pouvoir venir en aide à tous les êtres sensibles de la façon la plus efficace possible. C'est uniquement pour leur être bénéfique qu'il atteignit finalement l'éveil complet, et uniquement pour leur être bénéfique qu'il enseigna ensuite le saint Dharma.

Les pratiques qu'il enseigna se divisent en deux parties : celles qui visent à donner aux êtres le bénéfice temporaire d'une renaissance supérieure comme hommes ou dieux ; et celles qui visent à donner les deux bénéfices ultimes de la libération du *samsara* et de la parfaite omniscience.

Le premier groupe de pratiques est connu sous le nom de « pratiques du disciple de degré initial d'application spirituelle ». Parce qu'elles sont utilisées comme base pour toutes les pratiques plus élevées, elles sont appelées « Dharma commun de degré initial ».

La nature du pratiquant de degré initial est définie dans la *Lampe pour la voie de l'éveil* d'Atisha :

> *Celui qui, par les diverses méthodes,*
> *Vise à un bonheur samsarique supérieur*
> *Avec ses propres intérêts à l'esprit*
> *Est connu comme aspirant spirituel de degré initial.*

C'est-à-dire que le pratiquant de degré initial est une personne qui, au lieu de travailler pour les plaisirs de cette vie, se concentre sur les pratiques menant à une renaissance dans un paradis ou en tant qu'être humain.

Les pratiques qui apportent un bénéfice ultime sont de deux types : celles qui apportent le nirvana, c'est-à-dire une libération qui est simplement une libération de la souffrance samsarique ; et celles qui apportent la libération dotée de l'omniscience. Les premières de celles-ci sont connues comme les pratiques de la personne de degré intermédiaire, ou « Dharma commun de degré intermédiaire ».

Pour citer la *Lampe pour la voie de l'éveil* d'Atisha :

> *Celui qui, dans le but de trouver la paix pour lui-même,*
> *Tourne le dos au bonheur samsarique*
> *Et inverse tout karma négatif*
> *Est connu comme aspirant spirituel de degré intermédiaire.*

En d'autres termes, le pratiquant intermédiaire tourne le dos aux sécurités et aux joies des plus hautes renaissances samsariques et entreprend les pratiques des trois entraînements supérieurs – la discipline éthique, la concentration méditative et la sagesse –, afin d'atteindre pour lui-même cette libération qui est libre de toutes les contraintes cycliques, tels le karma et les émotions négatives.

Enfin, en plus des pratiques *hinayana* introduites plus haut, les méthodes permettant de parvenir à l'état de libération doté de l'omniscience incluent toutes les pratiques du Véhicule de la Perfection (ou Mahayana exotérique) et du Véhicule du Vajra (Mahayana ésotérique ou Vajrayana). Ces méthodes sont connues sous le nom de « Dharma exclusif de degré supérieur ».

Pour citer la *Lampe pour la voie de l'éveil* d'Atisha :

> *Celui qui voit la souffrance de sa propre vie*
> *Et qui, réalisant que les autres souffrent pareillement,*
> *Souhaite mettre un terme à toute misère,*
> *Est connu comme aspirant spirituel de degré suprême.*

En d'autres termes, le pratiquant suprême est celui qui, mû par la grande compassion, s'engage dans les méthodes telles que les six perfections et les deux stades du *tantra* pour pouvoir atteindre la bouddhéité complète pour lui-même et être ainsi davantage en mesure de supprimer la souffrance des autres.

Voilà comment la voie des trois degrés d'application spirituelle condense tous les enseignements du Bouddha.

RAISON POUR DIRIGER LES ASPIRANTS À TRAVERS CES TROIS NIVEAUX

Si le Lam Rim enseigne les trois niveaux d'application spirituelle, c'est uniquement parce qu'il est nécessaire de passer par les deux degrés inférieurs de pratique avant de pouvoir accéder au troisième et plus haut degré. Dans la tradition du Lam Rim, ce n'est pas pour acquérir le confort samsarique d'une renaissance supérieure que l'on entreprend les pratiques du degré inférieur, et ce n'est pas pour se profiter à soi-même en atteignant le nirvana – ou libération de l'existence cyclique – que l'on entreprend celle du degré intermédiaire. Ces deux niveaux de pratique sont purement effectués comme préliminaires aux pratiques du degré supérieur. Le corps véritable de la pratique du Lam Rim appartient au plus haut de ces trois niveaux.

Pourquoi l'accent est-il tant mis sur les pratiques du degré supérieur ? Parce que le seul accès possible au Mahayana est l'esprit d'éveil et que cet esprit d'éveil est une qualité unique aux pratiquants du degré supérieur. C'est pour cette raison qu'il faut le développer.

Pour ce faire, il faut commencer par en contempler les effets bénéfiques jusqu'au point d'engendrer un désir irrépressible de le réaliser. Ces effets sont regroupés en deux catégories : temporaire et ultime. L'effet temporaire est que l'esprit d'éveil garantit l'heureux fruit d'une renaissance supérieure. L'effet ultime est qu'il finit par donner forme à la sagesse libérée et omnisciente de la bouddhéité. Il est donc indispensable.

Préalablement à l'esprit d'éveil, il faut engendrer la grande compassion, qui ne peut tolérer la souffrance d'aucun être sensible. Cette grande compassion nécessite une conscience intense des expériences et souffrances indésirables de notre propre continuum. Pour développer celle-ci, on s'entraîne donc d'abord aux pratiques du degré initial, où l'on contemple les misères éprouvées dans les royaumes inférieurs. Cette contemplation fait naître un esprit qui aspire ardemment à se libérer d'une existence si insatisfaisante.

On entre ensuite dans les pratiques intermédiaires en contemplant la nature transitoire des joies des paradis. De cette contemplation apparaît le renoncement à tout ce qu'il y a dans le *samsara.* En pensant que tous ces êtres qui ont été nos mères connaissent les mêmes souffrances que nous-mêmes, on engendre alors la compassion (qui aspire ardemment à voir tous les êtres libres de la souffrance), l'amour (qui souhaite qu'ils puissent tous obtenir le bonheur) et enfin l'esprit d'éveil, l'aspiration à l'éveil total comme meilleur moyen de réaliser cet amour et cette compassion. Diriger les aspirants vers le plus haut degré de pratique en entraînant d'abord leur esprit aux deux degrés inférieurs est ainsi une suprême et parfaite approche du Dharma.

Dans la tradition du Lam Rim, ces trois niveaux de la voie ne sont pas enseignés séparément, mais plutôt comme des pratiques intimement liées. La persévérance dans les pratiques du premier degré nous rend aptes à effectuer les pratiques du deuxième degré, et, de la même manière, les progrès dans les pratiques du deuxième degré nous donnent la capacité d'accéder à celles du troisième. Ainsi, ni le premier ni le deuxième degré ne sont finaux. Ils sont plutôt des points d'appui pour le troisième et plus haut degré, celui qui résulte en la bouddhéité ultime.

Pourquoi le Bouddha prit-il la peine d'enseigner ces trois niveaux et non pas seulement le plus élevé d'entre eux ? Quand les pratiques du troisième degré sont effectuées sans les réalisations de base engendrées dans les deux premiers, cela peut facilement produire de mauvais effets dans l'esprit du pratiquant, tels des complexes de supériorité ou une folie des grandeurs. Il faut comprendre que le niveau avancé n'est pas en contradiction avec les deux niveaux inférieurs, mais qu'il en est plutôt un supplément et un aboutissement. Pratiquer les deux premiers niveaux ne signifie pas s'éloigner du troisième. Bien au contraire, les pratiques inférieures renforcent les pratiques supérieures et en donnent une perspective plus équilibrée, nous permettant de mieux les intégrer dans notre vie et d'en obtenir ainsi plus de bénéfices. Sans les deux premiers niveaux de pratiques comme préliminaires, il est difficile de faire l'expérience du troisième niveau et du cœur de celui-ci, l'esprit d'éveil.

Toutefois, bien que la pratique des deux premiers degrés doive précéder celle du troisième, il est utile de développer dès le début de l'intérêt pour l'esprit d'éveil. Cela donne aux pratiques inférieures l'orientation nécessaire pour en faire les causes de la pratique supérieure. Le développement d'un tel intérêt se fait en contemplant l'excellence et les effets bénéfiques résultant de la possession de l'esprit d'éveil. Mais il ne sera pas possible d'apprécier les implications plus profondes de celui-ci si l'on n'a pas l'expérience de la progression à travers les deux premiers degrés. A moins d'avoir médité sur la nature précieuse de la vie humaine, et sur des sujets tels que la mort, les lois karmiques des causes et effets, la nature de souffrance du *samsara,* le refuge et les trois entraînements supérieurs, il y a peu d'espoir de pouvoir adopter une approche réaliste de l'esprit d'éveil.

L'esprit d'éveil repose sur la grande compassion ou le désir de libérer tous les êtres sensibles des souffrances samsariques. Cela suppose de comprendre la nature et les mécanismes des souffrances générales qui imprègnent tout le *samsara,* ainsi que des souffrances spécifiques de chaque royaume, et particulièrement des trois royaumes inférieurs. Cette conscience est engendrée dans les deux premiers degrés de pratique. Une compassion ne comprenant pas la nature de l'existence samsarique n'est une compassion qu'à demi sentie.

Ainsi, les deux premiers degrés sont très importants pour un pratiquant souhaitant accéder au plus haut niveau de la voie. C'est pourquoi le troisième dalaï-lama dit :

> Pour saisir l'essence de sa vie humaine, il y a trois pratiques véritables ou niveaux de pratique à accomplir, à savoir les pratiques des trois degrés présentés plus haut.

DEGRÉ INITIAL

6

La mort et les royaumes inférieurs

Nous voici donc dotés pour le présent d'une précieuse forme humaine, si difficile à acquérir et, une fois obtenue, si riche de potentiel. Nous sommes maintenant un être humain. Cette vie, cependant, ne durera pas toute l'éternité et il est certain qu'un jour nous devrons mourir. De plus, nous ne savons pas combien de temps attendra la mort avant de frapper. Nous devrions par conséquent nous efforcer dès maintenant de saisir l'essence de la vie. Nous avons eu un nombre infini de vies antérieures dans des royaumes supérieurs, inférieurs ou moyens, mais le Seigneur de la mort, tel un pillard dans un riche marché, les a toutes raflées sans pitié. Quelle chance qu'il nous ait déjà laissés vivre aussi longtemps ! Engendrez un esprit si imprégné de la conscience de la mort que vous vous sentirez comme un homme traqué par un dangereux criminel.

Au moment de la mort, ni l'argent, ni les possessions, ni vos amis, ni vos serviteurs ne pourront vous accompagner, alors que les traces de tous les actes négatifs que vous aurez commis pour les obtenir vous suivront comme une ombre. C'est comme cela que l'on quitte la vie. Pensez-y ! Pour l'instant, nous nous contentons de manger, boire et consommer, mais pendant ce temps, vie, fortune, objets sensuels et nourriture se consument à feu régulier sans que rien ne soit accompli. Ce qui nous reste de vie, nous devrions entièrement le diriger vers une pratique réelle du Dharma. Et nous devrions penser à le faire dès aujourd'hui, et non pas demain, car la mort pourrait frapper ce soir.

Quand nous contemplons la mort et l'impermanence de la vie, notre esprit commence immédiatement à trouver de l'intérêt aux accomplissements spirituels, tout comme une personne ordinaire devient craintive à la vue du cadavre d'un ami. La méditation sur l'impermanence et la mort est très utile car elle coupe l'attirance envers les activités transitoires et futiles de l'existence et incite l'esprit à se tourner vers le Dharma.

Deux méthodes *soutrayana* sont principalement utilisées pour méditer sur la mort : la technique dite des « trois racines » et la visualisation répétée du déroulement de sa propre mort. En général, la dernière de ces méthodes est utilisée un certain temps avant la première.

La première méthode comporte trois principaux sujets de méditation : la certitude de la mort, l'incertitude du moment de la mort et la vérité qu'au moment de la mort seuls nos progrès spirituels ont de la valeur.

Il n'est pas difficile de reconnaître que la mort est certaine. Le monde est très vieux, mais il n'y a pas un être sensible que nous puissions qualifier d'immortel. La nature même de notre corps est vulnérabilité et impermanence. Beaux ou laids, gros ou minces, nous approchons tous de la mort à pas réguliers et rien ne peut s'y opposer. Ni la force physique, ni les flatteries, ni la corruption, ni nulle autre chose ne peuvent la persuader de s'écarter.

Lorsque nous apprenons que nous sommes atteints d'une maladie mortelle, nous courons frénétiquement d'un docteur à un autre et, lorsque nous voyons qu'il n'y a plus rien à espérer, nous allons voir les lamas pour leur demander de nous aider avec des divinations. Puis nous voilà en train de manger notre dernier repas, de porter des habits pour la dernière fois, de nous asseoir pour la dernière fois. Et notre corps tombe à terre comme une bûche.

La méditation sur la mort suscite en nous un certain sentiment d'agitation et d'inconfort, comme si quelqu'un de dangereux nous guettait. Ce sentiment est très réel et très utile car la certitude de la mort est quelque part devant nous.

Le moment que la mort choisira pour frapper nous est inconnu. Nous ne savons lequel viendra en premier, demain ou l'au-delà. Aucun de nous ne peut garantir qu'il sera toujours en vie ce soir. La plus infime condition pourrait provoquer notre départ soudain de ce monde. Même les conditions qui sont le support de la vie, tels la nourriture ou les médicaments, peuvent agir comme poison et la détruire.

Lorsque nous mourons, le corps et toutes ses capacités sont perdus. Les possessions, le pouvoir, la renommée, les amis, rien ni personne ne peut nous accompagner. Prenez mon cas, par exemple. Nombre de Tibétains ont beaucoup de foi en moi ; ils feraient tout ce que je leur demanderais. Mais quand je mourrai, je devrai mourir seul et pas un seul d'entre eux ne pourra m'accompagner. Tout ce que nous emportons avec nous, ce sont les connaissances de méthodes spirituelles et les empreintes karmiques des actes de notre vie. Si, tout au long de notre vie, nous avons pratiqué des méthodes spirituelles et appris les techniques de méditation qui préparent l'esprit à la mort, alors nous pourrons garder confiance et faire face efficacement et sans peur aux expériences qui se déclencheront à son arrivée. En nous entraînant pendant que nous sommes en vie et en cultivant une conscience du processus de la mort, alors, au moment où cessera notre respiration et où commenceront à se dissoudre les éléments de notre corps, nous serons capables d'affronter les différentes étapes du processus et de reconnaître la claire lumière de la mort à son apparition. Le passage de cette conscience de la claire lumière marque le moment exact de la mort. On dit qu'avant la conscience de la claire lumière on tombe dans un évanouissement profond et que, émergeant de cet état dans la confusion, la personne ordinaire manque à reconnaître l'apparition de celle-ci. Mais celui qui s'est entraîné dans des méditations supérieures reconnaît les étapes de la mort et établit une attention au moment où il entre dans cet évanouissement. De cette manière, il transforme les effets de ce très subtil état de conscience et, au moment où il en émerge, il reconnaît la claire lumière de la mort. Même après la fin de l'apparition de la claire lumière, alors qu'il quitte son corps pour entrer dans l'état intermédiaire, il est capable de reconnaître le *bardo* comme *bardo* et de faire l'expérience des hallucinations et visions qui surgissent avec équanimité et vision pénétrante. A ce point, la personne ordinaire tombe sous l'emprise de la colère, de l'attachement, de l'ignorance, etc., et évolue en conséquence. L'être spirituellement entraîné, lui, demeure dans la sagesse et l'équanimité. Il transforme la claire lumière de la mort en le parfait Corps de sagesse et l'expérience du *bardo* en le parfait Corps béatifique. Pour satisfaire ses aspirations à aider les êtres, il peut alors orienter sa renaissance selon sa volonté, n'importe où à travers l'univers.

Ceux d'entre nous qui ne sont pas capables de s'engager dans ces pratiques yogiques au moment de la mort devraient au moins essayer de garder une attention vive tout au long de son processus et maintenir des pensées d'amour et de compassion ainsi que l'esprit d'éveil. Il est aussi très bénéfique de penser à son guru et aux Trois Joyaux de refuge et de leur demander de nous guider. Cela nous aidera à entrer dans le *bardo* dans un état d'esprit spirituel, ce qui, à son tour, assurera une renaissance supérieure favorable à de nouveaux progrès spirituels.

Nous portons tous dans notre courant de conscience un nombre infini d'instincts issus d'activités positives et négatives du passé. L'espoir principal d'une personne sans entraînement est que, en maintenant un courant de pensée positif pendant qu'elle sera en train de mourir, elle pourra activer un fort instinct karmique positif au moment précis de la mort, faisant ainsi de cet instinct l'influence dominante tout au long de l'expérience du *bardo*. Cette approche est la meilleure qui soit pour une personne non entraînée. Le yogi et l'être ordinaire ont à leur disposition des méthodes bien différentes.

Au moment de la mort, nous devrions diriger notre esprit selon ce qui vient d'être indiqué. Quant à l'environnement, il est important que, durant ou après notre mort, la pièce ne soit pas pleine de gens en pleurs ou en lamentations, ou ne soit le théâtre de tout événement qui puisse affecter notre esprit.

Il n'est pas courant, pour une personne ayant vécu une vie négative, d'avoir des pensées positives au moment de la mort ou une expérience contrôlée dans le *bardo*. Nous devrions donc être attentifs dès maintenant à la mort et nous engager dans les pratiques qui produisent des qualités spirituelles, qualités qui ne nous profiteront pas seulement dans cette vie-ci, mais qui nous donneront aussi la faculté de faire face efficacement à la mort et au *bardo*.

Ainsi, dans la méditation de la mort à « trois racines », nous contemplons la certitude de la mort et nous nous résolvons à pratiquer le Dharma ; nous contemplons l'incertitude du moment de la mort et nous nous résolvons à la pratiquer immédiatement ; et nous contemplons le fait que seule la sagesse du Dharma a de la valeur à ce moment-là, et nous nous résolvons à le pratiquer purement.

Maintenant que, en tant qu'humains, nous sommes entrés en contact avec les enseignements spirituels et avec un maître, nous ne devrions pas, tel un mendiant, laisser défiler les années sans rien faire de constructif, pour nous retrouver les mains vides au moment de la mort. Moi, un moine ordinaire de la lignée de Shakyamuni, je vous exhorte humblement à faire des efforts dans la pratique spirituelle. Examinez la nature de votre esprit et employez-vous à le développer. Prenez en compte votre bien-être dans cette vie et dans les vies futures et développez de la compétence dans les méthodes qui produisent le bonheur ici et dans l'au-delà. Nos vies sont impermanentes, tout comme le sont les saints enseignements. Nous devons donc cultiver notre pratique avec soin.

Comment le Dharma nous aide-t-il et comment le non-Dharma nous nuit-il au moment de la mort ? L'amour et la compassion des Etres éveillés ne sont pas des forces suffisantes pour nous sauver. Si elles l'étaient, elles nous auraient déjà sauvés dans n'importe laquelle des expériences précédentes de la mort que nous avons traversées depuis des temps sans commencement. Ne rien faire de notre côté revient à vouloir applaudir avec une seule main.

Vous pourriez demander : si, à l'exception du Dharma, rien n'aide au moment de la mort, alors comment le Dharma aide-t-il ? Et comment le non-Dharma nuit-il ?

On ne fait pas que s'évaporer au moment de la mort. A la mort succède la renaissance, et que ma renaissance soit heureuse ou misérable, supérieure ou inférieure, dépendra de mon état d'esprit à l'heure où elle surviendra. A cet instant-là, les êtres ordinaires n'ont d'autre force que celle de leur karma. Ils doivent prendre la renaissance qui leur est dictée par leurs karmas noirs et blancs, ou par les impressions psychiques laissées par leurs actions passées du corps, de la parole et de l'esprit. Si, au moment de la mort, une pensée positive prédomine, nous aurons une renaissance heureuse. Si c'est une pensée négative, nous prendrons une renaissance correspondante dans les trois royaumes inférieurs, où nous devrons subir d'intenses souffrances.

Quels sont les tourments des trois royaumes inférieurs ?

Pour citer Acharya Nagarjuna :

Souvenez-vous que, dans les enfers du bas,
On brûle comme un soleil,
Et que, dans les enfers du haut, on gèle.
Souvenez-vous combien les fantômes et les esprits
Souffrent de la faim, de la soif et du climat.
Souvenez-vous combien les animaux souffrent
Des conséquences de la stupidité.
Abandonnez les causes karmiques d'une telle misère
Et cultivez les causes de la joie.
La vie humaine est rare et précieuse ;
N'en faites pas une cause de souffrance.
Rendez-vous compte de ce qu'elle représente et utilisez-la bien.

Comme le dit Nagarjuna, les souffrances des enfers chauds et froids sont insoutenables, celles des esprits sont effroyables, et celles des animaux – se dévorer les uns les autres, être domestiqués et commandés par l'homme, ne pas pouvoir s'exprimer, etc. – accablantes. A l'heure actuelle, nous ne pouvons garder notre main au-dessus du feu ne serait-ce que quelques secondes. En hiver, nous ne pouvons rester nus dans la glace plus de quelques minutes. Passer une seule journée sans manger ou sans boire est pour nous d'une grande difficulté, et une simple petite piqûre d'abeille semble terrible. Comment serez-vous alors capables de supporter la chaleur ou le froid des enfers, l'angoisse d'un fantôme ou les horreurs de l'existence animale ? Méditez sur les souffrances des royaumes inférieurs jusqu'à ce que vous soyez remplis de terreur et d'appréhension. Maintenant que vous avez obtenu une forme humaine favorable, abandonnez les causes d'une renaissance inférieure et cultivez les causes d'une renaissance heureuse. Déterminez-vous à appliquer les méthodes qui barrent la route aux royaumes inférieurs.

Certaines personnes doutent de l'existence des enfers. Toutefois, de nombreuses cultures de ce monde parlent chacune séparément de ces royaumes, et il existe des gens dotés de clairvoyance qui peuvent les percevoir. Il est dit dans le bouddhisme qu'au travers de la méditation nous pouvons développer nous-mêmes des pouvoirs extraordinaires de mémoire et nous souvenir ainsi de certaines de nos vies passées, et donc nous souvenir de nos propres expériences dans les enfers.

Beaucoup de niveaux de la loi naturelle sont au-delà de la compréhension des êtres ordinaires et peuvent seulement être perçus par des êtres aux états de conscience supérieurement développés. Le fonctionnement des lois du karma est l'une de ces vérités plus subtiles.

Il n'y a pas deux êtres humains qui aient un corps et un esprit identiques. Chacun d'entre nous est entièrement unique, jusqu'au plus petit poil, la plus petite ride, le moindre trait physique. Pourquoi sommes-nous si complexes ? Pourquoi les animaux et les insectes sont-ils individuellement si uniques ? C'est là que la théorie bouddhique du karma et de son évolution entre en jeu, mais nous traiterons de cela plus loin.

De nombreux écrits bouddhiques parlent des enfers en des termes très réels, allant jusqu'à en donner de nombreux détails, par exemple leur emplacement précis. Que ces royaumes aient une existence externe réelle ou qu'ils ne soient que de simples états d'esprit est un sujet de discussion au sein même du bouddhisme. Shantideva a écrit : « Qui a créé les gardiens et les instruments de torture des enfers ? En réalité, ils sont formés par les empreintes karmiques que nous portons dans le courant de notre esprit. » Cependant, qu'ils soient des états externes ou de simples états d'esprit ne change rien à notre problème, qui est de savoir comment éviter d'en faire l'expérience. Si nous nous retrouvons dans les royaumes des enfers, l'expérience de la souffrance sera inévitable. Les types de souffrance caractéristiques des enfers – chaleur intense, froid, torture physique, etc. – ne sont pas des expériences impossibles ou dépassant l'imagination humaine.

Si les enfers et les autres royaumes de souffrance n'existaient pas, il y aurait peu de raisons d'étudier et de pratiquer le Dharma. Mais si nous regardons autour de nous, nous pouvons voir que nous sommes pris de toutes parts dans les mailles de la souffrance. Comment pouvons-nous escompter ne pas être confrontés à des conditions similaires une fois que notre corps sera mort ? Alors, nous n'aurons ni richesse, ni pouvoir, ni amis, ni même un corps pour nous protéger. Nous n'aurons que nos empreintes karmiques positives et négatives et la présence ou l'absence de compréhension spirituelle. Quand on n'a pas de sagesse et que l'on porte en soi les empreintes d'actes karmiques principalement négatifs, le *bardo* devient une suite de visions infernales et le cœur s'emplit de regret. Comme il aurait été meilleur de ne pas être si fier ni si certain de la supposée non-existence des enfers, lorsqu'on possédait encore des facultés de discernement !

Le pratiquant de degré initial poursuit ainsi de longues méditations sur les types de souffrance des différents enfers et se détermine à abandonner les causes de ces renaissances inférieures – les actions négatives commises par un esprit en proie aux émotions perturbatrices. Cette méditation devrait être entreprise régulièrement, pas seulement pendant quelques jours, mais pendant des mois entiers, jusqu'à ce que se développe une aversion naturelle à s'engager dans des activités dégénérantes. Actuellement, nous fournissons de grands efforts pour nous protéger du froid, de la chaleur, des piqûres d'insectes, etc. Ne serait-il pas sage de nous protéger aussi des souffrances futures de cette nature en évitant leurs causes : les actions négatives du corps, de la parole et de l'esprit ?

Les écritures abondent en descriptions de la nature des différents enfers. Elles parlent de quatre types principaux : les huit enfers chauds, les huit enfers froids, les quatre enfers avoisinant les bas enfers, et les enfers occasionnels où les êtres bénéficient de trêves périodiques. Chacun de ces royaumes est décrit comme ayant différentes intensités de misère, différentes durées, etc. Leur principale caractéristique est une souffrance violemment intense, et leur principale cause est le karma négatif créé par la haine violente et le mal fait aux autres.

J'aimerais vraiment qu'il n'y ait pas de souffrance dans ce monde ni de souffrance après la mort. J'aimerais qu'il n'y ait pas de royaumes des enfers ni d'esprits avides. Mais il ne serait pas sage de croire que tout cela n'existe pas et de persister dans les procédés négatifs qui précipitent l'esprit dans ces royaumes. La distance entre notre existence présente et les enfers pourrait être aussi courte qu'un seul souffle.

Les procédés négatifs n'ont pas d'effets bénéfiques sur l'esprit, même dans cette vie. S'il y a une vie future, comment pouvons-nous escompter que la négativité puisse lui être profitable ? A l'opposé, les procédés positifs apportent des effets positifs sur l'esprit durant cette vie et posent les fondements du bonheur après la mort. Nous devrions contempler la souffrance des enfers à cette lumière et nous résoudre à éviter les procédés qui y conduisent.

Les royaumes des esprits avides non plus ne peuvent être vus par les êtres ordinaires de ce monde, bien qu'il y ait des cas isolés de contacts entre êtres de différents royaumes – des êtres partageant de forts liens karmiques. Une fois encore, beaucoup de cultures de ce monde ont, chacune de leur côté, parlé de ces royaumes, et beaucoup de mystiques et de clairvoyants ont écrit à ce sujet.

Les afflictions principales des esprits avides sont une faim et une soif intenses. Bien qu'ils soient torturés continuellement par ces terribles états de manque, ils restent sans mourir pendant de nombreux siècles. La principale cause de renaissance dans ce royaume est le karma négatif créé par l'attachement et la cupidité. Nous devrions nous imprégner de la contemplation de la souffrance des royaumes des esprits et nous résoudre à éviter les karmas négatifs qui en sont la cause. Nous trouvons actuellement difficile de faire un jeûne religieux pendant ne serait-ce qu'une demi-journée ; comment pourrions-nous supporter de tels manques pendant un millier d'années ?

Les souffrances des royaumes animaux sont aisément perceptibles. Les bêtes de labeur et de ferme passent leur vie à être dirigées, battues, tuées et mangées par les êtres humains. Nous-mêmes, au nom des Droits de l'homme, ferions appel à une institution si quelqu'un tentait de nous faire subir de tels traitements, mais les animaux, eux, ne peuvent rien faire d'autre que de subir pathétiquement. Ainsi, les poissons du lac ne sont pas respectés comme propriétaires du lac. Aux yeux des humains, ils ne sont que de simples sources d'alimentation. Nous oublions que ce sont des êtres vivants qui, comme nous, ont la saisie d'un « moi » et aspirent au bonheur. Nous oublions qu'ils ne veulent ni souffrir, ni mourir, et nous les tirons de l'eau sur des hameçons ou dans des filets, où ils meurent dans la peur et l'agonie. Il en va de même pour les bêtes de basse-cour, le bétail, les chèvres, etc. Ils n'ont personne vers qui se tourner pour demander secours, et ils n'ont pas l'intelligence nécessaire pour pouvoir s'aider eux-mêmes. Tel est le karma et la souffrance de leur royaume. Nous devrions méditer sur ce que nous éprouverions si nous renaissions parmi eux.

Les animaux sauvages, les oiseaux, les insectes, etc., souffrent en général plus intensément encore. Leur loi est celle de la jungle, où vieux et faibles sont dévorés vivants. Tenus continuellement de chasser leur nourriture et de trouver un abri, ils doivent souvent faire l'expérience de longues périodes de privation. Leur grand défaut est le manque de sagesse, qui les empêche de cultiver le progrès spirituel. Ainsi va leur vie, contrôlée par les forces du karma et des émotions jusqu'à ce que, pour finir, ils meurent dans la terreur.

Nous devrions méditer sur les différentes souffrances du monde animal et nous demander alors : « Est-ce que je veux cette souffrance ? Serais-je capable de la supporter ? » Si vous ne la voulez pas, prenez alors la résolution d'en éviter les causes : les activités aveugles et futiles fondées sur l'esprit ignorant.

Dans cette vie et dans beaucoup de vies précédentes, nous avons créé de nombreux karmas pouvant résulter en une renaissance dans n'importe lequel des trois royaumes inférieurs. Nous devrions cesser de créer de telles causes et rechercher les méthodes qui purifient l'esprit des instincts karmiques passés et l'élèvent de l'obscurité à une joie durable.

7

À la recherche d'un lieu de refuge

Un aspirant spirituel a besoin d'un modèle, quelque chose qu'il puisse placer au-dessus de lui et considérer comme un idéal, quelque chose qui puisse le guider et l'inspirer. Dans le bouddhisme, c'est le Triple Joyau ou les Trois Joyaux du Refuge : le Bouddha, le Dharma et la Sangha.

Quand nous pensons aux Bouddhas pleinement éveillés – les êtres qui ont purifié leur esprit de toutes les taches et de tous les voiles, et qui ont étendu leur sagesse à toute la compréhension de l'existence –, nous nous sentons à la fois très attirés et très impressionnés ; mais, d'une certaine façon, c'est un peu comme si demeurait toujours une grande distance entre eux et nous. C'est pourquoi existe le refuge de la Sangha, la communauté des aspirants spirituels, l'assemblée des pratiquants parvenus à différentes étapes de pratique et de réalisation. Ces êtres nous donnent une perspective du chemin. Les membres de la Sangha sont plus avancés que nous, mais pas autant que les Bouddhas. Ils nous permettent de penser : « Cette personne n'est pas si loin devant moi. Si je faisais seulement un petit peu plus d'efforts... » Ils nous aident à nous sentir confiants par rapport à la pratique spirituelle. Parfois, même, ils nous donnent presque le sentiment que nous pouvons faire la course avec eux jusqu'à l'éveil. Ils sont la Sangha des amis spirituels.

Penser aux Bouddhas nous rend muets d'admiration.

Penser à la Sangha nous donne une envie enthousiaste d'en faire partie et de nous consacrer avec zèle au chemin spirituel. Ce chemin et les méthodes pour le parcourir sont le troisième Joyau du refuge, le Dharma. C'est la collection des enseignements à pratiquer et des réalisations à atteindre.

> Quelles sont exactement les méthodes qui barrent la route aux renaissances inférieures ? Comme il est expliqué ci-dessus, la crainte de la souffrance des renaissances inférieures est utile. La reconnaissance que le Bouddha, le Dharma et la Sangha ont le pouvoir de nous protéger de telles renaissances est aussi une aide. Engendrez cette crainte au moyen de la méditation, puis tournez-vous vers ces Trois Joyaux suprêmes du plus profond de votre cœur.

Il y a différentes façons de parler des Joyaux de refuge. En terme de chronologie, le premier à apparaître, historiquement, est un Bouddha entièrement illuminé. Il donne forme au Joyau du Dharma, les enseignements sur la voie vers l'éveil. De la pratique du Dharma apparaît alors la communauté des pratiquants des différents niveaux, la Sangha.

Comment ces Trois Joyaux peuvent-ils nous être bénéfiques ? Un Bouddha possède quatre qualités qui font de lui un objet de refuge effectif : il est libre de l'imperfection du *samsara* avec ses peurs et ses souffrances ; il a une faculté omnisciente d'enseigner les chemins de l'éveil ; il demeure dans un état de parfaite compassion envers chacun des Etres vivants ; et il est équanime envers tous.

La Sangha aussi possède ces quatre qualités, mais dans une moindre mesure. Le Dharma, quant à lui, a la capacité d'éveiller ces qualités en nous.

Il est important que ces quatre qualités soient toutes présentes dans un objet de refuge spirituel. Si un maître n'est pas libéré de l'existence mondaine, il ne sera pas capable de mener les autres à la liberté. S'il n'a pas la faculté d'omniscience, il ne pourra diriger les pratiquants d'une façon adaptée aux complexités de leurs bagages karmiques et de leurs dispositions spirituelles. S'il n'a pas la grande compassion, il choisira de demeurer dans la félicité méditative plutôt que d'enseigner ; et si sa compassion est partielle, il est douteux qu'il choisira de nous aider, et que, même s'il choisit de nous enseigner, il aura la patience de nous diriger à travers les épreuves de la pratique.

Comment les Etres éveillés ont-ils atteint l'état de bouddhéité omnisciente ? En purifiant et en étendant leur esprit par la pratique du Dharma, qu'ils nous enseignent ensuite par compassion. Notre Bouddha Shakyamuni s'est entraîné avec de nombreux maîtres pendant de nombreuses vies. Sa pratique du Dharma le porta finalement jusqu'à l'illumination. C'est pourquoi l'on dit que le Dharma est le véritable refuge, les Etres éveillés ceux qui enseignent le refuge et la Sangha les amis du refuge. Si nous admirons les Etres éveillés, comment ne pouvons-nous pas admirer la force qui les a portés jusqu'à l'illumination ?

Le Dharma, ou ensemble des enseignements, n'est pas une série d'instructions que l'on doit croire et suivre avec une foi aveugle. La pratique du Dharma doit reposer sur la raison et la contemplation. Si l'on accepte un point de la pratique ou de la doctrine par foi aveugle, on le fait pour de mauvaises raisons et de la mauvaise manière. En ce qui me concerne, chaque fois que je rencontre une contradiction entre la doctrine et la raison, je donne toujours la priorité à la raison. Bouddha a enseigné beaucoup de différents niveaux et de différents types de doctrine pour les différentes sortes d'auditeurs, et nous devons discerner pour nous-mêmes ce qui était signifié littéralement et ce qui ne l'était que figurativement.

Comment les Trois Joyaux ont-ils le pouvoir de nous protéger des terreurs des royaumes inférieurs ? Le Joyau du Bouddha est lui-même libre de toute peur et, étant omniscient, il maîtrise les méthodes qui protègent de toutes les peurs. De plus, comme il demeure dans la grande compassion qui voit tous les êtres sensibles avec équanimité, il est un objet de refuge valable à la fois pour ceux qui lui sont bénéfiques et pour ceux qui ne le lui sont pas. Du fait qu'il a lui-même ces qualités, il s'ensuit que ses enseignements, ainsi que la Sangha qu'il a établie, devraient aussi être valables. On ne peut pas dire cela des fondateurs de beaucoup d'écoles religieuses, dont peu étaient parfaits ; ni de beaucoup de doctrines, dont la plupart sont remplies de fautes de logique ; ni de beaucoup de traditions religieuses, dont la plupart sont fragmentées. Parce que le Bouddha, le Dharma et la Sangha possèdent ces sublimes qualités, ils sont vraiment dignes de refuge.

Comment prend-on refuge dans les Trois Suprêmes Joyaux ? Chantez trois fois : « Je prends refuge dans le parfait Bouddha ; montrez-moi comment me libérer des souffrances du *samsara* en général et des royaumes inférieurs en particulier. Je prends refuge dans le suprême Dharma, affranchi du désir ; soyez mon réel refuge et dirigez-moi vers la liberté des terreurs du *samsara* en général et des royaumes inférieurs en particulier. Je prends refuge dans la suprême Sangha, la communauté spirituelle ; protégez-moi des misères du *samsara* et particulièrement de celles des royaumes inférieurs. » Pendant que vous récitez ces lignes, générez un sentiment réel que vous prenez refuge du plus profond de votre cœur dans le Bouddha, le Dharma et la Sangha.

On prend refuge dans le Bouddha en se remémorant les Etres éveillés, les Etres suprêmes dotés de la sagesse omnisciente, et en les priant de tourner la roue du Dharma et d'être nos guides spirituels. Nous prenons ici à la fois le refuge causal dans le Bouddha comme modèle extérieur et le refuge résultant de notre propre réalisation de la bouddhéité.

On se remémore ensuite le Dharma, qui calme les désirs et nous porte jusqu'à l'état de libération de toute soif matérialiste. Pourquoi le désir est-il spécifié parmi les nombreux poisons psychiques ? Bien que l'ignorance soit une affliction plus profonde que le désir, il est dit dans les écritures que le désir est la force qui nous lie le plus immédiatement à la vie samsarique. Comme le Dharma est l'agent qui élimine le *samsara*, il est ainsi appelé « affranchi du désir ».

La pratique du Dharma, qui est la quatrième noble vérité exposée par le Bouddha, donne naissance à la noble vérité de la cessation de la souffrance, la troisième vérité, qui est l'état de nirvana en lequel la déformation mentale est totalement pacifiée. Notre refuge réel, par conséquent, est le Dharma, à la fois comme la noble vérité du chemin à pratiquer et comme la noble vérité de la cessation à générer dans notre continuum.

Enfin, on se tourne vers le Joyau de la Sangha, la suprême communauté, l'assemblée des aspirants spirituels, les êtres comptant parmi les plus glorieux de ce monde. En pensant à leurs qualités inégalées, on leur demande d'être nos amis et nos guides sur la route de l'éveil.

Il est généralement dit que deux causes sont nécessaires pour que notre refuge soit stable : la compréhension de la nature insatisfaisante des formes inférieures d'existence et la reconnaissance que, en s'en remettant aux objets de refuge, nous pourrons nous transcender vers des états supérieurs. Si nous générons ces deux causes et lisons les lignes du texte en gardant à l'esprit les qualités des Trois Joyaux de refuge, il n'y a aucun doute qu'un fort sentiment de refuge prendra forme en nous.

> Prendre refuge, mais ne pas en observer ensuite les préceptes, ne produira toutefois que très peu de bénéfice, et la force apportée par le refuge disparaîtra vite. Gardez par conséquent toujours ces préceptes à l'esprit : ayant pris refuge dans le Bouddha, ne vous en remettez plus à des dieux mondains tels Shiva et Vishnu, mais considérez toutes les statues et les images

du Bouddha comme de véritables manifestations du Bouddha lui-même ; ayant pris refuge dans le Dharma, ne faites plus jamais de mal à autrui et ne manquez jamais de respect envers les écritures saintes ; ayant pris refuge dans la Sangha, enfin, ne perdez plus votre temps avec de faux maîtres ou avec des amis futiles ou de mauvaise influence, et ne manquez jamais de respect envers l'étoffe bordeaux et safran.

Aussi, comprenant que tout bonheur temporaire ou ultime provient de la bonté des Trois Suprêmes Joyaux, faites-leur une petite offrande de votre nourriture et de votre breuvage à chaque repas, et remettez-vous-en à eux plutôt qu'à des politiciens ou des diseurs de bonne aventure pour tous vos besoins immédiats ou ultimes. Enfin, de façon adaptée à votre force spirituelle, montrez à autrui la signification du refuge dans les Trois Joyaux et ne reniez jamais votre propre refuge, pas même pour plaisanter ou pour sauver votre vie.

Une fois que l'on a pris refuge dans les Trois Joyaux, il faut s'efforcer d'en intégrer les préceptes. A chacun des Trois Joyaux est associé un précepte concernant une activité à éviter et une activité à pratiquer. Si nous avons placé notre refuge dans le Bouddha, nous ne devons plus chercher de protection ultime auprès des dieux mondains et des esprits, bien qu'ils puissent certainement être invoqués occasionnellement pour des besoins spécifiques. Parce que ceux-ci sont jaloux, ils pourraient facilement nous nuire et nuire à notre pratique si nous nous impliquons trop avec eux. Nous ne devrions donc pas les considérer comme des sources ultimes de refuge.

Le précepte à pratiquer est de considérer toutes les représentations des Etres éveillés comme leurs véritables manifestations et de ne pas les juger supérieures ou inférieures en fonction de leur valeur artistique. Toutes les images sacrées devraient être honorées comme s'il s'agissait du Bouddha lui-même. Alors elles rempliront leur fonction. Les artistes n'en devraient cependant pas moins essayer de produire des œuvres de qualité, sans quoi ils ne font qu'inciter à se créer du karma négatif en manquant de respect. Pour prendre un exemple, on m'apporte continuellement des peintures et des statues afin que je les consacre et, bien que, au cours du rite de consécration, je doive respecter l'image comme étant le Bouddha lui-même, je trouve parfois difficile de ne pas éclater de rire à la vue de nez tordus ou de mâchoires affaissées. Les artistes ne devraient pas profiter de ce précepte pour ne pas veiller à la qualité de leur travail. Une œuvre bien accomplie aura une valeur à la fois artistique et spirituelle, alors qu'un travail bâclé ne vaut parfois pas davantage que l'embarras qu'il cause.

La conduite à éviter une fois que l'on a pris refuge dans le Dharma est de faire du mal aux êtres sensibles. C'est par pure compassion que les Etres éveillés enseignent le Dharma, et toute personne qui a pris refuge dans le Dharma devrait donc respecter cette compassion et se détourner de toute activité nuisible. Le précepte à pratiquer est de considérer toutes les écritures comme des représentations du Dharma et de les traiter avec un respect correspondant. Toute personne publiant ou vendant des textes de Dharma doit s'assurer qu'elle le fait pour être bénéfique aux autres et non pour son propre profit.

L'activité à éviter quand on a pris refuge dans la Sangha est de passer trop de temps avec ceux qui enseignent ou suivent de mauvaises voies, et dont l'influence pourrait faire obstacle à la pratique et causer du trouble dans l'esprit. Le précepte à appliquer ici est celui de considérer tous les êtres portant la robe de moine comme personnifications de la Sangha et de les respecter comme s'ils étaient des êtres de l'Arya Sangha (qui ont transcendé les limitations mondaines au moyen de la sagesse de la vacuité). Chaque fois que le grand *upasika* Drom Tonpa passait près d'un morceau de tissu ayant la couleur d'une robe de moine, même si celui-ci était en lambeaux, il le ramassait, le portait à sa tête et récitait la formule de refuge. Les laïques devraient essayer d'honorer pareillement la Sangha, et les moines devraient considérer ce respect avec précaution et l'utiliser comme une cause d'inspiration pour la pratique plutôt que comme cause de fierté et d'arrogance.

Le précepte d'éviter de passer une somme de temps excessive avec des maîtres exposant des voies en contradiction avec les doctrines bouddhistes doit être appliqué avec sagesse et tolérance. Il s'agit seulement d'éviter de créer une instabilité inutile dans la pratique. Nous devons respecter toutes les autres religions et tous les maîtres qui les enseignent ; mais, si un maître parle d'une façon qui trouble notre pratique, cela créera des problèmes dans notre cheminement vers l'accomplissement. Quand le cinquième dalaï-lama fut nommé chef temporel du Tibet, vers le milieu du XVIIe siècle, il fit adopter des lois donnant égalité de droits et de statuts à la vieille religion Bon, et d'autres la protégeant des débordements des bouddhistes. Ainsi, la religion Bon a librement prospéré au Tibet jusqu'à nos jours, et beaucoup de Bonpos ont choisi l'exil après l'invasion chinoise et la persécution religieuse. Il y avait également une large communauté musulmane au Tibet. Elle avait pleine liberté religieuse. Le point de vue tibétain est que si certains n'ont pas la chance d'apprécier le Dharma, on ne peut que les laisser aller leur propre chemin. Différents maîtres exposent différentes voies, non pour créer la discorde, mais pour répondre à la diversité des dispositions humaines. Le précepte de la Sangha d'éviter les maîtres de mauvaises voies n'a nullement pour intention de créer des attitudes sectaires. Son but est de maintenir une pratique solide, concentrée et bien orientée.

Trois fois dans la journée et trois fois dans la nuit, nous devrions nous remémorer les qualités des Trois Joyaux et réciter la formule de refuge. Ne cassez jamais les préceptes de refuge, même pour plaisanter, et n'utilisez jamais leur nom d'une façon dérogatoire. Quand les vieux Tibétains se mettaient en colère, ils s'exclamaient : « Ah ! les Trois Joyaux... » Et il m'a été rapporté qu'après l'invasion chinoise, lorsque mon nom était devenu une sorte de symbole religieux pour les gens de Lhassa, les enfants avaient pris pour habitude de l'utiliser comme juron : « Ah ! Yéshé Norbu... » Cela fâcha les Chinois, qui demandèrent aux enfants de ne jurer que par le nom du président Mao : « Ah ! Mao Tsé-toung... » Ils parvinrent ainsi, pendant un court moment, à faire du nom de Mao Tsé-toung un juron dans la bouche de quelques enfants. Que les Chinois peuvent être bêtes, parfois...

> Comprenant la nécessité d'éviter de perdre votre temps avec de simples mots, récitez la formule de refuge suivante trois fois durant la journée et trois fois durant la nuit : « *Namo guru bhyah, namo Bouddha ya, namo Dharma ya, namo Sangha ya.* » Ce faisant, gardez à l'esprit les qualités inégalées des Trois Joyaux, ainsi que les spécificités et les fonctions qui leur sont propres.

Quand on médite sur la prise de refuge dans les Trois Joyaux, on commence par activer le souvenir de leurs qualités et de leurs capacités individuelles. Le sujet peut être vaste car prendre refuge dans le Bouddha signifie que l'on doit méditer sur les qualités, les sagesses et les pouvoirs du corps, de la parole et de l'esprit d'un Bouddha ; le refuge dans le Dharma signifie que l'on devrait méditer sur toutes les voies et pratiques conduisant à la vérité de la cessation (de la souffrance), ou paix du nirvana ; et le refuge dans la Sangha requiert une conscience des vingt sortes de Sangha, et ainsi de suite.

Comme le refuge comprend tous les chemins et étapes vers l'éveil ainsi que les types d'êtres se trouvant sur les différentes voies et au-delà, ce sujet pourrait aussi bien être expliqué brièvement que faire l'objet de nombreux volumes. *L'Ornement de la claire compréhension* de Maitreya est l'un des meilleurs écrits indiens ; il présente de manière profonde et complète les chemins, étapes et types d'êtres spirituels. Quand le refuge est expérimenté à partir de la compréhension de grands traités comme celui-ci, il devient correct et effectif.

On doit prendre refuge dans les Trois Joyaux en comprenant leur nature unique et leurs fonctions propres. La fonction assurée par le refuge dans le Bouddha est l'orientation spirituelle ; celle du refuge dans le Dharma est la pratique ; et celle du refuge dans la Sangha est le soutien spirituel. Muni de ces trois supports, on a tout ce qu'il faut pour transcender les voies et étapes, et atteindre une existence supérieure, la libération et l'éveil.

8

Les lois de l'évolution karmique

On pourrait se dire : « Je reconnais que demeurer dans le refuge des Trois Joyaux peut me protéger de la misère des renaissances inférieures ; mais comment puis-je produire les causes qui apportent une renaissance supérieure ? »

Pour cela, nous devons considérer les quatre aspects de la loi karmique : les actes positifs et négatifs sèment des graines qui porteront leurs fruits respectifs ; ainsi la bonté produit-elle le bonheur futur et le mal la misère ; une graine produit beaucoup de fruits, dont chacun porte de nombreuses graines de même nature ; une action non commise ne produit aucun résultat ; et chaque action que l'on commet par le corps, la parole ou l'esprit laisse une graine karmique dans notre continuum qui n'est jamais épuisée (à moins d'être traitée ou neutralisée par des exercices spirituels). En contemplant ces quatre aspects de la loi karmique, on comprend l'importance de vivre en accord avec les enseignements sur l'abandon du mal et la culture du bien.

Prouver les lois du karma par la logique pure est un processus extrêmement long et difficile, et seul un individu bien versé dans le raisonnement logique pourrait ne serait-ce que suivre ce processus ; au lieu de faire cela, je citerai donc un vers du *Soutra du roi des absorptions :*

La lune et les étoiles pourraient tomber sur la terre,
Les montagnes et les vallées pourraient s'écrouler,
Et même le ciel pourrait disparaître ;
Mais vous, ô Bouddha, vous ne dites rien de faux.

Gardant ces mots à l'esprit, nous pouvons considérer l'enseignement suivant du Bouddha lui-même :

Du mal vient la souffrance ;
Jour et nuit nous devrions par conséquent
Penser et repenser
Au moyen d'échapper à la misère pour toujours.

Et aussi :

La racine de toute bonté repose
Dans le sol de l'appréciation de la bonté.
Méditez constamment sur les moyens de faire mûrir
Les fruits qui peuvent en pousser.

Le principal précepte du refuge est de développer une conscience de la loi karmique. Pour cela, il faut d'abord acquérir une compréhension des principes du karma et de son évolution, puis essayer de pratiquer en accord avec ceux-ci.

On dit que lorsqu'on développe de la clairvoyance, on peut percevoir les niveaux grossiers du fonctionnement du karma, et qu'un être entièrement illuminé, quant à lui, voit les causes les plus subtiles de tout événement. Pour l'individu ordinaire, cependant, la connaissance des lois karmiques des causes et effets ne peut être acquise qu'en se fiant aux écritures. Un certain nombre de traités de logique établissent la théorie du karma par l'usage de la raison, mais ils ne peuvent être compris que par de grands érudits.

Le troisième dalaï-lama cite le vers : « Mais vous, ô Bouddha, vous ne dites rien de faux. » Pour que l'individu ordinaire puisse se sentir enclin à s'en remettre aux écritures, il faut d'abord qu'il ait acquis du respect pour le Bouddha ; il doit pouvoir être ouvert aux enseignements. Ce respect peut venir à certains en méditant sur les qualités et les caractéristiques du

Bouddha, du Dharma et de la Sangha. Une méthode supérieure consiste à faire d'abord étudier au disciple l'enseignement sur les deux niveaux de vérité – ultime et conventionnelle – en mettant l'accent sur le sujet de la vacuité.

La doctrine de la vacuité est à la fois vaste et profonde. Une compréhension de celle-ci donne une grande confiance dans les enseignements généraux. A ce sujet, Lama Tsong Khapa a écrit : « Une compréhension profonde des enseignements sur la relativité accroît l'appréciation de tous les enseignements du Bouddha. »

Les deux buts spirituels fondamentaux sont d'obtenir une renaissance supérieure et la bonté ultime. Le deuxième signifie l'un des deux états suivants : la libération, ou nirvana, et l'omniscience de l'illumination. La bonté ultime est un but plus sublime que la renaissance supérieure, et les enseignements s'y rapportant sont tous fondés sur la logique et la raison. Les enseignements sur la loi du karma, dont la compréhension et la pratique conduisent à une renaissance supérieure, peuvent seulement être présentés à l'individu ordinaire en se référant à ce que disent les écritures. Lorsque nous étudions les enseignements supérieurs sur la bonté ultime et en gagnons une compréhension en les analysant méticuleusement au moyen de la raison logique, en les contemplant profondément et en voyant comment ils coïncident avec nos propres expériences de la vie, nous acquérons une confiance en eux fondée sur nos propres réflexions. Cela ouvre notre cœur à la parole des Etres éveillés. Nous en venons à sentir que si le Bouddha a dispensé des enseignements si profonds et si logiques sur la nature du « moi » et sur les niveaux plus profonds de la vérité, alors ses autres doctrines doivent sûrement être également correctes. L'étude des écritures traitant de la vacuité, la nature ultime des choses, est bénéfique, non seulement parce qu'elle tranche la vilaine tête de la saisie de l'ego, mais aussi parce qu'elle favorise notre ouverture envers tous les enseignements, y compris ceux tels que la doctrine du karma dont nous ne serons capables de vérifier personnellement l'authenticité que lorsque nous aurons acquis des réalisations méditatives supérieures.

Le fondement de toutes les écoles du bouddhisme est la doctrine des Quatre Nobles Vérités : la vérité que l'existence imparfaite est enserrée dans la souffrance ; la vérité que cette souffrance a une cause ; la vérité qu'il existe un état dans lequel il y a cessation de la souffrance ; et la vérité qu'il y a un chemin spirituel menant à l'état au-delà de toute souffrance. Ces vérités doivent aussi être comprises dans leur ordre séquentiel : de la cause de la souffrance découle la réalité de la souffrance ; de la cause de la pratique du chemin découle la réalité de la cessation de la souffrance. Ainsi les deux premières vérités décrivent-elles le *samsara* et comment nous y errons, et les deux dernières la paix ultime et comment nous l'atteignons.

Les enseignements de degré initial sur la manière d'éviter de dégénérer dans les états inférieurs d'existence et sur celle d'atteindre l'état d'humain ou de dieu sont ainsi principalement liés aux deux premières vérités. Leur thème est le moyen de se défaire de la souffrance samsarique et d'acquérir le bonheur samsarique. Les enseignements pour obtenir la libération et l'omniscience, les buts respectifs des pratiquants de degré moyen et supérieur, sont principalement liés aux deux dernières vérités. Traditionnellement, dans la littérature du Lam Rim, les enseignements des trois degrés sont donnés en fonction de la nature de la qualité spirituelle dont le disciple devra faire l'expérience à son niveau spécifique de réalisation. Le problème, ici, est que, puisque les pratiques de degré initial sont principalement liées aux deux premières vérités, qui décrivent le *samsara* et son évolution, leurs principaux sujets ont trait à la doctrine du karma. Maintenant, comme je l'ai dit auparavant, à moins d'avoir de la clairvoyance ou l'omniscience, il faut se fonder sur les écritures pour pouvoir amorcer une compréhension des lois du karma. Cela signifie donc que, pour suivre l'approche traditionnelle, il faut une foi forte, ce qui contredit d'une certaine manière le conseil que le Bouddha nous donne de toujours procéder sur la base de la raison. J'ai personnellement l'impression que, comme préliminaire à la pratique du Lam Rim, on devrait étudier les écrits tels que le *Traité fondamental sur la sagesse* de Nagarjuna et le *Guide de la voie du milieu* de Chandrakirti. Ces travaux sont les substances essentielles des enseignements sur la sagesse pénétrante de la vacuité, qui sont donnés en général à des étapes plus avancées de l'entraînement du Lam Rim (comme dans les cas de *L'Essence de l'or pur*). En étudiant les enseignements sur la sagesse de la vacuité, on acquiert une compréhension de la façon dont tous les êtres vivants ont une saisie innée du « moi », qui n'existe simplement pas de la manière dont il apparaît. Ainsi, ce « moi » qui apparaît est faux, tout comme une corde que nous prendrions pour un serpent. Tous les objets de connaissance – tables, chaises, etc. – sont vides du statut de « moi » inhérent que nous leur imputons. Les enseignements sur la sagesse décrivent alors comment ce faux concept du « moi » interfère avec tout ce que nous percevons, donnant ainsi cours à toute la série des émotions et activités négatives. Quand nous étudions les écritures sur ce sujet, nous sommes encouragés à les questionner et à utiliser la raison de la façon la plus complète possible. Rien ne doit être accepté sur la seule base de la foi. En persistant dans nos études, nous réalisons comment une compréhension de la vacuité du faux « moi » pacifie l'esprit des déformations et diminue les émotions négatives, favorisant ainsi la paix mentale. Cela nous donne confiance dans les deux dernières Nobles Vérités – celles de la cessation de la souffrance et du chemin de la cessation – et cette confiance à son tour rend notre esprit plus réceptif aux deux premières Nobles Vérités et à la doctrine du karma autour de laquelle elles s'articulent. Sur la base de cette confiance, nous serons capables d'accepter les Quatre Nobles Vérités et de nous engager dans la pratique du Dharma. Cette manière détournée d'établir la validité de la loi karmique n'est pas sans faille, mais elle est suffisamment convaincante pour que notre esprit soit assez ouvert à ces quatre vérités pour pouvoir poursuivre de nouvelles pratiques et atteindre des expériences plus profondes et plus concluantes.

Comme il est inféré ici, on devrait abandonner en général toute activité négative et contempler en particulier les quatre aspects déplaisants des dix non-vertus du corps, de la parole et de l'esprit : tuer, voler, avoir une mauvaise conduite sexuelle (avoir des relations près d'un temple ou de la maison de son guru, avoir des relations à la nouvelle ou à la pleine lune, connaître plus de cinq orgasmes dans une nuit, etc.), mentir, parler durement, injurier autrui, s'adonner au bavardage, avoir des pensées d'attachement, des pensées de malveillance et de fausses vues. Nous montrerons les quatre aspects déplaisants du karma en prenant pour exemple les résultats de l'action de tuer : 1) le principal effet est une renaissance inférieure ; 2) l'effet semblable à la cause est que, dans une renaissance future, vous serez tué ou verrez se faire tuer beaucoup d'êtres chers ; 3) l'effet semblable à l'action est que vous aurez tendance à tuer encore dans les vies futures et qu'ainsi vous multiplierez le karma négatif ; 4) l'effet sur l'environnement est tel que même si vous obtenez une bonne renaissance, votre environnement sera violent.

L'effet est aussi échelonné en degrés mineurs, moyens et lourds, selon l'objet. Par exemple, le résultat de tuer un humain est de renaître en enfer, celui de tuer un animal est de renaître en tant qu'esprit avide, et celui de tuer un insecte est de renaître en animal.

Gardez à l'esprit ces mots du *Chapitre de l'Etre de Vérité* :

Ô roi, ne tuez pas,
Car tout ce qui vit chérit la vie.
Si vous souhaitez vivre longtemps vous-même, respectez la vie,
Et que même la pensée de tuer ne vous effleure.

On dit que ce qui cause la souffrance, c'est le karma négatif et les émotions. Dans ce cas, le karma fait référence aux actions qui laissent une empreinte d'une nature correspondante sur le courant de l'esprit. Une action négative est simplement définie comme toute action ayant la souffrance comme résultat ; à l'opposé, une action positive est définie comme toute action ayant le bonheur comme résultat. Aussi bien les actions positives que négatives laissent des instincts karmiques sur l'esprit, instincts qui reposent en nous jusqu'à ce qu'un jour les conditions appropriées se manifestent pour les activer. Si l'instinct résultant est positif, on expérimente le bonheur ; s'il est négatif, on expérimente la souffrance.

Le karma a quatre caractéristiques principales. Premièrement, son effet est croissant. La bonté augure davantage de bonté et le mal davantage de mal. Deuxièmement, le karma est certain : à long terme, la bonté produit toujours de la joie et la négativité toujours de la souffrance. Troisièmement, on n'expérimente jamais une joie ou une tristesse qui n'ait une cause karmique correspondante. Et quatrièmement, les graines karmiques qui sont placées dans l'esprit au moment d'une action ne perdent jamais leur potentiel, même après cent millions de vies, elles restent en latence dans l'esprit jusqu'au jour où apparaîtront les conditions qui les activeront.

Par conséquent, la première chose que le pratiquant de degré initial doit apprendre à ce point, c'est quelles sont les actions positives et quelles sont les actions négatives, lesquelles doivent être cultivées et lesquelles doivent être abandonnées.

Comme il est dit ici, on devrait adopter une attitude résolue à ne pas entretenir de pensées d'actions malfaisantes, telles que tuer ou commettre tout autre des dix actes négatifs. Toutes les formes de mal devraient être abandonnées et l'on devrait utiliser tout ce qui est en notre pouvoir, toute notre force, pour actualiser la bonté.

Pour citer Jé Rimpoché :

Il n'y a pas de certitude qu'après la mort les renaissances inférieures ne vous attendent pas.
Mais il y a la certitude que les Trois Joyaux ont le pouvoir de vous en protéger.
Fondez-vous par conséquent sur le refuge
Et ne laissez pas ses préceptes dégénérer.
Considérez aussi le fonctionnement des actions noires et blanches.
Pratiquer correctement dépend entièrement de vous.

Il y a dix sortes d'actions négatives à abandonner. Trois d'entre elles ont trait aux actions physiques : tuer, voler et faire mauvais usage de la sexualité ; quatre à la parole : mentir, parler cruellement, médire et bavarder futilement ; les trois dernières sont les actions mentales : l'attachement, les pensées malfaisantes et les fausses vues. En évitant ces dix types d'actions négatives et en demeurant à l'opposé, nous pratiquons les dix vertus.

Quels sont les effets des dix types d'actions négatives ? Si l'on tue, la violence écourte la vie présente et crée les causes karmiques pour être tué dans une vie future. Devenir familier avec l'action de tuer signifie que notre esprit deviendra plus enclin à s'engager dans cette action dans le futur. Si nous tuons dans cette vie, nous renaîtrons avec un plaisir à tuer. On peut en voir une illustration dans l'attitude des jeunes enfants. Certains semblent apprécier délibérément l'action de tuer. A la vue d'un insecte, ils se précipitent et le piétinent en riant gaiement, ou alors ils capturent des animaux et les torturent à mort. De telles actions sont le signe d'une familiarité avec l'action de tuer acquise dans des vies précédentes. A l'opposé, le fait que certains enfants montrent de la compassion et ne puissent supporter la vue de tout être blessé démontre la manière dont les graines karmiques positives peuvent influencer nos vies depuis la naissance.

Un bouddhiste devrait essayer d'éviter les dix karmas négatifs tout au long de sa vie, ou au moins s'efforcer de toujours les réduire.

Il est difficile d'éviter totalement les dix types d'actions négatives. Que faire, par exemple, si nous avons des puces ? Si je disais de ne pas les tuer, je doute que beaucoup suivraient ce conseil. Je trouverais moimême déplaisant de vivre dans un lit infesté de puces. La solution que je recommande par conséquent est de prévenir les difficultés. L'hygiène, la propreté, la simplicité, être consciencieux peuvent permettre d'éviter beaucoup de problèmes avec les insectes et les rongeurs.

Tuer et manger de la viande étant liés, devons-nous donc renoncer à manger des produits carnés ? J'ai personnellement essayé d'y renoncer une fois, mais des problèmes de santé sont apparus et, deux ans après, mes médecins m'ont conseillé de recommencer à avoir une alimentation carnée. S'il y a des gens qui peuvent renoncer à manger de la viande, nous devons nous réjouir de leur noble effort. Quoi qu'il en soit, nous devons au moins essayer de diminuer notre consommation de viande et de ne pas en manger là où elle est rare et où en prendre pourrait causer de nouveaux abattages.

Bien que, du fait du climat et de l'environnement de notre pays, nous, les Tibétains, soyons des mangeurs de viande, les enseignements du Mahayana sur la compassion ont eu un effet atténuant. Tous les Tibétains connaissent l'expression : « Tous les êtres sensibles, autrefois ma mère. » Les nomades, pour la plupart des éleveurs, quand ils venaient en pèlerinage à Lhassa vêtus de leur long manteau de fourrure roulé jusqu'au bas de la taille, même en plein hiver, un tas de cordons bénis pendant sur leur poitrine nue, étaient tous familiers de cette expression. Même s'ils ressemblaient plutôt à une bande de voleurs et de brigands, c'étaient des gens spirituels, ayant foi dans le Mahayana. Mais ils étaient des nomades, n'ayant pas d'autre source de subsistance que la nourriture animale. Ils tuaient toujours leurs animaux aussi humainement que possible, et ils leur récitaient des prières à l'oreille. Une pratique populaire à Lhassa, pour générer du mérite, était d'acheter un animal destiné à l'abattoir et de le relâcher. S'il advenait qu'un animal tombe malade et meure, on pouvait voir les gens l'asperger d'eau bénite et faire des prières. A travers tout le pays, il était illégal de tuer tout animal sauvage, à l'exception du loup qui est l'ennemi du nomade, et du rongeur qui est l'ennemi du fermier.

Le second karma négatif est le vol. L'influence négative que le vol apporte dans la société est évidente. Abordez quelqu'un dans la rue et qualifiez-le de voleur : je doute qu'il se sente flatté. Un voleur dans une ville de cent mille habitants est un voleur de trop. En tant que bouddhistes, nous ne devons jamais envisager de voler et nous devons décourager et empêcher les autres de le faire. Si nous surprenons quelqu'un en train de voler, nous devons l'en dissuader. Et s'il n'écoute pas notre conseil, nous devons garder un sentiment de responsabilité compassionnelle et le menacer. Pour être ordonnée, une société a besoin d'individus animés du sentiment de responsabilité personnelle pour la paix et l'harmonie. En permettant aux gens de voler, nous ne faisons que contribuer à leur accumulation de karma négatif ainsi qu'à la dégénérescence de la société dans laquelle nous et nos enfants devons vivre.

Plutôt que de voler, nous devrions donner aux pauvres et aux causes nécessiteuses. Cela serait de loin plus bénéfique pour nos esprits et pour les trames karmiques que nous nous tissons.

Le mauvais emploi de la sexualité fait principalement référence à l'adultère, qui est une cause majeure de problèmes familiaux. Des guerres entières étaient livrées autrefois à cause d'adultères. Cela trouble la vie d'un palais comme celle du plus modeste foyer. En brisant et en divisant les familles, l'adultère crée des problèmes psychologiques dans les esprits des enfants qui en sont victimes, des enfants qui ne connaissent pas leur père, qui ne peuvent jamais voir son visage. Parce qu'il leur manque la chaleur paternelle, ces enfants sont souvent sujets à des troubles émotionnels et à la mélancolie. Ce manque laisse sur leur esprit une impression qui les suit toute leur vie.

Un ami occidental m'a une fois décrit la légèreté avec laquelle la sexualité est parfois traitée en Occident, et il m'a demandé ce que je pensais de la promiscuité. Je lui ai répondu que je doutais que cela puisse en aucun cas avoir une quelconque valeur spirituelle et que, dans la plupart des cas, je soupçonnais qu'à long terme cela procurait plus de souffrance que de joie. Le conseil que je lui ai donné est que les couples qui ne veulent pas vivre ensemble assez longtemps pour élever une famille s'efforcent de ne pas avoir d'enfants. En dehors de cela, à condition que toutes les parties prenantes soient d'accord et que personne ne soit blessé, les gens peuvent faire ce qu'ils veulent. Ma principale préoccupation, c'est l'esprit de tout enfant qui pourrait se trouver impliqué. Nos enfants sont nos seuls espoirs pour le futur.

La première des actions négatives de la parole est le mensonge. La vérité et l'intégrité sont des traits de valeur, même si nous ne sommes pas impliqués dans un entraînement religieux. La compréhension de quelqu'un ayant étudié les cinq grands traités se révélera superficielle au premier mensonge qu'il prononcera. Comme il est dit dans l'histoire de Gyalpo Depa Tenpo : « La vérité est éternelle, mais le mensonge n'a pas d'existence. » Le mensonge repose sur la fiction, non sur des faits ; il n'a donc aucune fondation solide.

La vérité, elle, repose sur des faits ; ses piliers sont donc forts. Même s'il se peut que le mensonge puisse nous être bénéfique un moment, il y a peu d'espoir qu'il puisse nous apporter un bonheur durable. Tous les membres d'une société sont interdépendants. En quoi cela peut-il leur profiter, à eux et à leurs enfants, de ne faire que propager le mensonge et déformer la vérité ? L'harmonie sociale repose sur la vérité, et si nous ne pouvons avoir confiance en la moindre parole prononcée par nos voisins, comment établir une relation acceptable avec eux ? Notre paix mentale devra laisser la place au doute et à la paranoïa. Quelles raisons pourrait-il y avoir d'adopter ce genre de comportements ? Faire ainsi est déshonorer la nature humaine ainsi que la bienveillance de nos ancêtres et des maîtres du passé. Deux frères qui se mentent et trichent l'un avec l'autre sont comme des gens qui ne seraient pas nés de la même mère. Quelles réalités désagréables nous fabriquons pour nous-mêmes ! Nous devrions abandonner ces manières comme si c'était du poison et en faire des objets de compassion humaine.

La deuxième négativité de la parole est de médire ou de créer la discorde, attitudes qui ne font qu'élargir plus encore le fossé entre les gens déjà divisés et séparer ceux qui sont proches. Nous aimons à parler des glorieuses entreprises telles que les pratiques des Bodhisattvas et les méthodes tantriques, mais si nous ne sommes pas encore capables d'accomplir des exercices de base tels que d'éviter de créer la discorde, il y a peu de signification spirituelle dans notre conversation. Plutôt que de ridiculiser le Dharma de cette manière, nous ferions mieux de remplir nos bouches d'excréments. Cela serait plus approprié. Nous devons apprendre à nous honorer les uns les autres, nous faire confiance et nous respecter, ainsi que nous réjouir du bonheur d'autrui plutôt que d'essayer jalousement de causer des conflits et de la discorde. Quand notre pratique ne fait que nous donner une excuse pour médire hypocritement et orgueilleusement sur les autres, que nous soupçonnons de ne pas être aussi purs que nous pensons l'être nous-mêmes, il est temps de ficeler notre langue pour un moment.

Etre conscient d'un défaut en soi est plus utile que d'être conscient d'un millier de défauts chez un autre. Plutôt que de parler en mal des autres, d'une façon propre à créer la friction et le trouble dans leur existence, nous devrions apprendre à les percevoir purement ; et, quand nous parlons d'eux, nous ne devrions parler que de leurs bonnes qualités. Si vous vous surprenez à médire sur qui que ce soit, remplissez votre bouche d'excréments. Cela vous débarrassera bien assez vite de cette habitude.

Eviter ces dix activités négatives et pratiquer leurs opposés donne naissance à un état d'harmonie mentale qui peut servir de base pour toutes les pratiques plus élevées, telles que la concentration méditative, l'esprit d'éveil et les différents yogas tantriques. Mais si l'on n'a pas suffisamment de force d'esprit pour persévérer dans des entraînements aussi fondamentaux que d'éviter les dix actes négatifs, il y a peu d'espoir que l'emploi de techniques supérieures se révèle très efficace. L'efficacité d'une méthode dépend de celle de la personne qui l'utilise. Au lieu de courir dans tous les sens à la recherche du yoga tantrique le plus élevé et le plus secret, nous devrions nous examiner sincèrement et déterminer quel est le niveau de pratique le plus approprié à notre niveau spirituel. Nous devrions commencer par travailler sur les fondations, c'est-à-dire l'observance des lois du karma à travers la pratique des dix disciplines. Autrement, tout ce que nous faisons, c'est tricher avec nous-mêmes. Nous parlons du nombre de textes que nous avons étudiés, du nombre d'heures où nous méditons chaque jour et du nombre de retraites que nous avons faites ; mais nous ferions mieux de calculer combien de fois par jour nous oublions les dix disciplines. C'est une pratique utile que de s'asseoir chaque soir dans le calme pour passer en revue ses activités de la journée, en reconnaissant silencieusement tous ses manquements et en prenant la résolution de surmonter ses difficultés lorsqu'elles se représenteront. Prenez refuge, méditez sur l'esprit d'éveil et contrecarrez les instincts karmiques négatifs en appliquant l'une des techniques méditatives qui s'y prêtent. Une fois l'esprit mené dans la sphère de la pureté, vous pouvez alors continuer avec vos prières ou vos méditations du soir.

La troisième négativité de la parole est l'emploi de paroles blessantes, de mots qui font de la peine dans le cœur des gens. Même les mots les plus doux sont blessants s'ils sont dits pour faire mal. Le sarcasme méprisant est une autre forme de parole blessante. Ces types de paroles causent tous de l'inconfort dans les esprits des êtres vivants et doivent donc être évités. Il est mieux de ne rien dire plutôt que de dire quelque chose de cruel. La vie humaine est assez courte ; quelle utilité à mal employer ou à gâcher le peu de souffle que nous avons ?

Le bavardage futile est la quatrième négativité de la parole. Bien qu'il soit plutôt inoffensif à première vue, il finit toujours, au fur et à mesure que la conversation dérive, par nous amener sur un sujet qui alimente les émotions négatives et nous vide de notre temps et de notre énergie. En soi, ce n'est pas destructif, mais comme cela recèle les graines de la vanité, c'est en contradiction avec l'entreprise spirituelle.

Les trois négativités de l'esprit – l'attachement, la malveillance et la possession de vues en contradiction avec la réalité – sont les sources de toutes les négativités du corps et de la parole. Leur relation est semblable à celle d'un cheval et d'une charrette.

L'attachement est un désir ardent pour les choses qui ne sont pas les nôtres. Il donne cours à des négativités sans nombre du corps et de la parole. De l'attachement jaillissent la jalousie, la colère et toutes les formes d'émotions conflictuelles.

La malveillance est la plus immédiatement destructrice des afflictions mentales, résultant dans la violence, la malfaisance et même le crime.

Tenir des vues en contradiction avec la réalité, c'est croire qu'il n'y a pas de relation entre nos activités présentes et nos expériences futures, ou qu'il n'y a pas d'éveil ou de chemin y menant. Ce genre de vues nous empêche de mener une vie saine et d'entrer dans la voie spirituelle.

> En maintenant la discipline éthique d'éviter les dix actions négatives, on trouve une renaissance décente, mais, si l'on souhaite aller au-delà et acquérir les huit qualités favorables à la progression sur le chemin suprême de l'omniscience – qualités telles qu'un haut statut, une bonne famille, un esprit fort, un corps harmonieux, etc. –, alors on doit aussi produire leurs causes, qui sont : renoncer à faire du mal à tout être vivant, faire des offrandes de lumière, etc., au Triple Joyau, offrir des vêtements, etc., aux nécessiteux, et, par la domination de sa fierté, avoir du respect pour tout ce qui vit. Prenez la responsabilité de ces pratiques dans vos propres mains au moyen des forces de l'attention et d'une attitude consciencieuse.

Pour atteindre la sagesse omnisciente, il faut employer une méthode puissante. Par la pratique de la méditation sur la vacuité, on génère une réserve de sagesse ; par les autres pratiques, telles qu'être bénéfique aux autres et méditer sur la compassion, on produit une grande réserve d'énergie créative. La protection de cette énergie créative repose essentiellement sur la pratique des dix disciplines. En mettant ces dix disciplines en application, nous créons une harmonie dans cette vie qui nous apporte de la paix et du bonheur et qui pourra nous mener à des pratiques spirituelles plus élevées ; et nous posons dans notre esprit des forces karmiques qui nous aideront à obtenir les causes d'une renaissance placée sous de bons auspices, dotée des huit qualités favorables au progrès spirituel.

Chaque fois que nous nous apercevons que nous

avons contredit l'une des dix disciplines, nous devons utiliser des méditations purificatrices telles que la visualisation du Bodhisattva Vajrasattva où l'on imagine des lumières purifiant notre courant mental pendant que nous récitons son mantra de cent syllabes ; ou telles que la lecture du *Soutra de la confession aux trente-cinq Bouddhas*, etc. Dans ce genre de pratique, on se remémore les négativités, on contemple leur nature, puis on engendre une appréhension de leurs conséquences karmiques et l'on se résout à purifier son esprit des traces négatives. Sur la base de cette résolution, on prend refuge, on développe l'esprit d'éveil et on entreprend la méditation de Vajrasattva ou toute autre des méthodes utilisées. On peut aussi faire des exercices tels que les prosternations, etc. Cette concentration d'énergie purificatrice détruit la charge des empreintes karmiques négatives comme le germe d'une graine d'orge rôtie dans un feu. Il est important ici de commencer la séance de méditation par une méditation contemplative et de la transformer ensuite en une méditation fixe pour une période de temps prolongée. On demeure dans la méditation fixe jusqu'à ce qu'elle commence à perdre de son intensité, puis on revient temporairement à la méditation contemplative afin de revigorer l'esprit, pour retourner à la méditation fixe une fois qu'une atmosphère contemplative a été rétablie.

Notre esprit a l'habitude de concentrer toute son énergie vers des choses qui bénéficient à cette vie seule, des choses dénuées de conséquences spirituelles. En effectuant ces types de méditations, l'attachement habituel pour les activités futiles de notre vie présente se calme et l'on commence à ressentir un sentiment d'appréciation intérieur pour les valeurs spirituelles. Quand l'esprit apprécie spontanément les buts spirituels plutôt que mondains, on est devenu un pratiquant actif de degré initial.

Toutefois, s'il vous arrive de vous trouver sous l'emprise de fortes afflictions mentales et de commettre une infraction à la pratique, ne vous découragez pas, mais confessez-vous à vous-mêmes les obstacles karmiques indésirables en un lieu et moment appropriés et, au moyen des quatre forces d'opposition, nettoyez toute tache du corps, de la parole et de l'esprit. Ces quatre forces sont de contempler les défauts du mal afin de développer du remords à l'avoir commis ; de s'en remettre aux objets de refuge et à l'esprit d'éveil comme forces pouvant purifier l'esprit des taches karmiques ; de produire un fort sentiment de résolution à se détourner de tels types d'actions négatives dans le futur ; et d'appliquer les pratiques de purification, telles que le mantra de Vajrasattva, etc.

Comme Jé Rimpoché l'a écrit :

Si vous ne trouvez pas de renaissance convenable,
Il ne vous sera pas possible de progresser le long du chemin.
Cultivez les causes d'une renaissance supérieure,
Appréciez l'importance de purifier
Les trois portes des taches du mal.
Chérissez le pouvoir des quatre forces d'opposition.

En méditant de cette manière, l'esprit se détourne des choses transitoires de cette vie et prend un intérêt authentique pour les choses plus durables. Quand cet objectif est atteint, on est connu comme aspirant spirituel de degré initial.

DEGRÉ INTERMÉDIAIRE

9

Le réalisme *hinayana*

La pratique des méditations de degré initial fait naître en nous un intérêt spirituel suffisamment fort pour soutenir le refuge et l'observance des lois de l'évolution karmique. Ces pratiques ont le pouvoir de nous protéger de l'évolution dans des états inférieurs et de nous aider à obtenir une renaissance supérieure. Mais ces aboutissements sont-ils suffisants ? Même dans les royaumes supérieurs, nous ne serons pas entièrement au-delà de la souffrance ; une renaissance supérieure n'est donc pas un but final. En méditant sur les souffrances inhérentes aux royaumes supérieurs du *samsara,* notre esprit commence naturellement à rechercher un état libre de toute l'existence cyclique.

L'ENTRAÎNEMENT DE L'ESPRIT SUR LA VOIE COMMUNE DE L'INDIVIDU DE DEGRÉ INTERMÉDIAIRE D'APPLICATION SPIRITUELLE

Bien qu'en évitant les dix actions négatives et en pratiquant leurs opposés – les dix vertus – on puisse atteindre une renaissance spéciale dans les royaumes supérieurs, cela ne nous mènera pas au-delà des frustrations de l'existence cyclique. C'est pourquoi il faut s'orienter vers la réalisation du nirvana, ou libération au-delà de toute frustration et de toute souffrance.

Quels sont les défauts de l'existence cyclique ? Ceux des royaumes inférieurs ont été expliqués précédemment, et vous devriez bien méditer sur eux car, une fois que vous l'aurez fait, vous réaliserez qu'en aucune sorte vous ne pourriez supporter une misère aussi longue et aussi intense ; et vous donnerez automatiquement naissance à une envie de faire tout ce qui vous est possible pour rester libres de modes d'existence aussi insatisfaisants. Cependant, même les royaumes supérieurs ne sont pas hors d'atteinte de la souffrance, et si nous voulons progresser sur la voie, il nous faudra regarder tôt ou tard cette vérité en face.

Où que nous posions notre regard dans le *samsara,* il n'y a que souffrance. Les méditations des pratiques de degré initial ont permis d'appréhender l'intensité des misères expérimentées dans les trois royaumes inférieurs. Mais même l'obtention d'une renaissance supérieure est insatisfaisante car il n'y a aucune garantie que, lorsque cette forme de vie-là sera terminée, nous ne retomberons pas dans des états inférieurs. Nous portons tous en nous un nombre infini de graines karmiques récoltées au cours d'une succession sans fin de vies depuis des temps sans commencement, et, à moins d'avoir engendré la sagesse qui libère des potentiels karmiques, notre renaissance supérieure ne résultera qu'en un retour aux royaumes inférieurs.

Peut-être trouverons-nous que tout cela n'est pas si mal et qu'il n'y a pas beaucoup de souffrance dans les royaumes supérieurs tels que ce monde humain, par exemple. Mais ce n'est là qu'une réaction de défense. Nous nous gardons, d'ordinaire, de prendre conscience des souffrances de notre monde humain, mais lorsque nous méditons sur elles, leur nature omniprésente devient évidente. Les riches et les puissants souffrent de pressions mentales et les pauvres de pressions physiques. Les dirigeants des nations ont le sommeil anéanti par les objectifs qu'ils n'arrivent pas à atteindre, les opulents sont constamment préoccupés par la crainte d'être trompés ou réduits à la pauvreté, et les pauvres souffrent de la faim, de trop travailler, etc.

Il n'y a pas d'être humain ordinaire qui n'ait fait l'expérience de la souffrance. Elle nous est commune à tous.

L'être humain, par exemple, est entouré de souffrance. Dans la matrice de sa mère, il souffre de l'obscurité et il souffre d'être enserré et immergé dans d'immondes substances. Quand, durant les derniers mois de la grossesse, surviennent les vents de poussée vers le bas, l'enfant à naître se sent comme un petit morceau de bois écrasé entre les mâchoires d'un étau géant, ou comme une graine de sésame pressée pour son huile. Et une fois hors de la matrice, même s'il est enveloppé dans de doux vêtements et déposé dans un lit de plume, il a l'impression d'être tombé dans un fossé d'épines. Telle est l'agonie de la naissance.

Le bébé grandit progressivement jusqu'à devenir un jeune homme, et bientôt c'est un vieillard. Son dos se courbe comme un arc, ses cheveux blanchissent comme une fleur séchée et les rides envahissent son front jusqu'à ce qu'il ne ressemble plus qu'à un alignement de franges de cuir. S'asseoir est semblable à laisser tomber un lourd fardeau et se mettre debout est comme arracher un arbre de ses racines. S'il essaie de parler, sa langue n'obéit pas, et s'il essaie de marcher, il titube. Ses facultés sensorielles – la vue, l'ouïe, etc. – commencent à défaillir. Son corps perd son éclat et commence à ressembler à un cadavre. Sa mémoire dégénère et il ne peut plus se souvenir de rien. Les fonctions digestives défaillent et il ne peut plus manger proprement, même s'il est rongé par la faim. A ce point, sa vie est quasiment terminée et la mort approche à grands pas. Telles sont les souffrances de la vieillesse.

En plus des souffrances de la naissance et de la vieillesse, l'être humain doit constamment faire face, tout au long de sa vie, aux souffrances de la maladie. Quand les éléments de son corps perdent leur équilibre, sa peau s'assèche et sa chair s'affaisse. La nourriture et les boissons, habituellement si attrayantes, lui semblent répugnantes, et, à la place, il doit ingurgiter des médicaments amers et subir des traitements désagréables – opérations, moxabustions, acuponcture, etc. Si la maladie se révèle incurable, il éprouve alors les immenses souffrances dues à la peur, au tourment et à l'appréhension ; et si la maladie est fatale, il doit vivre avec la mort en face de lui. Les pensées de tout le mal qu'il a pu faire durant sa vie emplissent son cœur de regret et il se remémore tout ce qu'il n'a pas fait. Il comprend qu'il devra bientôt quitter son corps, ses amis, sa famille, ses associés et ses possessions ; sa bouche se dessèche, ses lèvres se plissent, son nez s'affaisse, ses yeux ternissent et sa respiration devient haletante. Une épouvantable frayeur des royaumes inférieurs prend place en lui et, malgré lui, il meurt.

Les humains souffrent aussi de bien d'autres manières, plus personnelles. Certains rencontrent des bandits et des voleurs et perdent toute leur fortune. Leur corps est transpercé par des armes ou battu par des gourdins. Certains souffrent de lourds châtiments infligés par les autorités pour les crimes qu'ils ont commis. D'autres entendent des nouvelles ou des rumeurs horribles sur leur famille ou leurs amis éloignés et souffrent terriblement, ou bien ils craignent de perdre leur fortune et leurs possessions et souffrent du souci. D'autres souffrent de rencontrer des gens et des situations qu'ils ne souhaitaient pas rencontrer, et d'autres encore souffrent de ne pas obtenir ce qu'ils veulent. Par exemple, un homme pourra essayer de cultiver un morceau de terrain, et la sécheresse, le gel, la grêle, etc., pourront détruire sa récolte. Il pourra devenir marin ou pêcheur, mais une rafale de vent soudaine pourra causer sa perte. S'il s'engage dans le commerce, il pourra perdre son investissement ou, après maints efforts, se retrouver sans profit. Il pourra devenir moine, mais un jour il devra peut-être faire face à la douleur d'avoir rompu ses vœux.

En somme, ayant pris une forme humaine samsarique sous l'effet du karma et des émotions, nous devons faire face aux souffrances de la naissance, de la maladie, de la vieillesse, de la mort, etc. ; et en plus, nous n'utilisons la précieuse incarnation humaine que nous avons pour ne produire que davantage de causes de renaissances inférieures et plus de misère pour l'avenir.

Comme l'a écrit Pabongka Dechen Nyingpo dans la *Libération dans la paume de votre main* : « Chacun de nous a beaucoup d'histoires tristes à raconter une fois arrivé au terme de son existence. » Quand nous les voyons de loin, les gens paraissent très heureux, ils semblent affranchis de la souffrance, mais plus nous nous approchons d'eux et plus nous pouvons voir à quel point leur bonheur est entamé par l'imperfection et la souffrance. Si vous parlez avec eux et commencez à évoquer vos expériences de la souffrance, les récits de tragédies que vous échangerez seront chaque fois plus affreux.

La souffrance et le malheur sont les ingrédients de base de la vie cyclique mondaine. Les humains doivent faire face aux quatre grandes souffrances : la naissance, la maladie, la vieillesse et la mort. Il faut encore ajouter les souffrances périodiques : ne pas obtenir les choses que l'on veut, avoir à faire face à des expériences indésirables, devoir constamment se battre pour obtenir les nécessités de base de la vie, etc. Celles-ci nous tombent dessus comme des vagues déferlant depuis l'océan. La venue à maturité de ces événements est la souffrance de la souffrance.

Un deuxième type de souffrance est celui du bonheur changeant, ou du bonheur instable. Nous voulons quelque chose et travaillons dur pour l'obtenir, mais en fin de compte, une fois que nous l'avons, nous en tirons plus de souffrance que de plaisir. Le *samsara* est tel que l'on est constamment dans la situation où l'on souffre ou bien d'avoir ou bien de ne pas avoir. C'est la nature de l'esprit insatisfait. Il y a un dicton tibétain qui dit : « Si vos possessions ont la taille d'un pou, vos souffrances auront la taille d'un pou. Si vos possessions ont la taille d'une chèvre, vos souffrances auront la taille d'une chèvre. » Quand on a, on souffre d'avoir ; quand on n'a pas, on souffre de ne pas avoir. Telle est la nature frustrante du bonheur changeant. Nous pensons que si nous achetons ou possédons quelque chose, que si nous nous installons dans un autre pays, notre esprit sera satisfait ; mais il n'y a pas de possibilité de satisfaction dans l'approche samsarique. A moins de développer la sagesse qui libère du karma et des émotions, tout bonheur est voué à se dissoudre un jour et à être remplacé par de la souffrance.

Les substances mêmes à partir desquelles notre corps est formé sont impures. Comme il est dit dans le *Lam Rim du chapeau rouge* : « Qu'est-ce que notre corps sinon la quintessence d'un millier de générations d'évolution du sperme et de l'ovule ? » Ceux-ci se réunissent dans les parties inférieures du corps, entre des intestins pleins d'excréments et une vessie pleine d'urine. On doit alors expérimenter l'obscurité de la matrice, dans laquelle notre corps se développe pendant neuf mois, tout lié et enserré. Nous y gisons comme si nous étions ligotés dans un étroit sac de cuir, éprouvant une intense chaleur quand notre mère mange ou boit des aliments chauds, et un intense froid quand elle mange ou boit quelque chose de froid, ayant l'impression d'être frappés avec un bâton si elle bouge soudainement, et ainsi de suite. La mère elle-même connaît beaucoup de souffrances durant cette période, et vers la fin de sa grossesse elle se sent presque près d'éclater. Au moment de l'accouchement, sa souffrance est si grande qu'elle doit crier et gémir de douleur.

Comme l'écrit Shantideva dans *La Marche vers l'éveil* : « Si nous n'utilisons pas notre vie d'une façon saine, notre naissance n'aura de valeur que la douleur qu'elle aura occasionnée à notre mère. »

Même après la naissance, l'enfant représente un grand problème pour sa mère. Parce qu'il n'est pas capable de faire quoi que ce soit pour lui-même, pendant des années elle doit le servir jour et nuit. Même quand elle dort, il ne la laisse pas en paix. Nous-mêmes subissons beaucoup de souffrances dans l'enfance, incapables que nous sommes d'exprimer et de satisfaire nos besoins ou de contrôler notre corps.

Nous autres êtres humains n'avons pas pris naissance d'une façon grandiose, mais au milieu du sang, de l'urine et de beaucoup de douleurs. Notre entrée dans la vie ne présage en fait rien de bon. « Il semblerait que ce corps humain ne soit pas grand-chose de plus qu'une machine à produire des excréments et de la souffrance », a écrit Nagarjuna dans *Une guirlande précieuse* ; si nous n'utilisons pas notre corps comme un support de développement spirituel, il n'est effectivement qu'un sac inutile empli de sang, de pus, d'excréments et d'os. A moins que notre direction ne soit spirituelle, la seule utilité de manger plus de nourriture est de produire plus d'excrétions.

Parce qu'un corps samsarique est un produit du karma et des émotions, c'est une source permanente d'anxiété et de douleur. Nous finissons en général par passer la plupart de nos vies à le servir, le nourrir, l'habiller, l'abriter, le laver, le soigner quand il tombe malade, et ainsi de suite. Mais à moins que nous ne l'utilisions pour développer notre esprit, nous n'en tirerons en fin de compte aucun bénéfice. Nous mourrons, et le précieux corps que nous chérissions tant, que notre mère regardait avec tant de fierté, refroidira et deviendra nourriture pour les vers. Telle est la réalité que nous devons vivre dans toutes nos existences.

Un yogi tantrique ayant acquis le contrôle des énergies subtiles du corps et des niveaux subtils de conscience aura contrôle sur les éléments internes et externes et pourra par conséquent transformer sa forme samsarique ordinaire en un joyeux corps d'arc-en-ciel. Mais jusqu'à ce que nous puissions faire cela, nous devons accepter le fait que notre base physique est un aimant pour toutes sortes d'inconforts et de souffrances.

Du point de vue tantrique, le corps humain ordinaire

est la source de nombreuses émotions négatives. Avec l'évolution des *chakras, nadis,* gouttes primordiales blanches et rouges, énergies vitales, etc., la nature du flux d'énergies vitales qui agit comme véhicule de l'esprit, parce qu'elle est impure, donne lieu à des états d'esprit impurs, tels l'attachement et la colère. Dans la vue tantrique, l'esprit et les énergies du corps qui le soutiennent ont cette relation interdépendante.

Ce corps samsarique nous garde occupés toutes nos vies. Nous devons courir pour satisfaire ses besoins sans fin, pour le garder hors de portée des choses qui pourraient lui nuire et pour le protéger de tout ce qui est désagréable. Nous devons lui donner plaisir et confort. Nous devenons moines et cela commence par nous apporter beaucoup de satisfaction ; mais rapidement notre corps nous rend les choses si difficiles que nous pensons que notre pratique serait moins perturbée si nous menions une vie de laïque. Nous abandonnons donc la vie monastique et retournons à la vie ordinaire, mais voici alors que nous nous retrouvons avec une grande famille à faire vivre, qui ne nous laisse ni temps ni énergie pour méditer. Nous avons les lourdes charges de nourrir nos enfants, de les habiller, de les abriter, de nous occuper de leur éducation et ainsi de suite. Nos vies s'écoulent, partagées entre le travail et les soucis, avec, occasionnellement, de courtes périodes de plaisir, puis nous devons mourir. Mais, même cela, nous ne pouvons le faire en paix car lorsque nous nous allongeons pour mourir, nos dernières pensées sont pleines de soucis pour la famille que nous laissons après nous. Telle est la nature de l'existence mondaine.

La période la plus heureuse de nos vies, en général, se situe entre les âges de cinq et quinze ans, et la plus créative entre trente et quarante ans. A ce moment, nous sommes dans la pleine fleur de l'âge et pouvons accomplir n'importe quoi, matériellement ou spirituellement. Bouddha, Milarépa et Tsong Khapa obtinrent tous leur réalisation pendant cette période. J'ai la quarantaine, le soleil de ma vie est à son zénith. Bientôt, j'aurai cinquante ans, puis soixante, puis soixante-dix. Mon corps perdra sa force et sa vitalité, mes cheveux blanchiront, et même me déplacer deviendra difficile. Ce sont les souffrances du vieillissement, souffrances que tous les humains doivent affronter. Qu'il est naïf de croire que cela ne nous arrivera pas !

Les gens les plus beaux deviennent laids quand la vieillesse les atteint. Leurs cheveux tombent ou bien blanchissent, et leur teint ternit. Certains deviennent maigres comme des cadavres, d'autres si gras qu'ils ne peuvent se lever sans être aidés, et d'autres se retrouvent cloués au lit et impotents. Bientôt on a l'air plus mort que vivant, un squelette enveloppé dans une peau desséchée et grisâtre. La vue de notre visage est difficile à supporter, même pour nous-mêmes quand il nous apparaît dans la glace. Bien que notre famille et nos amis continuent de nous manifester de la gentillesse, les étrangers nous regardent avec des yeux froids et révulsés. Peut-être l'esprit est-il encore vigoureux et lucide, mais le corps est incapable de servir ses désirs. Nous devons nous asseoir et nous regarder attendre que vienne la mort, souvent sans personne avec qui partager notre solitude et notre tristesse.

Prendre soin de nos personnes âgées – ces personnes qui nous ont donné notre corps, notre vie et notre culture – est un devoir sacré de l'humanité. Mais la plupart des gens agissent davantage comme des animaux que comme des êtres humains, et l'on voit souvent des personnes âgées abandonnées par leur famille. La cellule familiale était très forte au Tibet, et les personnes âgées étaient habituellement prises en charge directement par leur famille. Le système occidental d'assistance nationale pour les personnes âgées est un système très bon et très sain, bien que la base spirituelle et psychologique lui fasse peut-être quelque peu défaut.

Nous devons tous faire face à la souffrance de la vieillesse, à moins que nous ne mourions prématurément. Il n'y a rien que nous puissions faire à ce sujet.

Envolé sera ce faux sentiment de capacité et de force personnelle qui nous rendait si fiers lorsque nous étions jeunes. A la place, des infirmiers ou des amis nous baigneront, nous habilleront, nous nourriront à la cuillère et nous emmèneront aux toilettes. Plutôt que de vivre dans l'illusion de la permanence, nous devrions nous engager dans un entraînement spirituel afin de pouvoir aborder la vieillesse avec au moins la grâce de la sagesse.

Comment pouvons-nous imaginer que le corps humain puisse être indestructible ? Sa base même est impermanence et absence d'harmonie. Qui parmi nous n'a pas connu la maladie, l'inconfort et la menace de la mort ? Aryadeva le décrit ainsi dans ses *Quatre cents stances* : « Les éléments qui soutiennent notre corps sont comme un groupe de serpents venimeux bataillant pour le pouvoir. » Chaque substance chimique dans notre corps est une force vitale rivalisant avec les autres dans une terrible lutte, et c'est seulement quand les forces de chaque élément sont équilibrées que la santé peut être maintenue. Le plus petit microbe ou agent incompatible peut détruire cet équilibre et nous plonger dans la maladie pour des semaines, des mois, voire des années. Alors nous devons courir d'un médecin à un autre, souffrant d'inconfort et d'agonie, écoutant les mensonges qu'ils nous disent par bonté professionnelle. Parfois notre maladie est contagieuse et même nos amis prennent peur quand ils nous voient arriver. A d'autres moments, notre chair enfle ou se couvre de plaies purulentes, nous rendant si laids que nous n'osons même plus sortir de chez nous. Certaines maladies sapent notre force et nous laissent incapables de supporter la vue même de la nourriture, d'autres nous rendent incapables de la digérer et de l'assimiler. Le moindre accident peut nous rompre les os, nous rendant incapables de marcher. Souvent, même les médicaments que nous prenons ont des effets secondaires écœurants. Peut-être avons-nous le cancer, et les médecins nous disent qu'il est incurable. Les docteurs de la médecine herbale tibétaine affirment très fièrement qu'ils peuvent le guérir, mais n'étant pas moi-même docteur, je ne peux que m'asseoir et regarder. De toute façon, beaucoup de gens meurent du cancer.

Nous pouvons donc voir que ce corps est réellement la cause de beaucoup de malheurs dans cette vie et que, c'est triste à dire, en cherchant à satisfaire ses nombreux besoins, la plupart des gens ne font qu'amasser un courant sans fin d'instincts karmiques négatifs qui les mèneront dans le futur à une renaissance inférieure.

Telles sont les souffrances du monde humain.

L'Essence de l'or pur passe alors à la description des souffrances des royaumes des demi-dieux, des dieux sensuels, et des dieux des paradis de méditations avec et sans forme. Là aussi, il s'agit de royaumes d'existence pouvant seulement être perçus par des êtres doués d'une perception particulière, bien qu'on en trouve des évocations dans les textes mystiques de nombreuses cultures de ce monde. Certains textes de Lam Rim les décrivent en grand détail. Cependant, si nous n'avons pas de conviction de l'existence des royaumes célestes, il est suffisant de méditer sur les souffrances humaines. Celles-ci apparaissent avec évidence dès que l'on commence à les chercher. Le point important est de devenir conscient du troisième type de souffrance, la souffrance subtile qui imprègne toute l'existence imparfaite, l'omniprésente misère concomitante de la possession d'une base périssable, samsarique. Un dieu dans les paradis les plus hauts, un humain, un animal, les êtres des enfers et les esprits avides sont tous pris dans les mailles de la souffrance, parce que la nature de leur corps et de leur esprit est liée aux processus cycliques compulsifs. Jusqu'à ce que nous développions la sagesse qui puisse libérer l'esprit de ces forces contraignantes, c'est une certitude que nous devrons expérimenter la souffrance tout au long de nos existences et que nous continuerons d'errer sans fin dans la roue de la naissance, de la vie, de la mort et de la renaissance, où la présence de la misère peut être en permanence ressentie.

> Une forme samsarique est simplement un récipient contenant la souffrance de la souffrance, la souffrance du plaisir transitoire, et la toute pénétrante souffrance. Et, du fait que l'existence cyclique est par nature même souffrance omnipénétrante, il n'y a aucune joie, aucun bonheur éprouvé qui ne soit imprégné, enveloppé de misère et de frustration. Dans le royaume des *asuras*, ou demi-dieux, les êtres souffrent de constamment se battre, se tuer et se blesser les uns les autres. Plus haut, dans le royaume des dieux du désir, quand se manifestent les cinq signes avant-coureurs de la mort, les êtres souffrent plus que les habitants des enfers. Au fur et à mesure que s'estompe leur splendeur et que les autres dieux les délaissent, l'angoisse mentale qu'ils connaissent est sans limites. Plus haut encore dans le *samsara* se trouvent les dieux avec forme et sans forme, et bien qu'ils n'éprouvent pas la souffrance de la souffrance immédiate, ceux des trois premiers niveaux connaissent la souffrance du plaisir transitoire, et ceux du quatrième niveau et des niveaux sans forme doivent endurer la souffrance omnipénétrante, qui est comparable à un furoncle qui ne perce jamais.

Depuis des temps sans commencement, nous avons pris maintes et maintes naissances dans les différents royaumes de l'univers. Si vous choisissez de croire que seuls les humains et les animaux existent, alors, quand vous méditez sur les royaumes inférieurs, ne le faites que sur les souffrances des animaux et des insectes, et quand vous méditez sur les royaumes supérieurs, ne le faites que sur les types d'imperfection dont les êtres humains sont affligés. Le but de la première méditation est de produire l'aspiration à éviter toute conduite négative, cause des souffrances à venir, et à demeurer dans la bonté, cause d'évolution supérieure. Dans la deuxième méditation (sur la nature insatisfaisante des royaumes supérieurs du *samsara*), le but est de transcender la bonté ordinaire, qui est teintée de saisie d'une supposée existence réelle des choses et, ainsi, encore dans les limites du *samsara*. En remplaçant ce niveau mondain de bonté par la bonté née de la sagesse transcendante, on peut couper les racines de toute conduite samsarique compulsive et entrer dans la comblante sérénité du nirvana. C'est la libération du *samsara*, la troisième des Quatre Nobles Vérités.

Si l'existence cyclique et les états d'esprit déformés qui lui donnent naissance sont des éléments qui ne peuvent être surmontés, il n'est pas utile de se soucier de pratique spirituelle. Mais si, par contre, il existe un moyen d'échanger la souffrance contre le bonheur éternel, il serait insensé de l'ignorer. Ce serait laisser une nouvelle fois notre esprit samsarique tricher avec nous et nous tromper.

> Vous devriez réfléchir sur ces souffrances générales et spécifiques des différentes dimensions de l'existence samsarique, puis vous efforcer par tous les moyens possibles d'atteindre l'état de nirvana, l'état libéré de toutes ces souffrances. On devrait noter qu'un tel état n'est pas sans cause ou sans condition, et l'on devrait donc s'entraîner aux pratiques qui mènent à la véritable réalisation de la libération, à savoir les pratiques des trois entraînements supérieurs – la discipline éthique, la concentration et la sagesse. De plus, comme les entraînements supérieurs de la concentration et de la sagesse dépendent de et sont fondés sur l'entraînement supérieur de la discipline éthique, vous devriez d'abord vous entraîner à celle-ci, et parce que la discipline est facilement rompue quand la vigilance et les forces semblables dégénèrent, vous devriez maintenir une clarté de pensée, soutenue fermement par l'attention et la vigilance, et vous protéger ainsi de tout manquement possible. Si jamais vous manquez à votre discipline, ne perdez pas un instant et confessez-vous immédiatement votre défaillance, vous résolvant à agir correctement dans le futur. Quand une émotion telle que l'attachement, la colère, la jalousie, etc., se manifeste, méditez

sur son opposé, tels le non-attachement, l'amour, l'équanimité, etc. Soyez votre propre juge dans la pratique et ne vous arrêtez pas avant d'avoir atteint vos objectifs. Ne laissez rien que vous pensiez, disiez ou fassiez contredire les conseils de votre maître.

Comment pouvons-nous éliminer les sources les plus profondes de toute notre souffrance ? Seulement en cultivant certaines qualités dans notre courant de conscience. Si nous ne possédons pas de hautes qualités spirituelles, il est certain que les événements dans lesquels la vie nous projettera donneront naissance à la confusion, au désordre émotionnel et à toutes sortes d'états de conscience déformés. Ces états d'esprit imparfaits donneront à leur tour naissance à des activités imparfaites, et les graines de la souffrance continueront ainsi d'être plantées en rangs serrés. Par contre, si notre esprit peut demeurer dans la sagesse qui connaît le mode ultime de l'existence, nous serons en mesure de détruire les racines les plus profondes de la distorsion mentale, du karma négatif et de la souffrance.

Notre saisie d'une réalité qui existerait d'une façon intrinsèque n'est pas une chose dotée d'un fort support. La qualité de solidité que, dans notre processus ordinaire de perception, nous projetons sur toutes les choses, n'a pas de base réelle dans les objets de notre perception. Le sentiment d'existence inhérente de leur propre part, que nous pensons percevoir dans les objets, n'est qu'une création de notre esprit ; et si nous en venions à en faire l'examen pour nous-mêmes, nous découvririons que c'est la source de toute notre souffrance. De cette saisie d'existence inhérente s'ensuit toute la série des déformations de l'esprit, des afflictions émotionnelles et de leurs activités mal orientées. Et c'est en éliminant cette manière de percevoir les choses que nous éliminons la source directe des états d'esprit déformés ainsi que les activités qu'ils produisent.

La force qui rompt ce processus inné de saisie de l'existence réelle est l'entraînement supérieur de la sagesse. C'est la méthode la plus importante dans la quête de la libération éternelle. Toutefois, pour pouvoir intensifier et stabiliser l'entraînement supérieur de la sagesse, il faut aussi cultiver les entraînements supérieurs de la concentration méditative et de la discipline éthique.

Ici, la pratique de la discipline fait principalement référence aux vœux de libération individuelle – tels les cinq vœux d'un pratiquant laïque –, au noviciat et aux ordinations complètes des moines et des nonnes. Toute pratique effectuée avec la force stabilisante de l'un de ces ensembles de disciplines deviendra bien plus efficace. En ce qui concerne les cinq vœux d'une personne laïque – s'abstenir de tuer, de voler, de mentir, de commettre l'adultère et de boire de l'alcool –, il était courant au Tibet qu'une personne laïque choisisse juste un ou quelques-uns d'entre eux. D'une manière générale, chaque bouddhiste devrait en choisir au moins un. Plus le niveau d'ordination est élevé, plus la base de la discipline est ferme, et par conséquent, plus fortes deviennent les autres pratiques, telles les dix disciplines, la méditation sur la vacuité, etc.

Avec une base de discipline éthique, on peut alors entrer dans l'entraînement supérieur de la concentration méditative. Si notre méditation sur la vacuité repose sur ces deux entraînements, elle acquerra toujours plus de force. Tout au long de notre entraînement, nous devrions veiller à maintenir notre discipline, et chaque fois que nous la transgressons, nous devrions invoquer les Trois Joyaux, admettre la faute et nous en purifier, prenant la résolution de pratiquer plus intensément à l'avenir. C'est ainsi que notre pratique combinée des trois entraînements supérieurs atteindra à la racine même de la souffrance samsarique.

Le succès dans la pratique de ces trois entraînements dépend d'un esprit correctement orienté. C'est pourquoi nous devons méditer sur les souffrances inhérentes aux royaumes même les plus élevés du *samsara* et cultiver une conscience attentive qui considérera spontanément les plus hauts plaisirs samsariques – tels que la renommée, la fortune, le prestige, etc., du monde humain, ou la puissance et les plaisirs transitoires rencontrés dans les paradis samsariques – avec aussi peu d'appétit qu'un tigre pour de l'herbe. L'esprit de liberté, qui est le non-attachement et la non-saisie propres au renoncement intérieur, nous inspirera ainsi à consacrer la totalité de notre énergie à transcender toute l'imperfection samsarique.

Pour citer Jé Rimpoché :

> *Si vous ne contemplez pas la noble vérité de la souffrance – l'imposture du* samsara –,
> *Le désir d'être libre du* samsara *ne se manifestera pas.*
> *Si vous ne contemplez pas la source de la souffrance – la porte du* samsara –,
> *Vous ne découvrirez jamais les moyens de couper la racine du* samsara.
> *Fondez-vous sur le renoncement au* samsara *; soyez las de celui-ci.*
> *Et chérissez la connaissance des chaînes qui vous lient à la roue de l'existence cyclique.*

Quand la pensée qui aspire à transcender le monde est aussi forte en vous que celle d'un homme au milieu d'une maison en flammes de trouver un moyen de s'échapper, vous êtes devenu un aspirant spirituel de degré intermédiaire.

DEGRÉ SUPÉRIEUR

10

La naissance de l'esprit d'éveil

Comme le disait le glorieux maître Arya Nagarjuna : « Pour ceux qui cherchent l'omniscience complète, l'esprit altruiste d'éveil est le joyau qui exauce tous les vœux. Il devrait être aussi stable que le mont Meru, irradier les dix directions de compassion et être en union avec la sagesse qui ne saisit pas la dualité. »

La première qualité qu'il faut pour entrer dans le Mahayana est l'esprit altruiste d'éveil ; comme c'est une forme supérieure de l'amour et de la compassion, nous devons d'abord commencer par engendrer ces deux qualités. Une fois que nous aurons produit l'esprit d'éveil, nos méditations sur la vérité ultime nous aideront à atteindre la bouddhéité omnisciente plutôt que le stade moindre du nirvana d'un Arhat, qui est atteint par la pratique des trois entraînements supérieurs, mais sans l'influence sublimante de l'esprit d'éveil. Sachant que nous serons de peu de bénéfice pour les êtres sensibles tant que nous serons sous l'emprise des émotions perturbatrices, nous abordons la méditation sur la vacuité non pas comme un outil pour supprimer exclusivement les causes de notre propre souffrance, mais comme un moyen d'atteindre l'éveil pour pouvoir être plus bénéfiques aux autres. C'est pourquoi Nagarjuna fit la prière : « Que quiconque n'a pas l'esprit d'éveil puisse l'avoir et que quiconque l'a puisse l'accroître. »

Nous sommes nés êtres humains et avons la capacité

d'atteindre des états spirituels prodigieusement élevés. Cela fait probablement beaucoup de vies que nous n'avons pas eu une conjonction aussi favorable de conditions propices pour progresser sur la voie d'une existence supérieure, de la libération et de l'illumination. Même si nous ne pouvons nous engager dans des pratiques intensives de méditation, nous devons au moins essayer d'accumuler quelques instincts karmiques positifs en vue de développements ultérieurs le long de la Grande Voie, en lisant parfois les écritures et en essayant d'incorporer les enseignements dans nos activités quotidiennes.

Nous vivons des temps où les traditions spirituelles du monde ont considérablement dégénéré. Il est très important, en de telles époques, que les pratiquants eux-mêmes fassent des efforts particulièrement soutenus pour atteindre la réalisation. Permettre aux lignées de transmission de disparaître, ce serait laisser le monde plonger dans l'obscurité. Le grand Vasubhandu a écrit : « Bouddha, qui est comme l'œil du monde, ne peut plus être vu. Ses grands successeurs, qui avaient réalisé les enseignements les plus profonds, eux aussi ont disparu. Qui peut les égaler ? » On pourrait se demander qui, aujourd'hui, peut égaler le maître Vasubhandu. Qui pratique aussi bien que le fit Milarépa ? De telles personnes sont rares. Nous devrions nous rappeler que rien ne nous est d'aucune aide le jour de la mort en dehors du Dharma, et, plutôt que de gâcher nos vies à des actions futiles, nous devrions unir notre courant de conscience avec les enseignements et la pratique. Faire ainsi nous profitera en tant qu'individus et profitera au monde en renforçant sa base spirituelle.

Chacun de nous doit pouvoir sentir une certaine fierté à l'idée de pouvoir lui-même atteindre la perfection, de pouvoir lui-même atteindre l'illumination. Quand même une seule personne s'adonne à la pratique spirituelle, cela encourage les esprits gardiens du pays et les déités célestes qui ont fait le serment de soutenir le bien. Ces forces peuvent alors libérer des ondes d'effets bénéfiques sur l'humanité. Notre pratique peut donc apporter beaucoup de bénéfices, à la fois directement et indirectement. En revanche, si l'on disgracie ses maîtres ou si on les tourne en dérision, et si l'on adopte des modes de vie en désaccord avec les lois naturelles, alors les forces blanches de protection perdent de leur puissance et les forces malfaisantes des ténèbres s'activent, causant de grands dommages. Chacun de nous doit faire de son mieux à son niveau personnel. Il y a un dicton qui dit : « La volonté du ciel et la volonté des hommes devraient être en harmonie. » Si nous mettons les enseignements en pratique et vivons selon le Dharma, toutes les forces naturelles du bien seront avec nous. Regardez l'humanité : combien peu d'êtres sont engagés dans un entraînement spirituel sérieux ; regardez ceux qui pratiquent : combien peu le font efficacement. En tant qu'êtres humains, nous avons nous-mêmes un corps et un esprit permettant d'élever notre statut spirituel de son état présent à l'état le plus suprêmement haut. Pourquoi laisser passer l'occasion ? Une fois que la mort nous l'aura retirée, elle ne se représentera probablement pas avant des milliers, voire des millions de vies.

Bien que l'on puisse atteindre le nirvana – la libération du cycle des existences – par les pratiques supérieures de la discipline éthique, de la concentration et de la sagesse, cet accomplissement en lui-même n'est pas suffisant. Bien sûr, celui qui a atteint le nirvana n'a plus l'obligation d'errer dans le *samsara*. Mais, du fait qu'une partie seulement de ses voiles a été ôtée (celui qui masque l'omniscience ne l'a pas été) et qu'une fraction seulement de la perfection a été atteinte (l'omnipotence et l'omniscience ne l'ont pas été), dans sa propre perspective il n'a pas atteint son objectif. N'étant ni omniscient ni omnipotent, il n'a pas non plus atteint son objectif dans la perspective des autres. Il est donc nécessaire de regarder en direction du but de la bouddhéité complète, qui est l'accomplissement ultime, de son propre point de vue comme de celui des autres. De plus, on ne devrait pas désirer atteindre la bouddhéité simplement pour son propre bénéfice, mais dans le but pur de pouvoir aider plus efficacement et plus profondément l'ensemble des êtres sensibles. Tout comme vous êtes tombés dans l'océan de la misère samsarique, il en est de même pour tous les autres êtres. Tout comme vous, ceux-ci ne connaissent que frustrations et misères. Il n'y en a pas un parmi eux qui n'ait été maintes et maintes fois, dans le passé, votre père et votre mère, et qui n'ait eu pour vous une bonté sans limites. Si vous obteniez la libération et l'omniscience, ne serait-il donc pas juste qu'eux aussi puissent être libérés de l'angoisse ? C'est principalement pour pouvoir leur être bénéfiques que vous devez vous-mêmes atteindre l'état du nirvana inégalable, le « nirvana sans demeure », et, pour cela, vous devez produire la suprême *boddhicitta*, l'esprit altruiste d'éveil.

En tant que pratiquants de degré initial et moyen de pratique, nous avions détourné notre esprit des causes d'évolution dans les mondes inférieurs pour l'orienter vers la libération individuelle du *samsara* et de ses misères ; mais cela est-il suffisant ? La réponse est non. Ceux qui résident dans le nirvana se sont défaits de l'influence aveuglante des émotions perturbatrices et demeurent ainsi libres de l'existence samsarique, mais ils n'ont pas éliminé les voiles qui masquent l'omniscience. Par conséquent, bien qu'ils soient capables de rester absorbés dans les méditations sur la vérité ultime, et de rester ainsi libres de la souffrance, ils ne sont pas capables de percevoir simultanément la diversité infinie de l'univers. De telle sorte que leur capacité d'aider le monde est encore limitée. De plus, du fait qu'il leur reste de subtils obscurcissements, leur objectif n'a pas été entièrement réalisé. Nous devrions donc élever notre but à celui de la bouddhéité omnisciente, dont la cause est le développement de l'esprit d'éveil.

Comment avions-nous formé l'aspiration à transcender les états d'existence inférieurs et atteindre le nirvana, ou libération de toute misère samsarique ? D'abord en contemplant les souffrances des royaumes inférieurs et les causes d'errance dans ces états ; puis en contemplant les souffrances qui imprègnent toute existence samsarique, et les causes de la libération. Mais nous avions alors fait cela principalement en référence à notre propre courant d'existence. Pour donner naissance à l'esprit du Mahayana, nous devons changer le centre de référence de la méditation et, au lieu de contempler ce qui nous fait souffrir ou ce qui pourrait nous mener à la souffrance, nous considérons la condition de l'infinité des êtres sensibles qui vivent autour de nous. Nous méditons sur les mêmes souffrances des royaumes inférieurs et supérieurs du *samsara* que précédemment, à la différence que, maintenant, nous les lions non plus à nous-mêmes, mais aux autres – notre mère, notre père, notre famille, nos amis et ainsi de suite, jusqu'à ce que nous englobions tous les êtres vivants.

Tous les êtres souffrent de la même façon que nous et certains sont même plongés bien plus profondément encore dans la douleur. Pourtant, chacun ne souhaite connaître que le bonheur et éviter la souffrance, la frustration ou la douleur. Ils veulent un bonheur durable, mais ne savent pas comment en cultiver les causes ; ils veulent éviter la misère, mais ne font qu'accumuler les causes de plus de misère. Comme le disait Shantideva : « Bien que recherchant le bonheur, ils en détruisent les causes comme ils détruiraient un ennemi. Et, bien que cherchant à éviter la misère, ils en traitent les causes comme ils traiteraient un ami proche. »

Si nous n'étions pas liés à l'infinité des êtres sensibles, ou si leur souffrance ne les gênait pas, peut-être ne serait-il pas nécessaire de nous soucier de leur bien-être. Mais, en vérité, tous sont liés à nous et aucun d'eux ne souhaite souffrir. Sur les milliards de vies que nous avons vécues depuis des temps sans commencement, nous avons connu chacun des êtres vivant de nombreuses fois. Ils ont été tantôt nos parents, tantôt nos amis, nos époux ou nos ennemis. Chacun d'eux sans exception a même maintes fois été notre mère, démontrant toutes les formes que peut prendre la bonté maternelle. Comment pouvons-nous leur marquer de l'indifférence ? Souhaitant qu'ils n'aient que le bonheur et ses causes, et qu'ils puissent être libres de la souffrance et de ses causes, nous devrions développer un sens de responsabilité envers leur bien-être. Et, puisque seul un être illuminé omniscient peut réellement aider les êtres de façon profonde, durable et ultime, nous devrions rapidement atteindre l'état d'éveil. C'est l'aspect « aspiration » de l'esprit d'éveil, la base interne de la pratique du Mahayana.

L'une des principales méthodes pour produire cet esprit est la technique dite des « six causes et un effet ». Je vais la présenter brièvement puis l'expliquer en détail.

UNE COURTE PRÉSENTATION DES « SIX CAUSES ET UN EFFET »

La première cause est la prise de conscience que tous les êtres sensibles ont été notre mère. De celle-ci découle la deuxième cause : la conscience de l'immense et éternelle générosité de chacun d'entre eux. Cela donne naissance à la troisième cause : le désir de pouvoir retourner leur générosité. Ce souhait se transforme en l'esprit merveilleux qui engendre la quatrième cause : l'amour ; puis la cinquième : la compassion. L'amour et la compassion sont les forces desquelles jaillit la sixième cause : l'attitude exceptionnelle caractérisée par un sens de responsabilité universelle, la cause qui mûrit enfin en l'effet de l'esprit altruiste d'éveil. C'est la roue à sept rayons qui mène jusqu'à l'état omniscient de parfaite illumination.

Les « six causes et un effet » constituent l'une des méthodes les plus efficaces pour engendrer la *bodhicitta,* l'esprit altruiste d'éveil ; mais, pour pouvoir l'employer, nous devons d'abord développer l'esprit lisse de l'équanimité. Nos attitudes présentes envers les autres sont chaotiques et inconsistantes : nous avons de l'affection pour certains et souhaitons leur bonheur ; nous restons indifférents devant les joies et les souffrances de certains autres ; et nous détestons d'autres encore au point de désirer leur malheur. Un esprit aussi sélectif n'est pas en mesure de pouvoir méditer correctement sur l'amour, la compassion, etc., sans les projeter dans une perspective discriminante. Tout sentiment de *bodhicitta* qui se formera dans ces conditions sera déséquilibré et facilement perturbé. Par conséquent, préalablement à la méthode des « six causes et un effet », nous devons d'abord entraîner l'esprit aux méditations qui développent l'équanimité.

> Cependant, comme préliminaire à ces sept méditations, il faut d'abord aplanir l'esprit grâce à la méditation sur l'équanimité envers l'ensemble des êtres sensibles. Si l'esprit voit certains comme chers, d'autres comme indésirables, et d'autres encore comme neutres, il n'est pas suffisamment mûr pour pouvoir méditer sur tous les êtres avec l'idée qu'ils ont été sa propre mère. Si l'esprit n'a pas d'équanimité, l'amour ou la compassion qu'il engendrera sera partial et déséquilibré. Il est par conséquent nécessaire de pratiquer d'abord la méditation sur l'équanimité.
>
> Commencez en visualisant différentes personnes neutres – celles qui ne vous ont ni nui ni été bénéfiques dans cette vie. Pour leur part, chacune d'entre elles ne veut que le bonheur et ne veut pas de souffrance. Pour vous, chacune d'elles est comme un membre de votre famille ; elle a été votre père et votre mère dans de nombreuses vies passées. Pensez : « Dans certaines vies, je les ai chéries et je les ai aidées, alors que dans d'autres, je les ai tenues pour indésirables et leur ai nui. Cela n'est pas vraiment correct. Je devrais maintenant méditer afin de produire une attitude équanime envers elles toutes. »
>
> Une fois que vous avez médité ainsi sur les personnes

neutres, considérez alors celles qui vous ont aidés dans cette vie et que vous considérez par conséquent comme chères, puis celles qui vous ont nui et que vous considérez par conséquent comme indésirables. Développez de l'équanimité envers ces deux sortes de personnes et engendrez pour finir de l'équanimité envers tous les êtres des six royaumes.

Pourquoi aimons-nous certains êtres, avons-nous de l'aversion pour d'autres et sommes-nous indifférents à d'autres encore ? A cause des actions accomplies ou non accomplies dans cette vie. Nous aimons les êtres qui nous ont aidés et soutenus, nous n'aimons pas ceux qui nous ont fait du mal ou qui menacent notre existence d'une manière ou d'une autre, et nous nous sentons indifférents à l'égard de ceux avec lesquels nous n'avons pas de lien, et qui ne nous ont fait ni bien ni mal.

Si nous méditons sur les personnes que nous n'aimons pas, l'aspect superficiel des raisons que nous avons de ne pas les aimer deviendra évident. Certaines nous ont simplement souri bizarrement, nous ont regardés une fois avec réprobation ou ont dit quelque chose contre nous. D'autres se trouvent avoir des rôles funestes dans notre existence. De plus, les motifs pour lesquels nous aimons les personnes que nous avons choisies comme amies sont en général tout aussi ineptes. La plupart des gens changent de sentiment à l'égard d'autrui aussi vite que change le temps. Un tel esprit est risible. Il l'est déjà selon des critères ordinaires et combien plus eu égard au chemin spirituel.

Il serait raisonnable de dire de telle personne qu'elle est une « amie », telle autre une « ennemie », et une troisième une « étrangère », si elles avaient conservé ce statut tout au long des milliards de vies que nous avons vécues depuis des temps sans commencement. Mais tel n'est pas le cas. Tous les êtres ont été nos amis, nos frères, et même nos parents, encore et encore. Chaque fois, ils nous ont abreuvés de leur gentillesse, nous protégeant du mal et nous donnant beaucoup de bonheur. Voilà pour le passé. En ce qui concerne le futur, jusqu'à ce que nous atteignions la liberté ou l'illumination, nous allons continuer de tourner dans la roue de la vie avec eux, les retrouvant encore et encore, tantôt comme amis, tantôt comme parents, et ainsi de suite.

Aussi, les gens que nous apprécions et aimons dans cette vie n'ont pas toujours été nos amis. Dans beaucoup de vies précédentes, ils nous ont tués, volés et nous ont fait toutes sortes de torts. Quant au futur, jusqu'à ce que nous atteignions l'illumination, nous allons continuer de les rencontrer, vie après vie, chaque fois dans une situation spectaculairement transformée. Il n'y a personne qui ait toujours joué le rôle d'un allié dans nos vies et personne qui nous ait toujours été opposé. Pas plus qu'il n'y a de personne qui nous ait toujours été étrangère. Au fur et à mesure qu'elle tourne, la roue du karma nous fait prendre toutes ces positions les uns par rapport aux autres.

En méditant sur ces faits et en appliquant les expériences de nos méditations dans nos échanges quotidiens avec autrui, l'esprit aplani qui pose sur tous les êtres un regard équanime apparaîtra rapidement. Il sera la fondation pour la pratique véritable des « six causes et un effet ».

UNE EXPLICATION DÉTAILLÉE

Première cause : le développement de la conscience que tous les êtres ont été notre mère. Parce que l'on ne peut trouver de début à la vie sensible et à l'existence cyclique, on doit avoir eu un nombre infini de vies passées ; il en est de même pour tous les autres êtres. Cela signifie donc qu'il n'y a pas de lieu dont on puisse dire que l'on n'y soit pas né et qu'il n'y a pas d'être sensible dont on puisse dire qu'il n'ait été notre parent. En fait, chaque être a été notre parent une infinité de fois. Si nous cherchons à travers la ronde sans fin de nos naissances, de nos morts et de nos renaissances, nous ne pourrons trouver d'être qui n'ait été notre mère. Tous les êtres nous ont témoigné une bonté semblable à celle de notre mère dans cette vie-ci. Nous devrions donc ne voir que de la bonté en tous.

La bonté maternelle est choisie comme l'exemple par excellence de l'intensité de la bonté qu'ont eue pour nous tous les êtres car, en général, dans le *samsara*, l'attention d'une mère est quelque chose de très fort et de très facile à percevoir. On peut observer la bonté maternelle non seulement chez les humains, mais aussi chez les animaux, les oiseaux, etc. Une chienne serait prête à mourir de faim pour nourrir ses petits et elle donnerait sa vie pour les protéger. De la même manière, même s'il se trouve que notre mère n'a pas été particulièrement affectueuse avec nous, elle était sûrement instinctivement et inconsciemment capable de nous manifester une immense bonté. Tous les êtres nous ont aimés de la même manière, faisant le sacrifice de leur nourriture pour nous et même de leur vie pour nous protéger, tant leur amour était fort. Les gens qui sont nos amis, nos ennemis ou qui nous sont étrangers dans cette vie ont eu pour nous l'immense bonté d'une mère dans d'innombrables vies passées.

Il n'y a en fait aucune raison pour que l'amour d'une mère soit exclusivement envisagé comme modèle. S'il se trouve que nous connaissons de sérieuses difficultés dans notre relation avec notre mère, ou si nous avons été orphelins et que nous ayons été élevés par quelqu'un d'autre, nous pouvons tout aussi bien choisir la personne qui nous aura été la plus bienveillante et la prendre pour modèle de remplacement à ce stade de la méditation. Nous contemplerons alors comment tous les êtres sont nés dans ce même type de relation avec nous un nombre incalculable de vies et comment ils nous ont montré la même bonté. Nous devons apprendre à voir tous les êtres de la même manière que cette personne.

Comme résultat de cette méditation, nous acquerrons un sentiment de familiarité spontanée avec tous les autres êtres sensibles, une reconnaissance que, d'une certaine manière, ils nous sont très proches et très précieux.

Deuxième cause : la conscience de la gentillesse de l'infinité des êtres. Comment votre mère de cette vie-ci vous a-t-elle manifesté de la gentillesse ? Quand vous étiez dans la matrice, elle ne pensait qu'au moyen de vous protéger et de prendre soin de vous. Après votre naissance, elle vous a pris et enveloppés dans des vêtements doux, vous a tenus dans ses bras, a posé sur vous des regards pleins d'amour, vous a souri affectueusement. Elle vous a, par compassion, donné du lait de ses seins, et vous a tenus contre sa chair pour vous garder au chaud. Année après année, elle a ensuite préparé votre nourriture et a nettoyé les mucosités et les excréments de votre corps. Même si elle était gravement malade et que vous étiez légèrement souffrants, elle n'avait de pensées que pour vous. Elle vous protégeait et vous gardait contre toutes les difficultés, elle vous donnait tout ce qu'elle pouvait vous donner pour vous aider à réaliser vos souhaits, et tout ce que vous ne pouviez faire seuls, elle le faisait pour vous. En fait, elle a protégé de toutes les manières possibles votre vie et votre personne. Vous devriez ainsi contempler régulièrement la manière dont votre mère vous a grandement aidés et l'immense gentillesse qu'elle vous a manifestée.

Visualisez ensuite simultanément les trois catégories de personnes : celles qui vous sont proches, telles que votre famille et vos amis de cette vie ; les personnes neutres, avec lesquelles vous n'avez pas eu de contact réel ; et vos ennemis, ou ceux qui vous ont fait du mal dans cette vie. Considérez comment chacune d'entre elles a été votre mère un nombre incalculable de fois dans le passé. D'innombrables fois, elles vous ont même donné une renaissance humaine, vous protégeant autant que l'a fait votre mère dans cette vie, ayant pour vous une bonté sans bornes et vous apportant encore et encore une aide sans limites.

La gentillesse d'une mère est comblante et sans limites. Elle veut tout pour ses enfants. Si elle pouvait leur donner l'illumination, elle le ferait aussitôt. Observez comment les mamans oiseaux se sacrifient pour protéger leurs petits, comment, pour nourrir leur portée, elles se privent parfois au point de perdre leurs plumes et que la chair leur tombe du corps, et appréciez la prodigieuse bonté que tous les êtres sensibles ont eue pour vous lorsqu'ils sont renés comme votre mère dans d'innombrables vies passées.

Chaque fois que quelqu'un nous fait du mal, nous devons penser : « Dans de nombreuses incarnations passées, cet être était ma mère. En tant que mère, il m'a nourri, a lavé mon corps et m'a protégé de tout danger. J'ai dormi dans ses bras et ai bu le lait de ses seins. A cette époque, cette personne ne m'a fait que du bien et a partagé toutes ses possessions avec moi. Le mal qu'elle me fait maintenant est seulement dû aux forces du karma négatif et des émotions. »

> La troisième cause : le souhait de leur rendre leur bonté. Toutefois, ces êtres sensibles qui ont été notre mère et qui nous ont nourris de leur bonté tant de fois sont tourmentés par les démons de la distorsion mentale et des émotions négatives. Leur esprit est incontrôlé et ils sont comme fous. Ils ont l'œil de la sagesse aveuglé par la fumée de l'ignorance et n'ont aucun moyen de voir les chemins menant aux renaissances supérieures, à la libération individuelle ou à l'omniscience. La plupart d'entre eux, n'ayant pas de maître spirituel qui puisse les mener vers la cité de la liberté, sont comme des mendiants aveugles sans personne pour les guider. Chaque jour, ils s'éloignent du bonheur à cause des maladresses des actions karmiques qu'ils commettent au travers de leur corps, de leur parole et de leur esprit. Comme les membres d'une procession d'ivrognes titubant en direction d'une falaise, ils trébuchent dans le précipice du mal et plongent dans la souffrance de l'existence cyclique et des royaumes inférieurs. Pensez : « Si je ne fais pas quelque chose pour

ces êtres faibles et pathétiques, qui le fera ? Si la responsabilité de ces personnes ne tombe pas sur mes épaules, sur celles de qui tombera-t-elle ? Si je venais à ignorer ces êtres bienveillants et à ne m'occuper que de ma seule libération du *samsara*, quel manque de conscience et de considération ce serait ! De plus, même s'ils venaient à obtenir les différents fruits du bonheur samsarique, tels les états de Brahma, Indra ou leurs semblables, leur paix ne serait pas éternelle. A partir de maintenant, je dois donc penser moins à moi-même et davantage à atténuer les souffrances samsariques de l'étendue aussi vaste que l'espace des êtres vivants, et, par tous les moyens possibles, me consacrer à atteindre l'éveil afin de pouvoir les introduire à la joie de la libération suprême. »

Tout comme une mère a une responsabilité envers son enfant, l'enfant a une responsabilité envers sa mère. Puisque tous les êtres sensibles ont été notre mère un nombre incalculable de fois, notre sens des responsabilités devrait être le même envers chacun. Quelle différence y a-t-il entre une dette vieille d'une semaine et une dette vieille d'une année ? Nous devrions conserver ce sens des responsabilités envers les autres. Quand une mère rencontre des difficultés, qui devrait se faire plus de soucis pour elle que son propre enfant ?

Causes quatrième et cinquième : l'amour et la compassion. Pensez : « Pourquoi ces êtres qui ont été ma mère et qui sont privés du bonheur ne seraient-ils pas heureux ? Puissent-ils connaître le bonheur ! Puissé-je, par tous les moyens, y contribuer ! Et aussi, pourquoi ces êtres qui ont été ma mère et qui sont rongés par la misère ne seraient-ils pas séparés de cette misère ? Puissent-ils en être séparés ! Puissé-je contribuer à ce qu'ils en soient séparés ! »

Comment pouvons-nous rendre la bonté des êtres sensibles ? En leur manifestant un amour et une compassion purs.

L'amour pur est de penser : « Puissent-ils avoir le bonheur et ses causes. » La compassion pure est de souhaiter : « Puissent-ils être libres de la souffrance et de ses causes. » Parce que obtenir le bonheur et éviter la souffrance sont les deux instincts les plus primordiaux et innés de tout ce qui porte la vie, le don de l'amour et de la compassion est le don suprême.

Que signifie donner le bonheur ? Que signifie supprimer la souffrance ? Il est certain que nous pouvons, à notre modeste échelle, aider matériellement, mais cette aide n'apportera que des bienfaits superficiels et de courte durée comparés à la profondeur de la souffrance dans laquelle sont plongés les êtres du *samsara*. Tous les êtres ont connu tous les bonheurs, tous les plaisirs et toute la puissance que pouvait offrir le *samsara*, puisque leurs vies passées sont innombrables ; mais tout cela s'est révélé plus trompeur que bénéfique pour eux. C'est pourquoi la prière dit : « Et les causes du bonheur. » En termes absolus, pour que les êtres puissent connaître le bonheur durable, il leur en faut posséder les causes : être animés par la bonté et la sagesse. De la même manière, parler des « causes de la souffrance » signifie non seulement que les êtres doivent être libérés des états spécifiques de souffrance dans lesquels ils se débattent actuellement, mais aussi que, pour pouvoir être libérés de la souffrance d'une façon durable, ils doivent trouver l'inspiration de purifier leur courant de conscience des instincts karmiques négatifs et de contrer la force des émotions en cultivant la profonde sagesse.

Dans ses *Trois Principes du chemin*, le puissant Tsong Khapa a écrit : « Les êtres sensibles sont balayés par les tumultueuses rivières des quatre souffrances et sont enserrés dans les chaînes puissantes de l'activité karmique compulsive. Coincés dans les mailles de fer de la saisie de l'ego, ils sont perdus dans les ténèbres de la confusion. Ainsi continuent-ils de vivre et mourir, errant sans fin au travers de l'existence cyclique avec les trois terribles souffrances pour compagnons de route. Et pourtant, tout ce qu'ils souhaitent, c'est atteindre le bonheur et éviter la souffrance. »

L'origine du problème, c'est le karma négatif et les émotions. Le seul moyen pour eux d'acquérir le bonheur durable et d'être libérés de la souffrance est de venir à bout de ces deux forces négatives à l'intérieur d'eux-mêmes et d'en produire leurs opposés. Tant qu'ils n'y seront pas parvenus, leur futur ne sera fait que de toujours plus de souffrance.

> Sixième cause : l'attitude exceptionnelle et son effet, l'esprit altruiste d'éveil. Pensez : « Ai-je toutefois la force de réaliser ces deux vœux ? Sans même parler de l'ensemble des êtres sensibles, je n'ai même pas la force de libérer ne serait-ce qu'un seul d'entre eux ni de l'introduire au bonheur transcendantal. C'est pour cette raison précise que j'ai pris la résolution d'atteindre la bouddhéité parfaite, et, si j'abandonne maintenant cette résolution, je tomberai certainement dans les royaumes inférieurs. Je ne pourrai cependant rien faire pour libérer les êtres de la souffrance et les placer dans l'incomparable bonheur tant que je n'aurai pas moi-même atteint l'entière bouddhéité. C'est pourquoi je dois commencer immédiatement à m'employer de toutes les manières possibles à réaliser l'état de parfaite et complète illumination, Samyaksambodhi, en me fondant sur le souhait de libérer les êtres sensibles des souffrances même les plus profondes et de les mener à la joie ultime. »

Si le fils ne prend pas la responsabilité pour sa mère dans la difficulté, qui le fera ? Ainsi, nous méditons sur le fait que nous-mêmes devrions produire un sentiment personnel de responsabilité universelle par rapport au bonheur de tous ces êtres, dont chacun a été notre mère à maintes reprises.

Avons-nous cependant la sagesse, l'habileté et la force de les aider ? N'étant pas libres nous-mêmes des mécanismes samsariques, nous ne pouvons guère parler de faire quoi que ce soit pour qui que ce soit en dehors du niveau mondain. Qui peut de façon ultime être le plus efficacement bénéfique aux autres ? Seulement quelqu'un ayant atteint l'illumination omnisciente, quelqu'un ayant toute la puissance de la compassion, de la sagesse et de l'habileté. Lorsqu'il communique avec les autres, un tel être perçoit instinctivement l'ensemble de leur trame karmique, de leurs propensions spirituelles, etc. ; ainsi, un seul mot de lui est plus utile que des milliers de mots venant d'une personne ordinaire. Un maître doit parler à partir de sa propre expérience. Il y a peu de bénéfice à répéter comme un perroquet les paroles du Bouddha et des maîtres indiens. Tout comme indiquer à quelqu'un le chemin d'un endroit éloigné que l'on n'a jamais visité peut facilement mener à la confusion et à l'erreur, si l'on veut pouvoir être un guide fiable et efficace, il faut d'abord acquérir soi-même la réalisation. Sans réalisation spirituelle, il n'y a vraiment pas grand-chose que nous puissions faire pour nous-mêmes, et encore moins pour les autres.

Bien que le but de l'esprit d'éveil soit d'atteindre l'illumination pour pouvoir guider les êtres hors de la souffrance, cela ne veut pas dire que l'on se manifestera nécessairement sous la forme d'un maître dans le sens formel du terme. Une fois que l'on a atteint l'éveil, il est possible de se manifester sous nombre de formes pour aider les êtres, comme par exemple le Bodhisattva Maitreya qui apparut sous la forme d'une chienne infestée de vers à Asanga afin que toute sa compassion puisse se révéler et se libérer ; ou comme Tilopa, qui apparut à Naropa en mendiant à moitié fou qui mangeait des poissons vivants. Les écritures abondent en récits de personnes ayant manifesté leur illumination de façon tout à fait mondaine dans le but de pouvoir aider les êtres. Parfois, elles apparaissent sous la forme de quelqu'un qui nous dit quelques mots aptes à résoudre une difficulté à laquelle nous sommes confrontés, parfois sous la forme d'un livre si nous avons besoin d'informations, et même parfois sous la forme d'un pont à quelqu'un en proie à la détresse. Tel est le merveilleux pouvoir de l'état omniscient.

Quand on comprend que c'est dans le but d'aider tous les êtres que l'on s'emploie à atteindre l'éveil, un changement subtil s'opère immédiatement dans notre attitude envers eux. Notre compassion devient plus profonde, plus riche, et notre méditation sur la vacuité prend une dimension nouvelle. C'est la première des vingt-deux étapes de développement que connaîtra l'esprit d'éveil dans son évolution vers l'état omniscient de l'illumination parfaite.

L'esprit d'éveil ressenti par une personne ordinaire est quelque chose d'un peu négatif. Par raisonnement, on se dit : « Dans le but d'atteindre l'omniscience complète, j'ai besoin de l'esprit d'éveil ; et, puisque le fondement de l'esprit d'éveil est la grande compassion et le chérissement d'autrui, je dois aussi cultiver cela. » La saisie innée du « soi » par l'esprit est ainsi utilisée comme une force afin de vaincre cette même saisie et de la remplacer par l'amour et la compassion envers autrui. Au début, on pratique donc plus pour son profit personnel que pour celui d'autrui, de telle sorte qu'il n'y a d'esprit d'éveil que le nom. Mais, avec de la persistance, la nature de cette technique permet véritablement d'éliminer la négativité.

Une fois que l'on a acquis de l'expérience dans la méditation sur l'esprit d'éveil, il est très utile de demander à un maître de nous dispenser la cérémonie du vœu de Bodhisattva aspirant. En scellant ainsi notre expérience en la présence d'un maître par l'engagement de toujours garder comme plus précieuse cette aspiration altruiste pour l'éveil suprême, nous en rendons les fondements solides. Une fois pris cet engagement de l'esprit d'éveil d'aspiration, nous devons alors pratiquer les quatre entraînements qui y sont associés et éviter les quatre dharmas noirs.

Toutefois, ne méditer que sur l'esprit d'éveil n'est pas suffisant. Il faut aussi pratiquer les quatre entraînements : 1) celui de garder à l'esprit les effets bénéfiques de l'esprit d'éveil. Cela vise à produire de l'enthousiasme à développer l'aspect « aspiration » de l'esprit d'éveil, et nous assure que la résolution que nous avons prise ne dégénère pas dans cette vie ; 2) celui de donner forme à des pensées d'éveil six fois par jour. Cela vise à accroître l'aspect « application » de l'esprit d'éveil, le véritable esprit d'éveil ; 3) celui de ne pas abandonner un seul des êtres pour qui nous avons pris le vœu de l'éveil ; 4) celui d'accumuler des forces spirituelles.

Pour rentrer dans ceux-ci plus en détail :

1) S'entraîner à se remémorer les effets bénéfiques de l'esprit d'éveil signifie que l'on devrait garder une conscience constante de l'enseignement suivant (condensé) tiré de *La Marche vers l'éveil* de Shantideva.

Dès lors que l'on développe la *bodhicitta,* l'esprit altruiste d'éveil, on devient un objet de vénération pour les hommes ainsi que pour les dieux. Au moyen de la nature fondamentale, on surpasse l'éclat des Shravakas Arhats et des Pratyekabuddhas, ou les pratiquants du Hinayana. On se trouve hors d'atteinte des maladies et des esprits malfaisants. Les accomplissements tantriques – pouvoir de pacifier, d'accroître, de subjuguer, d'annihiler, etc. – sont atteints sans difficulté. On ne renaîtra plus dans aucun des trois royaumes misérables – celui des enfers, des esprit ou des animaux. Même si l'on n'atteignait pas l'éveil dans cette vie et que l'on renaisse dans le *samsara,* on obtiendrait rapidement la liberté. Et les graines karmiques de nos actions négatives même les plus graves seraient instantanément anéanties.

Si les effets bénéfiques du développement de l'esprit d'éveil avaient une forme, le ciel ne pourrait les contenir. Pensez donc à ne pas faire dégénérer l'esprit d'éveil que vous aurez déjà développé et à l'accroître toujours plus.

2) Abandonner l'attitude d'éveil envers même un inconnu a une conséquence karmique plus lourde que

celle créée par un moine qui romprait l'un de ses quatre vœux racines – ne pas tuer, ne pas voler, ne pas feindre de qualités spirituelles et ne pas avoir d'activité sexuelle. N'abandonnez jamais l'esprit d'éveil, jusqu'à ce que vous ayez atteint la bouddhéité. Et jusqu'alors, récitez les vers suivants trois fois dans la journée et trois fois dans la nuit :

En le Bouddha, le Dharma et la suprême communauté,
Je prends refuge jusqu'à l'éveil.
Par le mérite de ma pratique des six perfections,
Puissé-je atteindre l'état de Bouddha pour le bien de tous les êtres.

3) C'est en vue de pouvoir aider tous les êtres sensibles que nous développons l'attitude d'éveil. Par conséquent, quels que soient les sentiments et les attitudes qu'ils ont envers nous, nous ne devrions, pour notre part, jamais renoncer à un rapport reposant sur l'esprit d'éveil.

4) Si l'on produit une étincelle de pensée d'éveil ne serait-ce qu'une seule fois, il faut faire en sorte qu'elle ne dégénère pas. Essayez aussi de la développer en accumulant des énergies méritoires à travers des techniques telles que la contemplation des qualités des Trois Joyaux, les offrandes, la méditation, etc. La cause de ne pas perdre la force de l'esprit d'éveil dans des vies futures provient de la pratique d'abandonner les quatre dharmas noirs et de s'appuyer sur les quatre dharmas blancs.

LES QUATRE DHARMAS NOIRS SONT :

1) Tromper son abbé, son maître ou toute personne digne, ou leur mentir. Ne leur mentez pas et ne les trompez pas. La force opposée à ce dharma noir est de ne pas parler faussement à quelque être sensible que ce soit, pas même pour rire ou pour sauver votre vie.

2) Inciter quelqu'un qui a fait quelque chose de bien à regretter son acte. La force opposée à ce dharma noir est d'orienter toute personne à qui nous pourrions don-

ner des instructions spirituelles vers la Grande Voie plutôt que vers la Voie étroite.

3) Parler durement et avec colère à quelqu'un ayant développé l'attitude d'éveil du Mahayana. La force opposée à ce dharma noir est de reconnaître tous les pratiquants du Mahayana comme des maîtres et, lorsque l'occasion se présente, de faire l'éloge de leurs bonnes qualités. Entraînez-vous aussi à voir tous les êtres vivants comme purs et nobles.

4) Etre hypocrite et faux avec les êtres sensibles. Evitez de faire cela et soyez toujours sincères avec chacun.

Cet esprit d'éveil d'aspiration est comme le tronc d'un arbre. Capable de supporter les branches et les feuilles, qui sont les pratiques de l'esprit d'éveil d'application, ou l'esprit d'éveil qui s'engage dans les six perfections, les quatre façons de réunir des disciples, etc., c'est le fondement même du chemin vers l'éveil. C'est la présence de l'esprit d'éveil d'aspiration qui fait de nous des mahayanistes ; le perdre, c'est tomber de la Grande Voie. Etre ou ne pas être mahayanistes est exclusivement déterminé par le fait que nous possédions ou non l'esprit d'éveil d'aspiration.

Cet esprit est comme un élixir magique capable de transformer le fer en or, car toutes les activités de ceux qui le possèdent deviennent la cause de l'omniscience d'or. C'est un esprit duquel peut s'épanouir toute vertu car, à son contact, toutes les vertus se multiplient. Ainsi devrait-on faire tous les efforts pour le produire, le protéger et l'accroître. Il est utile de lire les écrits décrivant la nature et le développement de cet esprit, tels *Une guirlande précieuse* de Nagarjuna et *La Marche vers l'éveil* de Shantideva [1]. L'un de mes propres maîtres, le défunt Kunu Lama Tenzin Gyaltsen, a aussi écrit un petit texte intéressant sur le sujet, *Traité sur l'esprit*

1. Les références des traductions françaises de ces ouvrages ainsi que des commentaires qui en ont été faits sont mentionnées dans la bibliographie.

d'éveil, mais je ne crois pas qu'il ait encore été traduit en langue étrangère. Ce genre de texte est à la fois utile et inspirant.

Pour citer Jé Rimpoché :

> *Le développement de la* bodhicitta,
> *L'esprit altruiste d'éveil, est le pilier central de la pratique du Mahayana,*
> *Le fondement des activités des* Bodhisattvas,
> *Un élixir produisant l'or du mérite et de la sagesse,*
> *Une mine contenant les variétés infinies de la bonté.*
> *Sachant cela, les courageux fils des Bouddhas*
> *Le tiennent fort en leur cœur.*

11

La pratique générale du Mahayana

Tel est l'entraînement connu comme l'esprit d'éveil d'aspiration. Mais on pourrait se demander si cette discipline est suffisante. La réponse est non. Nous devons aussi prendre le vœu de l'esprit d'éveil d'application et nous entraîner aux vastes activités d'un *bodhisattva* : les six perfections, que l'on pratique dans le but de faire mûrir son propre continuum ; et les quatre manières de réunir des disciples, que l'on pratique dans celui d'être bénéfique aux esprits des autres.

LES SIX PERFECTIONS

1) Comment s'entraîner à la perfection de la générosité :

Vous fondant sur la motivation de vouloir atteindre la bouddhéité afin de pouvoir être bénéfiques à tous les êtres sensibles, vous devriez maintenir la pratique de : donner des enseignements corrects à ceux qui n'ont pas d'instruction du Dharma ; donner protection à ceux qui sont opprimés par la colère des rois, des soldats, etc. ; donner protection à ceux qui sont effrayés par des forces sensibles telles que les esprits, les démons, les animaux sauvages, les serpents et autres ; donner protection à ceux qui sont effrayés par des forces inanimées telles que être brûlé, écrasé, noyé, suffoquer, etc. ; et, enfin, donner nourriture, breuvages, remèdes et toute autre chose à ceux qui sont dans le besoin. En somme, avec le cœur libre, abandonnez votre corps, toutes vos possessions et le mérite du passé, du présent et du futur pour la réalisation de l'éveil pour le bien du monde.

Pour citer Jé Rimpoché :

La perfection de la générosité est le joyau magique pour remplir tous les espoirs du monde,

Le meilleur outil pour trancher le nœud de la cupidité qui enserre le cœur,

L'action du bodhisattva *donnant naissance aux forces infaillibles de l'esprit,*

Le fondement d'une réputation bénéfique.

Sachant cela, les sages se fient à la pratique du don de leur corps, de leurs possessions et de leur mérite.

Nous devrions pratiquer les trois types de dons : l'inspiration spirituelle, les objets matériels et la protection contre la peur. La perspective de l'application est donnée par Shantideva[1] : « Si la perfection de la générosité était la suppression de la pauvreté matérielle du monde, comment les Bouddhas du passé l'ont-ils alors perfectionnée, puisque des êtres vivants continuent de mourir de faim ? Il est dit que la perfection de la générosité est l'attitude de générosité, la pensée d'être généreux envers tous les êtres vivants, en même temps que les actions qui découlent de cette pensée. C'est avant tout un état d'esprit. »

La générosité est un joyau magique permettant de réaliser ses propres espoirs comme ceux des autres car, en étant ouvert et généreux avec autrui, on satisfait leurs besoins et l'on récolte dans le processus les causes karmiques pour un bien-être futur pour soi-même. C'est une arme tranchante détruisant les liens asservissants de la cupidité, qui font craindre à un mendiant

1. Cette citation de Shantideva, ainsi que les autres que Sa Sainteté donne dans son commentaire de chacune des perfections suivantes, sont issues de *La Marche vers l'éveil (skt. Bodhisattvacharyaavatara)*. Ce guide de Shantideva est considéré comme l'exposition pratique des perfections du *bodhisattva* la plus claire de l'Inde classique.

de perdre son bol et à un millionnaire de dépenser sa fortune, même pour son propre bénéfice ou celui de sa famille. La cupidité est comme un nœud qui enserre le cœur, donnant naissance à une somme prodigieuse de souffrances inutiles à la fois pour soi-même et pour autrui.

Au début de la pratique, on apprend à être attentif aux besoins des autres et l'on effectue des actes de générosité simples, tels que donner avec un esprit présent des restes de nourriture aux animaux ou aux oiseaux, faire de petits dons aux bonnes causes, montrer de la gentillesse à quelqu'un en ayant besoin, etc. Il est intéressant d'observer l'effet que ces gestes opèrent sur le cœur et l'esprit. A terme, chacune de nos respirations, chacun de nos mouvements et chacune de nos paroles devient un acte de générosité, une expression de générosité envers le monde.

2) Comment s'entraîner à la perfection de la discipline éthique :

C'est pour le bien de tous les êtres sensibles que l'on doit atteindre l'éveil, et, pour servir ce dessein, il est nécessaire de maintenir une attitude imprégnée des qualités de l'attention, de la vigilance, du sérieux, de l'humilité, de la modestie, etc., et de pratiquer les trois types de discipline éthique : la discipline d'une conduite vertueuse, par laquelle, même sous l'emprise de la peur de mourir, on ne céderait pas au mal ; la discipline de se défaire des modes d'existence erronés, qui est la pratique de développer les six perfections ; et, reposant sur les deux précédentes, la discipline d'œuvrer éthiquement pour améliorer le monde.

Pour citer Jé Rimpoché :

La discipline éthique est l'eau qui lave les taches du mal,

La lumière de la lune qui refroidit la chaleur des émotions,

Un rayonnement haut comme une montagne au milieu des êtres sensibles,

La force qui unit pacifiquement l'humanité.
Sachant cela, les pratiquants spirituels la préservent
Comme s'il s'agissait de leurs propres yeux.

Trois types de discipline éthique doivent être pratiqués : générer de la bonté ; éviter les activités erronées ; et accomplir les besoins des êtres sensibles. Quant à la nature de l'application, Shantideva a dit : « Ceux qui souhaitent maintenir une pratique doivent garder attentivement leur esprit. Un esprit non gardé est une pratique non gardée. Des éléphants sauvages ne peuvent me faire autant de mal qu'un esprit indiscipliné, et quand l'éléphant de l'esprit indiscipliné est attaché fermement avec la corde de la conscience attentive, toutes les causes de crainte disparaissent et toutes les vertus apparaissent. En tenant l'esprit par la discipline, tous les animaux sauvages et agents nuisibles seront maîtrisés. Le monde est subjugué par la subjugation de son propre esprit. »

Le *bodhisattva* pratique la discipline éthique afin d'obtenir le plein éveil pour le bien des autres. Son activité est dégagée des taches de l'intérêt personnel et est ainsi comme de l'eau qui nettoie le potentiel des instincts karmiques négatifs.

Dès le début de la pratique, la discipline est semblable à la lumière de la lune qui calme l'esprit sauvage en proie au feu de la colère, de l'attachement, de l'ignorance, de la jalousie, etc. On devient calme, concentré et magnifique, telle une tour stable se dressant au-dessus des êtres ordinaires comme le mont Meru s'élève au-dessus du monde. Les autres seront attirés par notre force et y trouveront beaucoup d'inspiration et de confiance. Elle pacifiera notre être en même temps qu'elle amènera la paix dans le rapport que nous aurons avec les autres êtres, humains ou non humains. Ainsi les pratiquants sages veillent-ils sur leur discipline comme sur leurs propres yeux.

3) Comment s'entraîner à la perfection de la patience :

Lorsque quelqu'un vous fait du mal, la colère n'est pas une réponse appropriée car le mal qu'il vous fait n'est que le résultat karmique d'un mal que vous lui avez auparavant infligé. De plus, comme cette personne n'a pas de contrôle mental et qu'elle est en train de subir la domination de la colère, il ne serait pas approprié d'être agressif envers elle et de la blesser. Et comme, aussi, un instant de colère détruit les trois racines des trois bases du mérite accumulé pendant de nombreux éons, vous ne devriez en aucun cas permettre à des pensées de colère de prendre forme. Telle est la pratique de la patience qui ne se laisse pas ébranler par l'agression.

Quand on éprouve de la douleur et de la souffrance, à cause du mal que nous inflige autrui, les attitudes négatives telles que la fierté, l'arrogance, etc., se dissipent et l'esprit de renoncement au *samsara* se renforce. Souvenez-vous que l'expérience de ces difficultés non désirées provient d'actions négatives passées effectuées par vous seuls, et que si vous y répondez par des actions négatives ou maladroites fondées sur la colère, vous créerez alors les conditions pour davantage de schémas karmiques violents. Rappelez-vous, de plus, qu'aucun effet n'apparaît s'il n'a de cause, et que si vous faites face à ce mal avec patience, vous épuiserez le potentiel des actions négatives du passé qui auront donné naissance à cette difficulté et vous vous créerez en plus, grâce à votre pratique habile de la patience, un schéma karmique positif. En évitant de surajouter la négativité de la colère, vous vous évitez de surcroît une souffrance future. De plus, en méditant sur la patience quand les autres vous nuisent, votre pratique des autres perfections se développe et mûrit. Pour ces raisons et bien d'autres raisons valables encore, les gurus nous ont conseillé de faire face au mal en méditant sur la patience. Rappelez-vous leurs enseignements et pratiquez la patience qui voit la souffrance infligée par les autres comme un grand bienfait.

Enfin, réalisant que la puissance des Trois Joyaux, des Bouddhas et des *bodhisattvas* est inconcevable, reconnaissez la valeur des activités d'un fils des Bouddhas et celle de la méditation sur l'absence d'ego. Pratiquez la patience nourrie par une confiance inébranlable en l'efficacité du Dharma et par le désir de s'entraîner comme les *bodhisattvas*.

Pour citer Jé Rimpoché :

La patience est l'ornement suprême des vrais héros,
La plus rigoureuse autodiscipline pour vaincre les émotions,
L'oiseau Garouda pour détruire le serpent de la colère,
L'armure pour protéger des flèches de la critique.
Sachant cela, familiarisez-vous de toutes les façons possibles
Avec l'armure de la suprême patience.

La pratique de la patience est un grand atout pour tous les chemins spirituels, et particulièrement pour ceux liés à la production de qualités telles que l'amour et la compassion. Dans *La Marche vers l'éveil* de Shantideva, l'application de la patience est enseignée d'une façon très détaillée ; y figurent de nombreuses lignes de raisonnements à suivre pendant la méditation, ainsi que des indications sur la manière et la raison de les appliquer aux différentes situations de la vie.

Trois types de patience doivent être pratiqués : la patience face aux êtres nuisibles ; la patience face aux souffrances et aux épreuves qui parsèment notre existence ; et la patience à développer la conscience de la vacuité.

Quant à la valeur de la perfection de la patience, Shantideva a dit : « Le nombre d'êtres nuisibles et incontrôlés est aussi infini que l'espace. Qui donc pourrait les anéantir tous ? Mais en vainquant la colère à l'intérieur de nous-mêmes, nous triomphons de tous les ennemis extérieurs. Où y aurait-il assez de cuir pour recouvrir la surface de la terre ? Et pourtant, en portant des semelles de cuir, nous obtenons le même effet. Bien qu'il ne soit pas possible de dompter le monde avec des forces extérieures, ne dompter que notre propre esprit suffira à maîtriser l'ensemble de notre monde. »

4) Comment s'entraîner à la perfection de la persévérance enthousiaste :

Si l'on n'a pas médité sur l'aspect décevant du *samsara* et du bien-être superficiel tel que celui que procurent la lassitude, la complaisance, le sommeil, etc., on continuera de vivre dans l'apathie.

Abandonnez toutes les causes de l'apathie et consacrez-vous exclusivement à de nobles actions du corps, de la parole et de l'esprit. Afin d'alléger la souffrance ne serait-ce que d'un seul être vivant, pratiquez les trois types de persévérance enthousiaste : la persévérance semblable à une armure, qui n'abandonne sous aucun prétexte les pratiques difficiles ; reposant sur la précédente, la persévérance qui demeure dans le Dharma tout vertueux et y poursuit la pratique des six perfections ; et, au moyen des deux précédentes, la persévérance qui œuvre pour le bien d'autrui en s'efforçant d'atteindre le but de l'éveil pour tous les êtres sensibles.

Pour citer Jé Rimpoché :

Si l'on porte l'armure de la persévérance inflexible,
Les qualités de connaissance et de réalisation interne augmenteront comme une lune croissante,
Toutes les activités seront bénéfiques
Et tout travail entamé parviendra à réalisation.
Sachant cela, le bodhisattva *s'adonne à la vaste persévérance,*
Dissipatrice de l'apathie.

Shantideva demande : « Qu'est-ce que la persévérance joyeuse ? C'est l'esprit qui se délecte dans les activités saines. Ses opposés sont la paresse, l'attirance pour la négativité et le manque de confiance en soi. »

La persévérance enthousiaste, ou application énergique, est un ingrédient indispensable pour le succès de l'entraînement spirituel. L'intelligence sans la persévérance ne permet pas de beaucoup progresser, tandis que la persévérance sans une intelligence claire peut permettre d'étudier et de pratiquer jusqu'à ce que les limitations d'un esprit sans éclat soient transcendées. Alors les qualités de connaissance et de réalisation des saints enseignements augmentent comme la lune croissante. La persévérance donne force et sens à toute tâche, nous permettant d'achever toute œuvre entreprise.

Des trois forces, mentionnées plus haut, qui contrecarrent la persévérance, le manque de confiance en ses capacités personnelles d'engendrer des qualités spirituelles et de progresser sur la voie est particulièrement dangereux. Shantideva a écrit à ce sujet : « Même les mouches, les moustiques et les autres insectes atteindront l'éveil sans égal lorsque, dans une existence future, ils fourniront les efforts spirituels nécessaires. Pourquoi moi, qui suis né en tant qu'humain et qui ai la faculté humaine de conscience discriminante capable de discerner les procédés habiles des procédés maladroits, ne serais-je pas capable de l'atteindre ? »

> 5) Comment s'entraîner à la perfection de la concentration méditative :
>
> Avec la motivation de l'esprit d'éveil, départissez votre conscience de l'agitation et de la torpeur et entraînez-vous aux concentrations mondaines et supramondaines. Ou, exprimé du point de vue de la direction, entraînez-vous dans les diverses concentrations de calme mental, dans les concentrations de la vue supérieure et dans les concentrations combinant le calme et la vue. Ou encore, exprimé du point de vue de la fonction, entraînez-vous dans les concentrations qui demeurent dans la joie physique et mentale réalisées et expérimentées dans cette vie même, les concentrations qui actualisent les qualités supérieures telles que la clairvoyance, les pouvoirs magiques, etc., et les

concentrations qui accomplissent les besoins du monde.

Pour citer Jé Rimpoché :

La concentration méditative est le roi qui doit régner sur l'esprit.

Quand elle est stabilisée, elle trône comme une montagne ;

Quand elle est dirigée, elle peut s'engager dans toutes les méditations vertueuses.

Elle mène à toute joie physique et mentale.

Sachant cela, les grands yogis se fient toujours à elle,

Le destructeur de l'ennemi, l'égarement mental.

Il y a un certain nombre de manières de diviser les types de concentrations méditatives. Certaines personnes se satisferont de les entendre énoncés, mais ceux qui souhaitent connaître une expérience interne immédiate de l'efficacité du Dharma essaieront de développer une telle concentration en eux-mêmes.

Quand nous sommes engagés dans des activités réclamant une attention diffuse plutôt que concentrée, notre esprit semble très souple et très malléable. Mais essayez de fixer celui-ci sur un objet de méditation et voyez comme il deviendra sauvage et turbulent. L'esprit non entraîné est très grossier, il est incontrôlé et difficile à corriger. Du fait de l'intensité de nos conversations intérieures et de nos égarements mentaux, nous pouvons à peine attraper un aperçu de notre objet de concentration. Et pour peu que nous parvenions à calmer notre esprit pendant quelques secondes, nous nous endormons. Arrivé à ce stade, il ne semble plus si souple et si malléable. En revanche, lorsqu'il est doté de la concentration méditative, l'esprit peut se focaliser avec clarté, joie et contrôle sur n'importe quel objet de méditation, et cela aussi longtemps que souhaité. La méditation fondée sur ce type d'esprit est naturellement bien plus efficace que celle fondée sur un esprit chaotique. L'esprit indiscipliné passe son temps à se perdre dans des distractions et entre rarement dans la clarté méditative, alors qu'avec la concentration méditative on peut rester dans une profonde absorption pendant des jours et des semaines, sans aucun égarement mental, ce qui permet à nos ressources d'énergie et de sagesse de s'épanouir à une allure fortement accélérée. Une fois que nous avons acquis la concentration, nous pouvons alors facilement développer des pouvoirs psychiques mineurs telle la faculté de se souvenir des vies passées, etc. Ceux-ci n'ont pas de valeur en eux-mêmes, mais ils donnent au disciple une base solide pour croire en les lois du karma, et stabilisent et renforcent sa pratique. Le maître Atisha enseigna dans la *Lampe pour la voie de l'éveil* : « Une journée de méditation pratiquée avec la perception spéciale née de la concentration est semblable à une centaine d'années de méditation conventionnelle. Nous devons la cultiver en nous-mêmes. »

6) Comment s'entraîner à la perfection de la sagesse :

Avec la motivation de l'esprit altruiste d'éveil, on doit s'entraîner dans les trois types de sagesse suivants : la sagesse qui voit le mode ultime d'existence – le point d'« ainsité », de vacuité, de *shunyata* – et arrache ainsi la racine du *samsara* ; la sagesse qui comprend les réalités conventionnelles (telles les Quatre Nobles Vérités) ; et, au moyen des deux sagesses précédentes, la sagesse qui accomplit les besoins des êtres sensibles.

Pour citer Jé Rimpoché :

La sagesse est l'œil pour voir l'« ainsité »,
La pratique qui arrache la racine du samsara,
Le trésor d'excellences loué dans toutes les écritures,
La lampe suprême pour dissiper l'obscurité de l'ignorance.
Sachant cela, les sages recherchant la liberté
Dédient chaque effort à sa production.

La sagesse est louée dans tous les textes comme la méthode la plus profonde pour se libérer soi-même et libérer les autres des souffrances de l'expérience samsarique. Nous devrions par conséquent nous entraîner aux trois types de sagesse : celle qui comprend le niveau ultime de la vérité ; celle qui comprend la vérité conventionnelle ; et celle qui exprime les deux précédentes afin de satisfaire les besoins du monde.

La cause la plus profonde de la souffrance samsarique est l'ignorance qui saisit comme existant d'une façon inhérente les concepts que nous imputons aux choses ; c'est la manière dont nous percevons les choses. Nous nous concevons nous-mêmes et nous concevons les objets autour de nous comme très solides et très réels. Nous surimposons sur tout une qualité d'inhérence qui fait que notre perception est déformée. Nous attribuons à notre perception des choses des qualités qui n'existent pas et opérons ensuite des discriminations entre bien et mal, etc. Sur la base de ces labels faussement attribués, nous faisons alors l'expérience de l'attachement, de la colère, et ainsi de suite. Les qualités inspirant ces émotions, toutefois, n'ont pas d'existence réelle. Elles sont comme le fils qui meurt dans nos rêves, comme la création d'un magicien.

Parfois, quand nous regardons en arrière vers quelque chose qui avait provoqué chez nous de l'attachement ou de la colère, nous en arrivons presque à rire de nous-mêmes en nous rappelant l'état de confusion dans lequel nous étions alors du fait de notre manière de saisir et d'appréhender la nature de l'événement. Quelque chose s'était embrouillé dans notre perception, dans notre équilibre émotionnel et dans notre action karmique. C'est comme cela que se perpétue la chaîne des douze productions interdépendantes et qu'est entretenue la frustration samsarique. Nous pouvons couper la chaîne à son premier maillon en produisant la sagesse capable de rester dans une compréhension du niveau ultime de la vérité, la sagesse de la vacuité. Cela éliminera la déformation primordiale de saisie d'une existence véritable.

Les quatre grandes écoles de bouddhisme indiennes – Vaibhashika, Sautrantika, Chittamatra et Madhyamika – diffèrent grandement dans leur interprétation de la théorie de la vacuité et des deux vérités. L'étude de ces sujets est difficile. Elle nécessite un effort intense, mais ses effets sont profonds.

Nous devons d'abord acquérir une compréhension intellectuelle de ce que signifient les écritures par « vacuité », puis ensuite méditer pour en cultiver une compréhension directe dans notre propre courant de conscience. Cette méthode est l'approche de la perfection de la sagesse.

LES QUATRE MANIÈRES DE RÉUNIR DES DISCIPLES ET DE LEUR ÊTRE BÉNÉFIQUE

Avec, pour motivation, la pensée que l'on veut atteindre l'éveil pour le bien de tous les êtres sensibles, 1) on fait des offrandes dans le but de rassembler un entourage de disciples ; puis, 2) afin de les contenter, on leur montre un visage souriant et on leur parle doucement ; ensuite, 3) on leur montre le Dharma – les six perfections, etc. – et on leur enseigne comment le pratiquer vraiment ; enfin, 4) on vit et on pratique en accord avec les enseignements que l'on a donnés.

Vous devriez développer de toutes les façons possibles ces quatre profondes méthodes pour être bénéfique aux autres.

Les six perfections fonctionnent essentiellement comme causes pour faire mûrir son propre courant de conscience. Les quatre manières de réunir des disciples et de leur être bénéfique font mûrir celui des autres. Pour développer l'esprit altruiste d'éveil, il est par conséquent nécessaire de les pratiquer. Ce sont : aider matériellement les disciples ; leur manifester de la bienveillance et de l'amitié ; les encourager dans la pratique du Dharma ; et enfin vivre soi-même en accord avec les enseignements. Ces quatre méthodes permettent aux courants d'esprit des autres de mûrir et d'évoluer.

LA COMBINAISON DU *SAMADHI* ET DE LA SAGESSE

De plus, parce que la saisie de l'ego est la racine du *samsara*, une concentration en un point qui n'emprunte pas un chemin allant à l'encontre de cette saisie ne pourra pas couper la racine du *samsara*. A l'opposé, la sagesse capable de reconnaître l'absence d'existence réelle, si elle est séparée du calme mental capable de se poser et de se focaliser inébranlablement sur les objets de méditation, ne pourra jamais faire reculer la déformation mentale, quels que puissent être ses efforts pour y parvenir. Afin d'atteindre la libération définitivement libre de la déformation psychique, on doit monter le cheval de la méditation du calme mental, qui ne s'ébranle pas quand on le place dans la vue capable de sonder les profondeurs de la vacuité, la signification ultime et véritable de l'existence. Montant ce cheval et brandissant l'arme tranchante des quatre grandes méthodes du raisonnement *madhyamika*, libre des extrêmes de l'éternalisme et du nihilisme, on doit engendrer la sagesse qui comprend le mode réel d'existence, la force qui détruit toute la saisie des extrêmes et développe pour toujours le clair esprit capable de percevoir l'ultime.

Bien que la culture de la sagesse comprenant la vacuité soit une méthode particulièrement profonde, à moins qu'elle ne soit combinée avec la concentration méditative, elle ne pourra se développer en la force de pénétration qui coupe les racines les plus profondes de la saisie d'une existence réelle. De la même manière, bien qu'avec la concentration méditative il soit possible d'obtenir la faculté de focaliser l'esprit sur n'importe quel objet de contemplation pour des périodes de temps prolongées, et que l'on puisse obtenir félicité mentale et physique, pouvoirs de clairvoyance, facultés miraculeuses, etc., ce qui nous donnera beaucoup de liberté et de puissance dans cette vie ainsi que, après la mort, une renaissance comme dieu dans un des royaumes d'absorption avec ou sans forme, si cette concentration n'a pas été suffisamment appliquée aux méthodes de développement de la sagesse, elle ne pourra mettre fin aux saisies subtiles qui font que même les dieux les plus élevés retombent un jour dans les royaumes d'existence inférieurs. La pratique de la vacuité combinée avec la concentration méditative peut nous transporter à travers les quatre stades de la « voie de l'application » – qui sont distingués par leur niveau de pénétration dans la vacuité – et nous amener à la « voie de la vision », qui est une expérience directe, non conceptuelle de la nature ultime elle-même.

On produit une conscience de la vacuité dans la méditation en appliquant des méthodes telles que les quatre clés du raisonnement *madhyamika,* puis, une fois qu'un sentiment de la vacuité est éveillé, en s'engageant dans une méditation fixe sur celui-ci. Sans concentration méditative, la conscience que nous aurons si laborieusement produite sera vite perdue. La méthode manquera de réelle force et nous ne dépasserons jamais le stade des exercices préliminaires. Ni la clarté, ni les facultés de maintien ne seront présentes, et une compréhension plus profonde ne pourra jamais être engendrée puisque l'esprit ne se sera pas posé sur le sujet avec suffisamment d'intensité.

Comme il est dit dans les écritures : « Que les Bouddhas se manifestent ou non, le niveau ultime de la vérité est toujours présent. » L'absence d'existence inhérente n'est pas simplement une philosophie ou une doctrine inventée par les Bouddhas, c'est notre nature ultime, celle de notre corps, de notre esprit et du monde que nous expérimentons. Que les Bouddhas soient ici ou non, et que nous soyons conscients d'elle ou non, la nature ultime de l'existence entoure et imprègne notre monde à tout instant. Tout ce que nous avons à faire est d'en cultiver la conscience. Mais, à moins que cette conscience ne soit fondée sur une méthode fiable telles les techniques du Madhyamika, et pratiquée sur la base de la concentration méditative, on ne pourra atteindre des niveaux de compréhension plus profonds.

La nature ultime n'a pas été créée par les êtres éveillés ; pas plus qu'elle n'a été produite par les activités karmiques contaminées des êtres samsariques. Le fondement même du monde conventionnel est la vérité ultime de la vacuité. C'est un phénomène secret en ce qu'il n'est pas connu de l'esprit ordinaire, mais c'est un objet de perception valide car il est vu par les Etres éveillés ainsi que les êtres transcendés qui ont évolué le long des voies. Engendrer la sagesse capable de demeurer dans la connaissance de la vacuité, c'est obtenir la libération des déformations mentales et du karma négatif ainsi que de la misère qui découle des états d'esprit erronés.

Le problème de notre perception est que nous exagérons toujours la nature des phénomènes que nous percevons. Ou bien les phénomènes nous semblent excessivement solides et statiques, ou bien ils nous semblent excessivement éthérés et non existants. Ou bien nous voyons quelque chose dans les objets de notre perception qui ne s'y trouve pas, ou bien nous manquons de voir quelque chose qui s'y trouve. Nous plaçons l'objet ou bien trop haut ou bien trop bas. Cette erreur fondamentale donne lieu à tous les autres problèmes qui affligent les êtres vivants. Un disciple du Madhyamika commence donc la pratique de la vacuité par l'application de la raison logique aux objets de sa perception. Il essaie d'obtenir une idée claire de la manière dont les objets – tels le « moi » ou n'importe quel autre phénomène – apparaissent à l'esprit, puis il examine la base de cette apparence. Par exemple, quand il examine la nature de l'ego qui apparaît à l'esprit comme « moi », il définit la nature de ce « moi » puis cherche dans le corps, dans l'esprit et au-delà pour lui trouver un fondement possible, appliquant chaque fois des séquences de logique qui mettent en évidence l'impossibilité pour le sujet analysé d'être une base de ce faux « moi ». Cette méditation finit par l'amener à soupçonner d'une façon très profonde que lui et le monde qui lui apparaît n'existent en fait d'aucune des manières dont l'esprit ordinaire le conçoit. Ce doute ébranle tout son être, faisant perdre aux objets qui d'habitude agrippent l'esprit leurs effets irrésistibles. Aryadeva a écrit par conséquent : « Simplement se douter de la vacuité cause le déchirement du *samsara.* » Nous devrions saisir l'épée tranchante de la sagesse, enfourcher l'étalon de la concentration méditative et attaquer la véritable source de l'esprit déformé.

Pour citer Jé Rimpoché :

> *Mais le pouvoir de couper la racine du* samsara
> *Ne se trouve pas dans la seule concentration en un point,*
> *Et la sagesse non accompagnée de la voie du calme mental*
> *Ne pourra, même avec tous les efforts du monde, venir à bout des perturbations de l'esprit.*
> *La sagesse en quête de la vérité ultime devrait monter*
> *Le cheval du* samadhi *inébranlable*
> *Et, munie de l'arme tranchante du raisonnement* madhyamika,
> *Détruire la saisie des extrêmes.*
> *Avec la vaste sagesse qui examine de cette manière,*
> *Développer l'esprit qui comprend l'ainsité.*

La concentration, si elle est dépourvue de la conscience de l'ultime, gardera toujours un certain degré de distorsion, et la conscience des techniques qui développent la connaissance de la vérité ultime n'aura jamais assez de force si elle n'est pas accompagnée de la concentration méditative. Si elle prend l'absence d'existence inhérente comme objet, la concentration est alors sublimée et débarrassée de ses éléments déformants, et les méthodes de production de la conscience de la vacuité deviennent très puissantes. Ainsi, les combiner toutes les deux, c'est développer l'excellence de chacune. Notre *samadhi* prend une nouvelle dimension et notre connaissance de la vacuité augmente solidement. Jusqu'à ce que notre concentration sur la vacuité se développe en une irrésistible « expérience semblable à l'espace », en laquelle tous les concepts ordinaires disparaissent et où seule la radiance de la vérité ultime est perçue. Cette radiance dissout alors progressivement les racines des instincts karmiques et des facteurs perturbateurs de l'esprit.

Cette conscience semblable à l'espace ne devrait pas être confondue avec un état sans pensée conventionnel tel qu'il peut être produit en supprimant les processus mentaux par la concentration. Il ne provient pas d'une suppression, mais de l'absence croissante des schémas de pensée négatifs qui nous entravent et nous enseignent à « coller » aux choses. Quand nous découvrons comment ceux-ci nous ont complètement plongés dans l'illusion, nous incitant à voir une réalité qui n'existe pas, et nous masquant dans le même temps la vérité, l'esprit cesse d'aller à eux et ils disparaissent, laissant notre processus de pensée ouvert à l'expérience de sphères de connaissance plus profondes. C'est la vacuité semblable à l'espace, dégagée des nuages de la pensée conventionnelle, et cela a très peu de chose à voir avec le concept nihiliste du néant.

> Comme il vient d'être dit, simplement parvenir à la concentration qui réside calmement quand elle est placée inébranlablement sur son sujet n'est pas une réalisation suffisante. Un esprit placé dans la concentration en un point et formé à analyser au moyen de la sagesse capable de distinguer les différents niveaux de la réalité – capable de discerner le mode d'« ainsité » – donne naissance à une concentration qui demeure fermement et inébranlablement sur la signification de la vacuité, la manière dont les choses sont. Voyant cela, appréciez à quel point l'effort effectué pour accomplir la concentration combiné avec la sagesse est merveilleux. Faites

vous-mêmes un vœu sublime vers ce but, et plantez ainsi sa graine pour toujours.

Pour citer Jé Rimpoché :

> *La méditation en un point apporte un* samadhi *fantastique et indescriptible ;*
> *Ne vous arrêtez toutefois pas là car celle-ci, combinée avec la conscience discriminante,*
> *Capable de discerner les modes d'existence,*
> *Donne naissance à un* samadhi *posé fermement et inébranlablement sur l'ultime.*
> *Comprenant cela, voyez comme merveilleux les efforts*
> *Effectués dans l'association du* samadhi *et de la sagesse.*

Ainsi, durant les périodes de méditation, on se concentre en un point sur le sujet de la vacuité. Les effets de notre méditation ne finissent toutefois pas avec la séance. Du fait que nous demeurons sur la vacuité pendant les séances de méditation et que nous pacifions ainsi les niveaux grossiers des déformations, entre les séances nous continuons encore de douter de la manière dont les phénomènes semblent apparaître. Nous cultivons cette conscience en appliquant constamment les raisonnements *madhyamika* aux divers objets qui nous apparaissent, tels les gens, les maisons et les montagnes. Normalement, ces choses apparaissent à l'esprit avec une forte impression d'existence véritable, ultimement réelle. Mais le pratiquant du Madhyamika continue son processus d'analyse même après les séances de méditation, pendant qu'il s'adonne aux activités de la vie quotidienne. Il examine la nature des choses qui apparaissent à son esprit, recherchant un fondement pour leur apparence. Ne pouvant en trouver, il est maintenu dans la vision qui voit le monde comme un arc-en-ciel, une création de magicien, les événements d'un rêve.

Les objets extérieurs que nous percevons apparaissent à notre esprit comme s'ils existaient d'une façon palpable, véritable, autoproduite, comme s'ils possédaient d'eux-mêmes une base substantielle. Ils apparaissent comme s'ils étaient libres de causes et de conditions. Mais rien n'a cette existence indépendante. Tous les phénomènes existent seulement par l'effet de causes et de conditions. Quand nous cherchons le fondement d'une charrette, par exemple, dans ses parties individuelles, dans l'assemblage de ses parties, et où que ce soit en dehors de ces possibilités, un fondement pour notre image de charrette existant véritablement ne peut être trouvé. Même le plus petit atome est dénué ne serait-ce que d'un soupçon de substantialité. La manière dont un objet dépend de ses parties, des matériaux, de l'arrangement des parties, etc., démontre que la charrette n'a pas d'existence qui lui soit propre. Elle apparaît comme existant véritablement, mais n'est qu'une illusion créée par l'accumulation de diverses conditions, quasiment de la même manière qu'un arc-en-ciel semble substantiel, mais n'a, en fait, aucune base solide. Ce que nous devons faire, c'est prendre l'apparence conventionnelle des choses et la mélanger avec une conscience de leur nature non inhérente. C'est là l'essence de l'entraînement pour cultiver une conscience de la vacuité dans les périodes postméditatives.

Il est très important, toutefois, que cette pratique de la sagesse soit maintenue dans le cadre de l'esprit altruiste d'éveil, qui est le fondement de la méthode *mahayana*. Car, comme l'a écrit Chandrakirti : « Tout comme le roi des oies étend ses deux fortes ailes pour mener son groupe vers la destination, nous devrions déployer les ailes de la méthode et de la sagesse et voler vers l'éveil omniscient pour le bénéfice des autres. »

Le maître Atisha a écrit aussi : « La sagesse est la culture de la conscience de la vacuité. La méthode inclut toutes les autres pratiques. » La base de la méthode du *bodhisattva* est par conséquent l'esprit d'éveil, supplémenté par les pratiques des cinq premières perfections, etc. Il médite sur la vacuité avec un esprit imprégné du vœu d'atteindre l'éveil pour le bien de tous et associe ce vœu aux autres aspects de la méthode, telles la persévérance et la concentration méditative. Il ne fait pas de détour par une voie partiale, comme celle de viser à une renaissance supérieure ou à la libération, car la sagesse lui apporte la libération de toute l'expérience samsarique, et la force de la grande compassion de l'esprit altruiste d'éveil lui rend insupportable le contentement de la simple libération. Ainsi est-il dit que le but du *bodhisattva* n'est de demeurer ni dans le *samsara* ni dans le nirvana. C'est le « nirvana sans demeure », atteint par un pratiquant qui choisit pour approche fondamentale l'association de la pratique de l'esprit altruiste d'éveil comme méthode, et de la sagesse comprenant la vacuité. Soutenant cette union avec l'éventail des autres méthodes, telles les « trente-sept ailes vers l'éveil », il progresse à pas fermes au travers des dix stades d'un être supérieur et atteint l'état exalté de la pleine omniscience.

> Durant les séances de méditation, posez l'esprit simultanément en la concentration et la vision pénétrante, et focalisez-le sur la vacuité, qui est aussi libre des extrêmes que le ciel l'est des obstructions tangibles. Entre les séances, observez comment les choses, bien que non existantes d'une façon intrinsèque, se manifestent, telles les créations d'un magicien. On développe de cette manière les pratiques combinées de la méthode et de la sagesse – méditation véritable sur la vacuité, appréhendée par un esprit de grande compassion et d'éveil – et l'on va au bout des pratiques d'un *bodhisattva*. Comprenant cette voie bien digne de louanges, entraînez-vous d'une façon qui ne se satisfasse pas de la méthode ou de la sagesse seule, mais qui combine les deux sur une base équilibrée. Un tel entraînement est l'héritage spirituel des hommes de bonne fortune. Appliquez-vous y donc.

Pour citer Jé Rimpoché :

Méditez en un point sur la vacuité semblable à l'espace. Après la méditation, voyez la vie comme la création d'un magicien.

Par une familiarisation avec ces deux pratiques, la méthode et la sagesse sont parfaitement unies,

Et l'on va au bout des voies du bodhisattva.

Comprenant cela, ne soyez pas satisfaits par une voie exagérant ou bien la méthode ou bien la sagesse,

Mais restez sur la route des fortunés.

12

Le Vajrayana, Mahayana ésotérique

Telles sont les pratiques communes aux véhicules du *soutra* et du *tantra*. Une fois que vous en avez acquis de solides expériences, débarrassez-vous de tout doute et entrez dans la voie du *mantra* secret, le Vajrayana. On accède à cette voie secrète par une initiation appropriée, obtenue d'un maître tantrique entièrement qualifié dans le but de mener son courant de conscience à maturité. Au moment de l'initiation, on prend l'engagement d'effectuer certaines pratiques et d'éviter certains modes de conduite en contradiction avec les réalisations tantriques, et ces engagements doivent être honorés. Si vous obtenez une initiation dans l'une des trois classes inférieures du *tantra* – *kriya, charya* ou yoga –, vous devez vous engager dans la pratique de leurs systèmes de « yoga avec symboles » puis de « yoga sans symboles ». Si vous êtes initiés dans la classe supérieure du *tantra* – *maha-anuttara yoga tantra* –, vous devez d'abord maîtriser les pratiques de la phase de génération, puis celles de la phase d'achèvement.

Pour citer Jé Rimpoché :

Ayant engendré l'expérience dans ces pratiques communes et fondamentales aux deux véhicules mahayana –

Le « véhicule causal » du Soutrayana et le « véhicule résultant » du Vajrayana –,

Remettez-vous-en à un guide sage, un adepte tantrique,

Et entrez dans l'océan des tantras.

Puis, vous fondant sur les enseignements oraux complets,

Donnez un sens à la renaissance humaine que vous avez obtenue.

Moi, un yogi, je pratiquai ainsi ;

Vous, ô chercheur de la libération, devriez faire de même.

Tous les sujets discutés jusqu'à présent dans *L'Essence de l'or pur* – de la culture d'une relation avec un ami spirituel jusqu'au développement de la concentration méditative ayant la vacuité comme objet d'absorption – relèvent de la partie *soutrayana* de la doctrine. Ces pratiques *hinayana* et *mahayana* sont appelées « voie commune » ou « générale », parce qu'elles produisent dans l'esprit de l'aspirant spirituel la base pour l'entraînement supérieur tantrique. Ainsi, elles sont partagées en commun avec le Vajrayana. Quiconque souhaite approcher les *tantras* bouddhistes doit d'abord affiner et faire mûrir son esprit en acquérant de l'expérience dans ces méthodes *soutrayana,* ce qui ne se fait pas simplement en lisant quelques livres ou en marmonnant quelques prières. Ce qui est requis, c'est plutôt une expérience intérieure de chacun des sujets de méditation.

Les quatre grandes écoles du Tibet – Nyingma, Sakya, Kagyu et Géluk – ont toutes des vues plus ou moins identiques concernant les entraînements *soutrayana.* Il existe des différences mineures dans l'emploi de certaines terminologies, dans les détails sur la manière dont les différentes pratiques sont agencées, etc., mais les quatre traditions tibétaines enseignent toutes les entraînements du Hinayana et du Mahayana indiqués précédemment comme préliminaires à l'entrée dans le Vajrayana. Les Karma Kagyu en parlent comme des « quatre façons de tourner l'esprit », les Sakya comme de « se séparer des quatre attachements », etc., mais le sujet, la nature et le but sont les mêmes dans chaque cas. Gampopa Lhaje, le principal disciple de Milarépa, écrivit lui-même un texte de Lam Rim (*Le Joyau ornemental de la libération*) qui est encore étudié aujourd'hui par la plupart des disciples *kagyupa*.

Il y a un certain nombre de manières de classer les différentes lignées tantriques. Les nouvelles écoles (Sakya, Kagyu et Géluk) parlent surtout des quatre classes de *tantras*, alors que les *nyingma* les subdivisent en six. *L'Essence de l'or pur* suit la division en quatre parties : *kriya* ou *tantras* de l'action ; *charya* ou *tantras* de la conduite ; yoga ou *tantras* de l'union ; et *maha-anuttarayoga* ou hauts *tantras* supérieurs. Cette division est rapportée à deux parties si l'on classe les trois premiers comme bas *tantras*. Une fois que l'on a progressé à travers les entraînements *soutrayana*, on peut envisager d'adopter une des méthodes *vajrayana* parmi ces quatre classes.

La classe de *tantras* que nous devrions pratiquer et, au sein de celle-ci, le *tantra* spécifique que nous devrions choisir, seront déterminés par la nature et la disposition de notre corps, de notre esprit, de notre bagage karmique, etc. Au sein du plus haut *tantra*, la nature des canaux d'énergie de notre corps, les points de pression mystiques, les énergies vitales, les impulsions génétiques, etc., sont d'importants facteurs à prendre en considération. Ce sont des sujets dont il faut discuter avec son maître avant d'adopter une méthode tantrique.

Une fois que l'on est assuré du *tantra* qui serait le plus adapté à ses besoins, on accède au Vajrayana en recevant des initiations complètes d'un détenteur de lignée entièrement qualifié. Parce que le maintien des vœux et des engagements pris au moment de l'initiation est le fondement de toutes les réalisations, il faut garder ceux-ci à l'esprit à tout moment. Par exemple, dans les deux classes inférieures de *tantra*, on prend les vœux de refuge et les vœux de *bodhisattva*, ainsi que divers engagements tels que ne pas manger de viande ou d'autres aliments de couleur noire. Dans le *yoga tantra*, les dix-neuf engagements des cinq Dhyani Bouddhas sont ajoutés à ceux-ci, et pour entrer dans le plus haut *tantra*, il faut aussi garder les vingt-deux vœux tantriques ainsi que les divers engagements de pratique associés au *tantra* spécifique que l'on est en train de suivre. Les pratiquants du *tantra* mère, par exemple, doivent commencer tous les mouvements à partir de la gauche, et, le dixième et le vingt-cinquième jour du cycle lunaire, lorsque les *dakas* et *dakinis* effectuent leur danse mystique dans les canaux, les gouttes et les points de pression du corps, ils doivent faire l'offrande secrète symbolisant l'union des énergies mâles et femelles. Tout en maintenant sans discontinuer les disciplines du *tantra* que l'on a adopté, on s'engage avec application dans la pratique des yogas des deux phases tantriques. Dans les bas *tantras*, il s'agit du yoga avec symboles et du yoga sans symboles. Dans le plus haut *tantra*, ces deux niveaux de yoga sont appelés « phase de génération » et « phase d'achèvement ». Ce sont les chemins parcourus par les grands yogis et *mahasiddhas* bouddhistes du passé. Ces phases du yoga de divinité, qu'ils ont adopté comme méthode principale, sont particulièrement puissantes, parce qu'elles peuvent être appliquées efficacement à tous les moments de notre vie.

Pour pouvoir appliquer les techniques tantriques, il faut d'abord avoir les trois qualités que sont le libre esprit du non-attachement, l'esprit *mahayana* de la grande compassion et une compréhension correcte de la doctrine de la vacuité.

Sans un esprit libre, on sera trop oppressé par la saisie sensuelle et par des impulsions biologiques incontrôlables pour pouvoir maintenir les disciplines tantriques. Ce prérequis d'un esprit libre est particulièrement important dans le plus haut *tantra*, qui est exprimé dans une imagerie très sexuelle.

La présence de cette deuxième qualité mentionnée par Tsong Khapa, la grande compassion de l'esprit d'éveil, est nécessaire afin de transformer la pratique en une cause d'omniscience. De plus, comme une grande partie de l'imagerie du plus haut *yoga tantra* est violente, un pratiquant qui ne serait pas empli de cette grande compassion pourrait facilement se faire une fausse idée.

La troisième qualité, une compréhension de la doctrine de la vacuité, est fondamentale à la pratique tantrique. Chaque *sadhana* commence avec la méditation sur la vacuité, est structurée autour de la méditation sur la vacuité et se termine avec la méditation sur la vacuité. Pratiquer le Vajrayana sans la sagesse de la vacuité peut être très dommageable. Une des principales pratiques tantriques, par exemple, est la culture d'une subtile fierté divine, une conviction que l'on est une divinité tantrique éveillée, le Seigneur du Mandala. L'esprit est le Corps de Sagesse d'un Bouddha, la parole le Corps Béatifique, la forme le Parfait Corps d'Emanation, et le monde entier et ses habitants sont vus comme un *mandala* habité par les diverses formes de divinités tantriques. De cette manière, nous devons changer radicalement notre sens du « moi », ce qui implique le sujet de la vacuité. Pratiquer le yoga de fierté divine sans une compréhension de la vacuité sera non seulement inutile, mais pourrait aussi conduire à des problèmes d'identité ou à d'autres effets psychologiques indésirables. Il est dit, par conséquent, que, bien que le Vajrayana soit une voie rapide lorsqu'il est appliqué correctement et sur une base spirituelle appropriée, il est dangereux pour ceux qui manquent de maturité spirituelle. Ce genre de danger est l'une des raisons pour lesquelles il doit être pratiqué sous la supervision d'un Vajra *acharya* qualifié.

Si l'on ne possède pas encore ces trois qualités du libre esprit du renoncement, de la grande compassion de l'esprit d'éveil et de la sagesse comprenant la vacuité de nos concepts de la réalité, il faut alors se consacrer aux pratiques du Soutrayana pendant quelques mois ou quelques années jusqu'à ce qu'elles soient intériorisées et stabilisées. Nous devons toutefois espérer pouvoir pratiquer le Vajrayana aussi vite que possible et nous efforcer avec beaucoup de zèle d'acquérir les qualités nécessaires. Sans l'aide du Vajrayana, les méthodes *soutrayana* ne pourront nous mener jusqu'à l'éveil total en une vie, alors que l'application au Vajrayana dans un cadre d'esprit ayant extrait la stabilité et l'expérience spirituelle de base du Soutrayana peut apporter l'éveil en l'espace de quelques années. Il y a beaucoup d'exemples de yogis indiens et tibétains ayant atteint l'éveil en une vie. La raison pour laquelle les Tibétains évoquent toujours le nom de Milarépa n'est pas qu'il fut le seul Bouddha que nous ayons produit. Des livres présentent des listes de noms de yogis ayant atteint la réalisation totale en une vie. Si Milarépa est particulièrement proche de nos cœurs, et si c'est souvent son nom qui vient à nos lèvres, c'est simplement parce qu'il était le Bouddha du peuple. Ses échanges avec les gens durant ses nombreuses pérégrinations sont quelque chose que nous prenons toujours plaisir à évoquer. A nos yeux, Milarépa personnifie l'esprit d'individualité spontanée, cette caractéristique nationale que nous, les Tibétains, chérissons et estimons tant.

Si nous pouvons accomplir les yogas de la phase de génération et de la phase d'achèvement du plus haut *tantra,* l'illumination en une vie, dans ce corps-ci, est certaine. Même si nous accomplissions seulement les yogas de la phase de génération, tous les buts de cette vie seraient atteints et une grande réalisation serait encore possible au moment de la mort ou dans l'état de l'après-mort. Dans la phase de génération, on pratique le yoga de divinité dit « de fierté divine et d'apparence radieuse », principalement en relation avec le processus méditatif appelé « prendre la claire lumière de la mort, l'état de l'après-mort et la renaissance, comme respectivement le Corps de Sagesse, le Corps Béatifique et le Parfait Corps d'Emanation d'un Bouddha ». Cette pratique prépare l'esprit pour les yogas tantriques sophistiqués de la phase d'achèvement et plante les graines des trois parfaits *kayas* d'un Bouddha. L'entraînement aux yogas de la phase d'achèvement fera plus tard développer ces graines en les trois sphères véritables d'un Bouddha. Si nous n'avions pas le temps de terminer la deuxième phase avant que la mort ne frappe, alors notre entraînement dans la phase de génération, à prendre la claire lumière de la mort comme le Corps de Sagesse, l'état d'après la mort comme la Forme Béatifique et la renaissance comme le Parfait Corps d'Emanation, nous donnera trois occasions d'obtenir une grande réalisation et de contrôler notre évolution à venir. De plus, une fois que nous maîtrisons les yogas de la phase de génération, nous sommes capables d'effectuer beaucoup des différentes activités tantriques du *mandala* pour aider les êtres. La pratique du yoga de divinité est vaste et profonde. Elle englobe tous les enseignements donnés par le Bouddha et tous les types de situations qui pourraient se présenter à nous.

La compétence dans les yogas de la phase de génération est comme un certificat permettant de s'inscrire à l'école des yogas de la phase d'achèvement. Même si nous ne pouvons développer le niveau subtil des techniques de méditation du *mandala* de la phase de génération, nous devrions au moins acquérir de la stabilité dans les méditations grossières de cette phase avant de nous attaquer sérieusement aux pratiques de la phase d'achèvement. Il y a aussi une tradition d'effectuer certaines méditations de la phase d'achèvement tout au long de l'entraînement de la phase de génération afin de nous y familiariser et de déposer sur le courant de conscience des instincts qui se révéleront utiles plus tard, lorsque nous nous engagerons dans une pratique intense des yogas de la phase d'achèvement.

Les plus hauts *tantras,* tels ceux de Heruka, Guhyasamaja, Kalachakra, Hevajra, Yamantaka, etc., enseignent un éventail complet de techniques de méditation tantriques fondées sur le corps, dans lesquelles les énergies vitales du corps sont mises sous contrôle et dirigées dans le canal central d'énergie. Ces énergies sont alors concentrées sur les points de pression mystiques du corps, où les divers canaux d'énergie se rencontrent, avec pour but de défaire les nœuds qui empêchent la libre circulation des courants vitaux. On doit ici acquérir le contrôle sur la goutte primordiale composée des substances génétiques mâle et femelle à partir desquelles notre corps a été originellement formé, et la faire circuler à travers les points de pression afin de les purifier et de les stimuler. C'est le processus appelé *tsa-tig-lung,* ou « canaux, gouttes et énergies vitales ». Dans la vue tantrique des choses, les énergies vitales du corps sont les véhicules de l'esprit. Quand les énergies vitales sont pures et subtiles, nos états d'esprit sont affectés en conséquence. En transformant les énergies du corps, nous transformons l'état de conscience.

Comment utilise-t-on la technique du *tsa-tig-lung* ? On dirige les énergies vitales dans le canal d'énergie central et l'on retire les gouttes primordiales mâle et femelle de leurs sièges, qui se trouvent respectivement dans les points de pression de la couronne et du nombril, pour les réunir au point de pression du cœur. Le niveau d'énergie très subtil qui est alors produit donne naissance à un niveau de conscience très subtil. On encourage ce niveau spécial de conscience à s'élever en la nature de la sagesse de la vacuité. Les bénéfices d'un jour de méditation dans la sphère de ces niveaux extraordinaires de l'esprit et de l'énergie physique qui en est le support dépassent ceux d'années entières de méditation conventionnelle, et il est par conséquent dit que, dans le Vajrayana, on peut accomplir en quelques années ce qui, avec les méthodes conventionnelles du Soutrayana, demanderait des vies.

Pour atteindre la bouddhéité omnisciente, nous devons acquérir les causes de l'esprit et de la forme d'un Bouddha. Dans le Soutrayana, la cause d'une forme de Bouddha est la pratique de la méthode, telle qu'elle a été expliquée plus tôt dans la discussion des six perfections ; et la cause du Corps de Sagesse est la méditation sur la vacuité. Cela est entièrement réalisé dans le cadre d'un état mental et physique conventionnel. Dans le plus haut *tantra,* on engendre la base subtile d'énergie d'un corps illusoire et la conscience subtile d'un esprit de claire lumière ; alors l'énergie subtile qui supporte l'esprit, ainsi que les images sur lesquelles nous concentrons la conscience subtile dans la méditation deviennent les causes du *rupakaya,* ou forme d'un Bouddha ; et la conscience subtile et nos absorptions sur la vacuité deviennent causes du *dharmakaya,* ou Corps de Sagesse. Nous laissons l'énergie subtile s'élever dans la forme d'un corps d'arc-en-ciel illusoire et dirigeons alors la conscience subtile qu'il produit dans la conscience de la seule ainsité. Cela est le but des enseignements sur le *tsa-tig-lung*.

Le point crucial pour acquérir une grande réalisation dans cette vie par la pratique tantrique réside dans l'actualisation de l'esprit subtil primordial. Avec cet esprit subtil primordial de claire lumière comme base, la bouddhéité en une vie peut être aisément réalisée à travers des *tantras* exclusifs tel celui de Kalachakra, ou des *tantras* populaires tels ceux de Heruka et Guhyasamaja. Nous pouvons même atteindre l'état d'éveil sans résidu, en lequel nos agrégats physiques ordinaires se transforment en corps d'arc-en-ciel. Il y a beaucoup de récits de grands yogis tantriques ayant atteint cet état. A leur mort, leurs corps se transforment en arcs-en-ciel et disparaissent, ne laissant en général derrière qu'ongles et cheveux.

13

Un résumé du chemin

C'est ainsi que le corps complet du chemin qui condense tous les principaux points des *soutras* et des *tantras* doit être approché, et qu'il peut être tiré profit des possibilités apportées par une renaissance humaine. En pratiquant de cette façon progressive, on utilise le précieux *bouddhadharma* de la façon la plus efficace possible, pour son propre bienfait et pour celui des autres. Jé Rimpoché intégra lui-même l'expérience de ces pratiques dans son cœur, et son conseil est que ceux qui veulent le suivre fassent de même. Gardant cela à l'esprit, interrompez votre lecture pour un moment et visualisez que Jé Rimpoché est assis devant vous et vous exhorte avec une voix calme, puissante et pénétrante à pratiquer comme il a été indiqué ici et à suivre ses paroles en utilisant réellement ses enseignements pour dompter votre courant de conscience.

Tel est l'éventail de doctrines contenu dans l'enseignement compilé par Jé Rimpoché sous la forme de ce court poème qu'il écrivit, comme il le déclare dans un vers ultérieur, non seulement pour familiariser plus encore son esprit avec les enseignements du Bouddha, mais aussi pour être bénéfique à ceux ayant la fortune karmique de les apprécier.

Quand on parle de la cité de l'illumination, cela semble très proche et très facile à atteindre ; mais une fois que l'on en arrive à la pratique, cela semble soudainement très lointain et très difficile d'accès. C'est la contradiction entre nos pensées et leur mise en application. Au lieu de nous laisser décourager par cette constatation, nous devrions rassembler notre énergie et notre concentration, et les axer sur les pratiques spirituelles. Tout ce qui est nécessaire pour effectuer des progrès réguliers, c'est de la persistance, de l'attention, de la détermination et une capacité d'apprécier l'art de se maintenir dans la discipline.

Une erreur courante dans la pratique est d'attendre des résultats rapides. Bien sûr, nous devrions pratiquer aussi intensément et purement que possible, mais, à moins que nous n'ayons produit les niveaux subtils de l'énergie du corps et de la conscience de la manière indiquée dans le chapitre précédent, je pense qu'il est plus sage de pratiquer sans guetter impatiemment les signes d'une réalisation rapide. Ce que nous devons faire, c'est d'abord essayer d'engendrer des signes de petites réalisations. En pensant à l'éveil comme quelque chose de loin en avant, notre pratique restera stable et calme. Attendre des progrès immédiats, c'est faire obstacle au progrès, alors que pratiquer sans attente rend toutes les réalisations possibles.

Qu'est-ce que le progrès ? Comment le reconnaît-on ? Les enseignements sont comme un miroir devant lequel nous devrions présenter nos activités du corps, de la parole et de l'esprit. Pensez à l'année passée et comparez le courant d'activité de vos corps, parole et esprit de cette époque avec celui d'aujourd'hui. Si nous pratiquons bien, les traces de certaines améliorations devraient pouvoir être vues dans le miroir du Dharma. Le problème des attentes est qu'en général ce ne sont pas les bonnes choses que nous attendons. Ignorant ce qu'est le progrès spirituel, nous en cherchons des signes dans les mauvaises parties de notre être. Que pouvons-nous donc espérer d'autre que de la frustration ? Il serait bien meilleur d'examiner chaque pratique avec toute la force de la raison avant de l'adopter, puis de la pratiquer avec régularité et consistance, tout en observant les changements internes qui s'opèrent, plutôt que d'espérer que telle ou telle élucubration deviendra réalité. L'esprit est un organisme qui évolue, pas une machine qui se met en marche ou s'arrête en appuyant sur un bouton. Les forces qui entravent et limitent l'esprit, le projetant dans d'insatisfaisants états d'existence, sont des agents impermanents et transitoires. Quand nous leur appliquons les pratiques avec persistance, elles ne peuvent que s'affaiblir et disparaître. L'ignorance et le syndrome de la saisie du « moi » sont avec nous depuis des temps sans commencement, et les instincts de l'attachement, de l'aversion, de la colère, de la jalousie, etc., sont enracinés très profondément dans nos courants de conscience. Les éliminer n'est pas aussi simple que d'allumer une lumière pour chasser l'obscurité d'une pièce. Lorsque nous pratiquons d'une façon continue, les forces de l'obscurité s'en trouvent sapées, et les qualités spirituelles qui les contrecarrent et illuminent l'esprit sont renforcées et affermies. Nous devrions par conséquent nous efforcer, à l'aide des méditations contemplatives et fixes, d'acquérir de la stabilité dans les différents sujets du Lam Rim.

Il y a beaucoup de manières d'aborder les étapes de pratique du Lam Rim. Il y avait une tradition au Tibet, qui consistait à donner chacune des méditations séparément au disciple, le sujet suivant n'étant pas enseigné avant qu'une expérience des sujets précédents n'ait été acquise. Je ne pense pas, toutefois, qu'il faille rechercher un développement complet de chaque méditation successive, mais plutôt que nous devrions cultiver un certain degré de familiarité avec chacun des sujets avant de passer au suivant. Par exemple, la méditation sur la culture d'une relation constructive avec un maître spirituel présente différents niveaux d'entraînement selon que l'on est dans le Soutrayana ou dans le Vajrayana. On aura une attitude différente envers le maître avant et après avoir développé des qualités telles que la concentration méditative, l'expérience interne de la nature de la vacuité et du « moi », etc.

Même au sein du plus haut *tantra*, la perception du maître spirituel diffère entre les yogas des phases de génération et d'achèvement. Nous ne pouvons évidemment donc pas achever la première étape du Lam Rim – l'entraînement au *guru yoga* – avant de passer à la deuxième étape, la méditation sur les précieuses possibilités offertes par l'incarnation humaine. Ce qu'il s'agit de faire, c'est essayer d'acquérir une expérience méditative de base des principaux points du sujet spécifique sur lequel on est en train de travailler à ce moment-là. Dans le cas du *guru yoga*, cela signifie que nous méditons sur les deux principaux points indiqués dans *L'Essence de l'or pur* : d'abord que nous devrions considérer le maître spirituel comme étant un Bouddha, ou un représentant personnel des Etres éveillés, venant dans nos vies comme être ordinaire afin d'accomplir son œuvre pour nous ; et, ensuite, que nous devrions considérer la nature de l'immense bonté du guru, et les effets bénéfiques qu'une relation correcte avec un maître peut faire mûrir en nous. Quand notre esprit apprécie spontanément l'ami spirituel comme un messager des Bouddhas et reconnaît les manières par lesquelles il est capable de nous aider à débloquer les portes spirituelles dans le courant de notre être, nous avons une base suffisante pour passer à la deuxième méditation, celle sur la préciosité et la rareté d'une incarnation humaine dotée d'un potentiel spirituel infini. Pour quelque temps, on fait alors de ce sujet son principal sujet de méditation, jusqu'à ce que se manifeste une appréciation du corps humain regardé comme vaisseau spirituel, un bateau avec lequel nous pouvons engendrer des qualités intérieures qui apporteront des bénéfices éternels. L'esprit samsarique ordinaire ne voit dans le corps humain qu'un outil pour satisfaire les besoins matérialistes, sociaux et biologiques. Mais ces besoins ne satisfont tous que des niveaux superficiels de l'esprit. Leurs effets ne dépassent pas le seuil de la mort. Nous devons apprendre à apprécier les qualités spirituelles intrinsèques de la nature humaine, à avoir une confiance subtile en l'aspect positif et créatif de notre être. Il est difficile d'entamer un entraînement spirituel si l'on considère, tel un rat qui s'arrange une niche pour y traîner toutes sortes de choses, que sa vie n'a pas d'autre but que la poursuite d'objectifs éphémères, transitoires. Pour casser cette attitude d'esprit vaine, mondaine, envers la vie, nous nous asseyons en méditation et contemplons d'abord les huit libertés et dix attributs tels qu'ils sont décrits précédemment, puis la nature rare et pleine de potentiel d'une incarnation humaine. Cette contemplation fait pénétrer en nous un sentiment de dignité spirituelle qui transforme subtilement le rapport que nous avons avec nous-mêmes et notre existence. Nous arrêtons de nous voir simplement comme des animaux courant d'une façon incontrôlée après les désirs immédiats des sens dans ce cercle vicieux de la loi de la jungle ; et nous en venons à apprécier la qualité de conscience pénétrante et la capacité de développement spirituel qui distinguent les humains des animaux et des insectes. Cela permet à un intense désir d'extraire l'essence de la vie d'apparaître dans un cadre d'esprit enthousiaste.

La méditation suivante – celle portant sur la mort et l'impermanence – nous invite à apprécier le fondement de cet espoir et de cette joie dans le contexte de sa nature transitoire. Nous devrions être constamment attentifs au fait qu'à n'importe quel moment la mort peut nous dérober la vie et que si, à ce moment-là, nous n'avons pas produit de connaissance spirituelle, nous serons impuissants et dénués de tout recours.

Comme Tsong Khapa l'a écrit dans *Les Trois Principes du chemin* : « Comprendre la nature rare et précieuse de la vie humaine et sa brièveté brisera les illusions que nous avons concernant les buts superficiels et matériels de notre vie présente. Contempler d'une façon répétée les lois infaillibles de l'évolution karmique et la nature insatisfaisante de l'existence cyclique brisera les illusions concernant les objectifs matérialistes pour les vies futures. Quand notre esprit est cultivé au point de ne plus être avide des plaisirs du *samsara* et de ne plus aspirer, jour et nuit, qu'à demeurer dans la sérénité de la libération, le libre esprit du renoncement a été produit. »

Comme nous pouvons le voir ici, lorsque Tsong Khapa abrège le Lam Rim en ses trois pratiques les plus essentielles – celles destinées à cultiver le libre esprit du renoncement, l'esprit altruiste d'éveil et la sagesse de la vacuité –, il réarrange en quelque sorte la structure et l'ordre des différents sujets. Les méditations sur la préciosité de la vie humaine et sur l'impermanence et la mort sont les deux seules méditations de degré initial utilisées dans le contexte du degré initial de couper l'attirance envers les poursuites spirituellement insignifiantes et d'engendrer un intérêt à atteindre un état d'existence supérieur. La méditation sur les lois de l'évolution karmique est utilisée dans le contexte du degré moyen où l'on transcende les espoirs d'états d'existence supérieurs et vise, à la place, à la libération du nirvana. La quatrième méditation de degré initial – celle sur la nature vicieuse des trois royaumes inférieurs – est intégrée dans la pratique de degré moyen de contempler la nature insatisfaisante de toute l'existence cyclique. La cinquième méditation de degré initial – celle sur les objets de refuge – n'est pas incorporée formellement au tout.

Ainsi, dans ce système, seulement deux des cinq méditations initiales sont utilisées selon l'approche traditionnelle : la méditation sur la nature précieuse de la vie humaine et celle sur l'omniprésence de la mort. On effectue celles-ci jusqu'à ce que l'attirance grossière envers les habitudes et les procédés vains soit calmée, puis on enchaîne sur les deux méditations suivantes mentionnées plus haut : celle sur la loi de l'évolution karmique et celle sur la nature insatisfaisante de toute l'existence cyclique. Bien que la méditation sur la nature productrice de souffrance des trois royaumes inférieurs soit incorporée dans ce dernier sujet, il n'est en fait pas utile, dans le système des *Trois principes du chemin*, de méditer sur ces royaumes du tout, car le but de la méditation, désormais, est uniquement de couper l'attirance pour les expériences samsariques, et non de développer de l'aversion pour les états inférieurs d'existence, comme c'était le cas dans la pratique de degré initial. Personne n'est particulièrement attiré par les royaumes inférieurs et il n'y a donc pas de raison réelle de les contempler ici. Les méditations sur les lois de l'évolution karmique et sur la nature insatisfaisante des royaumes même les plus élevés de l'existence samsarique sont elles-mêmes des contemplations suffisamment fortes pour donner naissance à une aspiration bien fondée à la liberté spirituelle totale. Le signe de progrès dans les méditations est que l'aspiration à la liberté commence à exercer une influence continue sur l'esprit, le jour comme la nuit.

Ce désir intense de libération spirituelle devient alors une importante force de propulsion. Nous voyons que la plus profonde force derrière l'existence cyclique est l'ignorance provenant de la saisie du « moi », l'habitude innée de nous identifier avec quelque chose qui n'a pas de fondement dans la réalité ; et nous voyons aussi comment cela donne naissance au courant sans fin de déformations mentales, d'émotions perturbatrices et d'activités erronées du corps et de la parole. Nous voyons aussi comment cette déformation, ainsi que la souffrance et la confusion qu'elle nous inflige, sont des fabrications sans fondement qui sont aisément éliminées si l'on prend conscience de la nature plus profonde de notre esprit et des objets que nous percevons. Lorsque nous comprenons la nature plus profonde de notre être, la saisie innée de l'esprit des fausses réalités est éliminée et toutes les déformations sont vaincues. Comprendre cette nature plus profonde de toutes les choses, c'est atteindre la troisième des Quatre Nobles Vérités – la sérénité du nirvana, en laquelle toute la souffrance a cessé.

Tous les phénomènes apparaissent et disparaissent

à partir du cœur de cette nature plus profonde de l'existence, qui est le *dharmadhatu* libre de toutes les obscurations et de toutes les taches. En s'élevant comme la sagesse du *dharmadhatu*, l'esprit se libère des taches et des limitations conventionnelles. Une compréhension, même partielle, de ce niveau de vérité plus profond permet de pacifier d'une façon considérable le flux de karma négatif et d'émotions qui mine notre courant d'existence. Le pratiquant, par conséquent, se consacre ici avec application aux méthodes qui révèlent la nature profonde de la plus profonde vérité et entre ainsi dans l'entraînement supérieur de la sagesse, utilisant les entraînements supérieurs de la discipline et de la concentration méditative comme supports.

Jusqu'à ce point de l'entraînement, l'accent, dans les méditations, a été mis sur soi-même, sur ses propres souffrances et sur sa propre libération ; c'est parce que les forces de la saisie de l'ego et du chérissement du « moi » sont extrêmement fortes au début de la pratique, et qu'il est donc très facile de stimuler l'esprit à prendre de l'intérêt pour la libération personnelle. Une fois que cet intérêt est devenu ferme et que la culture de la sagesse a coupé les attaches des niveaux les plus grossiers de l'ignorance, on peut commencer à placer sa pratique dans une perspective plus universelle. Dans *L'Essence de l'or pur*, cela est fait en produisant la grande compassion et l'esprit altruiste d'éveil, grâce à la technique des « six causes et un effet » telle qu'elle a été décrite dans le chapitre sur les entraînements de degré supérieur. Une autre méthode est celle dite de « l'échange de soi avec les autres » qui est enseignée dans *La Marche vers l'éveil* de Shantideva et, bien plus tôt dans l'histoire de l'Inde, dans *La Guirlande précieuse* de Nagarjuna. Le premier de ces traités semble être un commentaire général des significations essentielles du second. Une étude de ces deux ouvrages sacrés nous aidera beaucoup à trouver l'inspiration pour engendrer l'attitude *mahayana* de grande compassion, qui cherche l'éveil personnel comme meilleur moyen pour être bénéfique à tous les êtres vivants.

De la persistance dans les méditations ou bien des « six causes et un effet », ou bien de « l'échange de soi avec les autres », permet à notre intérêt pour la libération et le bonheur de tous les êtres vivants de devenir très puissant et de se transformer finalement en l'esprit d'éveil d'aspiration. A partir de cette base, on s'engage alors dans les activités de l'esprit d'éveil d'application telles que les six perfections, etc., telles qu'elles sont expliquées dans *L'Essence de l'or pur*. Toutefois, dans la séquence de pratique donnée ici par Jé Rimpoché et le troisième dalaï-lama, on cultive la concentration méditative, dont la nature est *samadhi*, en conjonction avec la vision pénétrante, dont la nature est *vipassana*, comme préliminaire à l'entrée dans la pratique tantrique. La plupart des pratiquants, de nos jours, ne suivent pas cette procédure. A la place, après s'être suffisamment familiarisés avec les six perfections, etc., ils vont directement au plus haut *tantra* et développent la concentration méditative conjointe à la vision pénétrante selon les méthodes de la phase de génération du Vajrayana. C'est une approche plus efficace pour produire un éveil rapide. On accomplit alors au moins le niveau grossier du yoga de la phase de génération, puis l'on s'engage dans les puissants yogas de la phase d'achèvement pour donner naissance au corps illusoire, à l'esprit subtil de la claire lumière et à la phase de grande union du *yuganada*. Ainsi l'éveil total peut-il être actualisé en la courte durée d'une seule vie humaine.

Si nous nous engageons correctement dans toutes ces pratiques de méditation – depuis la culture d'attitudes correctes envers le maître spirituel jusqu'au yoga tantrique final de la phase d'achèvement résultant en l'éveil parfait –, il n'y a alors aucun doute que nous pourrons progresser le long du chemin spirituel. Nous devons néanmoins être très attentifs à chaque étape, car l'esprit samsarique cherche toujours les moyens de nous jouer des tours et de tricher avec nous. Des erreurs dans n'importe laquelle des méditations de base – telles que cultiver des attitudes correctes envers le guru, établir les fondements de la discipline, etc. – se répercuteront dans toutes les pratiques plus élevées. On doit par conséquent s'entraîner attentivement, en observant constamment son courant de pensée et d'activité pour qu'il soit en accord avec les enseignements. Comme Bouddha lui-même l'a dit : « Votre salut dépend de vous-mêmes. » Nous devons pratiquer avec de la clarté, de l'humilité et un sentiment de responsabilité personnelle par rapport à notre propre progrès. Alors nous serons sur la bonne voie.

Comme l'a écrit le cinquième dalaï-lama : « L'éveil n'est pas si difficile. Tout comme il est facile pour un maître artisan de prendre de la terre et de la modeler en l'image d'un Bouddha parfait, si nous développons de l'habileté dans les pratiques, nous pourrons aisément donner à l'argile de nos corps, parole et esprit samsariques la forme des trois *vajra kayas* d'un être entièrement omniscient. »

Pour citer Jé Rimpoché :

> *Ayant engendré de l'essence dans ces pratiques communes*
> *Et fondamentales aux deux véhicules* mahayana –
> *Le « véhicule causal » du Soutrayana et le « véhicule résultant » du Tantrayana –,*
> *Remettez-vous-en à un guide sage, un adepte tantrique,*
> *Et entrez dans l'océan des* tantras.
> *Puis, vous fondant sur les instructions orales complètes,*
> *Donnez un sens à la renaissance humaine que vous avez obtenue.*
> *Moi, un yogi, je pratiquai ainsi ;*
> *Vous, ô chercheur de la libération, devriez faire de même.*

Jé Rimpoché conclut alors son *Chant des étapes de la pratique spirituelle* comme suit :

Afin de familiariser plus encore mon esprit avec les voies,
Et afin aussi de pouvoir être bénéfique à ceux qui ont bonne fortune,
J'ai ici expliqué en termes simples
Toutes les étapes des pratiques qui réjouissent les Bouddhas,
Et ai fait la prière que tout mérite ainsi créé
Puisse être la cause pour tous les êtres de ne jamais se séparer des voies sublimes toujours pures.
Moi, un yogi, je fis ce vœu.
Vous, ô chercheur de la libération, devriez faire de même.

Gardant ces enseignements à l'esprit, concluez chaque séance de méditation avec les prières suivantes :

A partir de maintenant, dans cette vie et dans les vies futures,
Je rendrai hommage à vos pieds de lotus
Et m'emploierai à la pratique de vos enseignements.
Accordez-moi vos pouvoirs transformateurs
Afin que je puisse pratiquer seulement comme il vous plaît
Par toutes les actions de mon corps, de ma parole et de mon esprit.

Et par le pouvoir du puissant Tsong Khapa,
Ainsi que des lamas de qui j'ai reçu des enseignements,
Puissé-je ne jamais être séparé, ne serait-ce qu'un instant,
De la voie sublime plaisant aux Bouddhas.

(Gyalwa Sonam Gyatso conclut son commentaire par les vers suivants :)

Par tout le mérite qu'il y a pu avoir à écrire ce texte
Qui condense sans erreur les principaux points
Des étapes de la voie qui mène à l'éveil,
L'essence des enseignements de Dipamkara Atisha et de Lama Tsong Khapa,
Puissent tous les êtres progresser dans les pratiques qui réjouissent les Bouddhas du passé, du présent et du futur.

Colophon : ainsi se conclut *L'Essence de l'or pur,* un exposé des étapes des pratiques des trois niveaux d'application spirituelle. Fondé sur le *Chant des étapes de la voie spirituelle* de Jé Rimpoché et présenté sous une forme facile à suivre, ce texte est de la tradition des doctrines clarifiées et est, de ce fait, digne d'admiration et d'intérêt. Il fut écrit à la demande répétée de Docho Chojé de la demeure de l'omniscient Sherab Palzang, par le moine et maître bouddhiste Gyalwa Sonam Gyatso au Grand Site d'activité du Dharma, le puissant monastère de Drépung, dans la pièce nommée « les Rayons de soleil tourbillonnants dans le palais de la joie sublime ».

Gyalwa Sonam Gyatso, même alors qu'il n'était qu'un bébé, reçut les signes indiquant qu'il était en communication avec Jé Rimpoché (et qu'il était par conséquent entièrement qualifié pour écrire ce commentaire de son *Chant des étapes de la voie spirituelle*). Puisse ce texte aider la connaissance sacrée à se répandre dans les dix directions.

DEUXIÈME PARTIE

ŒUVRES CHOISIES DE SONAM GYATSO, TROISIÈME DALAÏ-LAMA

Un rite préliminaire du Lam Rim

Ce texte est une suite de prières réunies par Sonam Gyatso destinées à être lues en conjonction avec la méditation du Lam Rim. Elle inclut la prise de refuge propre au Mahayana, la génération des quatre pensées incommensurables, la réalisation d'offrandes symboliques à l'assemblée visualisée, etc., puis la prière d'invocation des différents gurus de la lignée du Lam Rim, en commençant par le Bouddha et lès premiers maîtres indiens, puis les gurus kadam *qui succédèrent à Atisha au Tibet, et finalement Lama Tsong Khapa et les maîtres* géluk *qui suivirent. Le rite se termine avec les* Fondements de toutes les perfections *de Tsong Khapa, qui permet au méditant de se remémorer les principaux sujets du Lam Rim.*

Il faut savoir qu'il existe beaucoup d'ouvrages liturgiques de cette sorte en langue tibétaine, certains pour les débutants et d'autres pour les pratiquants plus avancés. Souvent, un texte comme celui-ci est utilisé comme structure de référence, à laquelle on peut ôter des parties ou en rajouter, selon les pratiques dans lesquelles le méditant est engagé et selon le temps dont il dispose. Il n'est pas rare de laisser de côté ou d'ajouter des morceaux complets, ni de remplacer certaines parties par des parties similaires venant d'autres sources.

*
**

En un lieu calme, plaisant à l'esprit, érigez un autel avec une image de votre maître, une statue du Bouddha, un stoupa et un texte. Sur cet autel, disposez chaque jour des offrandes fraîches et pures. Arrangez-vous un siège de méditation confortable et, quatre à six fois par jour, asseyez-vous dans la posture de méditation en sept points de Vaïrochana, effectuez la liturgie suivante et méditez comme il est enseigné.

Commencez en fusionnant profondément votre esprit avec la signification du refuge en récitant trois fois la formule suivante :

Namo Guru Bhya,
En mon maître, je prends refuge.
Namo Bouddha ya,
En le Bouddha, je prends refuge.
Namo Dharma ya,
En les enseignements, je prends refuge.
Namo Sangha ya,
En la communauté spirituelle, je prends refuge.

Contemplez alors les quatre pensées incommensurables, en accord avec les vers suivants :

Puissent tous les êtres connaître le bonheur et ses causes.
Puissent tous les êtres être séparés de la souffrance et de ses causes.
Puissent tous les êtres ne jamais être séparés de la félicité au-delà de la souffrance.
Puissent tous les êtres demeurer dans cette équanimité qui est libre de l'attachement pour les proches et de l'aversion pour les autres.

Récitez maintenant le vers de refuge spécifique au Mahayana :

En le Bouddha, le Dharma et la suprême communauté,
Je prends refuge jusqu'à l'éveil ;
Par le mérite de ma pratique des six perfections,
Puissé-je atteindre l'état de Bouddha pour le bien de tous les êtres.
Om svabhava shoddah sarvadharma svabhava shoddoh ham !

Tous les dharmas sont vus comme cette vacuité qui est absence d'existence propre.

De la sphère de la vacuité apparaît devant moi, dans l'espace, un grand et vaste trône de diamant soutenu par huit lions. Sur un siège de lotus et de lune est assis le lama qui me guide à travers les étapes de la pratique spirituelle. Sa forme physique est celle de Bouddha Shakyamuni et il est entouré par les lignées de gurus de qui parvinrent les enseignements sur les vastes activités de l'esprit d'éveil et sur la profonde vacuité. En dehors de ce groupe se trouvent les Bouddhas des dix directions, les bodhisattvas, *les* sravaka arhats, *les* pratyekabouddhas, *les* dakas, *les* dakinis *et les protecteurs du Dharma.*

Invitez alors les êtres de sagesse :

Bien qu'inaltérablement placé dans le parfait *dharmadhatu,*
Par compassion vous posez votre regard sur l'infinité des êtres ;
Lama et entourage, menez à bien l'œuvre magique
De tous les Bouddhas, descendez ici, je vous en prie.

Seigneurs et protecteurs de tout ce qui vit,
Bouddhas qui anéantissez les forces du mal,
Personnification de toute connaissance,
Bhagawans et entourage, descendez ici, je vous en prie.

Visualisez qu'ils viennent de leur demeure naturelle jusque dans l'espace devant vous. Puis :

Jah hum bam hoh : les êtres de sagesse se fondent dans les êtres symboliques.

Maintenant, visualisez une maison de bains, et offrez de l'eau, des serviettes, des vêtements et des parures, selon les vers suivants :

Une maison de bains parfumée,
Un sol de cristal limpide et resplendissant,
Des piliers de gemmes brillants ravissant les yeux,
Un baldaquin tissé de perles étincelantes.

Puis offrez l'eau consacrée :

Tout comme les dieux apparurent
Lorsque le Bouddha prit naissance pour lui offrir de l'eau,
J'offre maintenant de l'eau divine et pure
A cette assemblée visualisée.
Om sarva tathagata abisheka samaya shri ye ah hum.

Au corps né d'un million de vertus,
A la parole qui remplit les espoirs de l'infinité des êtres
Et à l'esprit qui perçoit la vie telle qu'elle est,
Au Bouddha Vajradhara j'offre cette eau.
Om sarva tathagata abisheka samaya shri ye ah hum.

A la lignée de vaste activité de l'esprit d'éveil,
A la lignée de profonde vacuité,
A la lignée bénite de la pratique tantrique,
Aux lamas de ces trois lignées j'offre cette eau.
Om sarva tathagata abisheka samaya shri ye ah hum.

Au Bouddha, fondateur des lignées,
Au Dharma, qui sauve l'esprit,
A la Sangha, qui aide sur la voie,
Aux Trois Joyaux, les protecteurs, j'offre cette eau.
Om sarva tathagata abisheka samaya shri ye ah hum.

Je sèche et nettoie maintenant leurs corps
Avec des tissus parfumés inégalés.
Om sarva tathagata abisheka samaya shri ye ah hum.

Avec les meilleurs huiles et parfums
Trouvés à travers les trois mondes,
Comme un orfèvre polit de l'or,
J'oins le corps des Bouddhas.

Des vêtements doux, fins et légers,
J'offre à ceux qui possèdent un corps de *vajra* immortel.
Avec une foi entière je fais cette offrande,
Afin que moi aussi je puisse atteindre l'état de diamant.

Etant ornés des cent douze marques,
Les Bouddhas n'ont aucun besoin de mes ornements ;
Je leur offre toutefois des ornements suprêmes,
Pour que tous les êtres puissent obtenir les signes de la perfection.

Ô conquérants, par compassion pour moi et pour tous les autres,
Utilisez vos pouvoirs pour vous émaner magiquement,
Afin de rester parmi nous et d'œuvrer pour le monde
Aussi longtemps que nous continuerons de faire appel à vous.

Récitez ces vers de La Marche vers l'éveil *de Shantideva tout en effectuant les contemplations requises. Récitez alors les vers suivants, connus comme « prière à sept branches », qui condensent les activités de purification et d'accumulation de mérite :*

Devant mon lama, qui personnifie tous les Bouddhas,
Qui est d'une nature avec Vajradhara,
Et qui est la racine des Trois Joyaux,
Ah ! devant mon lama, je m'incline.

Devant le tout-compatissant Bouddha Vajradhara,
Les parfaits voyants Tilopa et Naropa,
Les glorieux Dombipa et Atisha,
Devant la lignée de pratique tantrique, je m'incline.

Devant Maitreya, Asanga, Vasubhandu, Vimuktisena,
Paramasena, Vinitasena, Shrikirti, Singhabadra,
Kusali le second, et Dharmakirti des îles Dorées,
Devant la lignée de grande activité de l'esprit d'éveil, je m'incline.

Devant Manjushri, destructeur de la saisie de « ce qui est » et « ce qui n'est pas »,
Et devant Nagarjuna, Chandrakirti, Vidyakokila le grand,

Bouddhapalita et les autres maîtres exaltés ;
Devant la lignée des profonds enseignements sur la vacuité, je m'incline.

Et je m'incline devant le glorieux Atisha,
Qui, en la présence de Bouddha, était Badrapala,
Qui, au Tibet, était appelé Dipamkara Atisha
Et qui, maintenant, dans la terre pure de Tushita, sous le nom de Namkha Trimame,
Œuvre comme un joyau magique pour le bien du monde.

Et aux pieds du parfait ami et maître,
Le *bodhisattva* qui effectua l'œuvre du Bouddha,
Une source précieuse étanchant les deux besoins,
Aux pieds de l'ami spirituel Drom, je m'incline.

Devant Lama Tsong Khapa, joyau de la couronne des sages tibétains,
Qui était une incarnation des trois *bodhisattvas*,
Avalokiteshvara, trésor de compassion inimaginable,.
Manjushri, seigneur de la sagesse immaculée,
Et Vajrapani, destructeur des armées de Mara,
Devant Tsong Khapa, Lobzang Drakpa, je m'incline.

Et devant les lamas passés et présents de la lignée
Qui nous entraînent à la science sacrée,
Nous enseignent les *soutras*, les *tantras*, les commentaires et les traditions orales,
Et nous confèrent les initiations et les bénédictions, je m'incline.

Hommage au guru, personnification des Trois Joyaux :
Le précieux Bouddha, un maître sans égal,
Le précieux Dharma, un sauveur sans égal,
Et la précieuse Sangha, un guide sans égal.

Devant Bouddha Shakyamuni, Seigneur des Shakya,
Qui, par sage compassion, prit naissance comme prince,

L'invincible qui anéantit les forces du mal,
Devant lui dont le corps est une montagne d'or, je m'incline.

Ô lions parmi les hommes,
Bouddhas passés, présents et futurs,
Devant autant d'entre vous qu'il en existe dans les dix directions,
Je m'incline avec mon corps, ma parole et mon esprit.

Porté par la vague d'inspiration
Née de cette prière suprême pour les voies élevées et sublimes,
Avec autant de corps qu'il y a d'atomes dans le monde,
Je m'incline devant les Bouddhas qui emplissent l'espace.

Sur chaque atome se trouve un Bouddha
Assis au milieu d'un nombre incalculable de *bodhisattvas*.
Vers cette sphère infinie d'êtres mystiques,
Je tourne mes yeux pleins de foi.

Avec les océans de tous les sons possibles,
En éloge aux parfaits Bouddhas,
Je prête ma voie à leurs excellentes qualités :
Gloire à ceux qui sont passés en la félicité.

Je leur présente en offrande des guirlandes et de magnifiques fleurs ;
Et j'offre à tous les éveillés
Des sons merveilleux, de somptueux parasols,
Des lampes à beurre et de l'encens sacré.

Je présente d'une façon symbolique
Des nourritures excellentes, des parfums exquis
Et une montagne de poudres odorantes aussi haute que le mont Meru,
Et je les offre à ceux qui ont fait la conquête d'eux-mêmes.

Toutes ces offrandes incomparables, je les présente respectueusement,
En admiration pour ceux partis en la félicité.
En accord avec les méthodes exaltées et sublimes,
Je me prosterne devant les Bouddhas et leur fais des offrandes.

Effectuez alors ou bien la courte ou bien la longue version de l'offrande du mandala *:*

Om vajra bhumi ah hum, la base est le fondement d'or puissant ; *om vajra rekhe ah hum*, faisant cercle à l'extérieur, l'enceinte des montagnes de fer ; au centre, la reine des montagnes ; à l'est, le continent Lupakpo ; au sud, Jambuling ; à l'ouest, Balangjo ; au nord, Draminyan ; puis leurs sous-continents : Lu et Lupak à l'est ; Nga Yab et Nga Yab Zhan au sud ; Yodan et Lamchokdro à l'ouest ; Draminyan et Draminyankyida au nord.
[Au-dessus, je place] la montagne de joyaux, l'arbre qui accomplit les désirs, la vache magique, les céréales qui poussent sans travaux, la précieuse roue, le précieux joyau, la précieuse reine, le précieux ministre, le précieux éléphant, le précieux cheval, le précieux général, le vase aux inépuisables trésors ; puis la déesse de la beauté, la déesse des guirlandes, la déesse du chant, la déesse de la danse, la déesse des fleurs, la déesse de l'encens, la déesse de la lumière et la déesse du parfum. Je place ensuite le soleil, la lune, une ombrelle parée de pierres précieuses, la bannière de la victoire dans toutes les directions, et, au centre, toutes les sublimes possessions des hommes et des dieux.
Tout cela, je le présente avec respect et l'offre à tous les saints maîtres – mon bienveillant lama racine et tous les gurus de la lignée – et aussi à Lama Tsong Khapa, qui est à la fois Bouddha Shakyamuni et Bouddha Vajradhara, ainsi qu'à la myriade de divinités et de leur entourage. Par

compassion, acceptez-les pour le bien des êtres, et, les ayant acceptés, accordez votre grâce.

La terre est bénite avec des fleurs, de l'encens et de l'eau parfumée,
Elle est parée de la reine des montagnes, des quatre continents, du soleil et de la lune,
J'en fais l'offrande aux champs des Bouddhas,
Afin que tous les êtres puissent jouir des champs parfaitement purs.

Mon corps, ma parole, mon esprit, et ceux de tous les êtres,
Nos possessions et nos mérites du passé, du présent et du futur,
Et le précieux *mandala* de la reine des montagnes, etc.,
Ainsi que les offrandes inégalables de Samantabhadra,
Tout cela, je le réunis mentalement comme un *mandala*
Et l'offre aux lamas, *yidams,* et trois précieux joyaux ;
Acceptez-les, par compassion,
Et veuillez m'accorder votre grâce.
Idam guru ratna mandalakam niryata ya mi.

Puissent ces nuages d'offrandes
Qui apaisent les souffrances des êtres vivants –
Offrandes faites avec des sons doux et enchanteurs –
Rester jusqu'à la fin du *samsara.*

La confession générale :

Qu'il en soit ainsi !
Ô lamas, grands détenteurs du Vajra, et tous les Bouddhas et *bodhisattvas* résidant dans les dix directions, ainsi que la vénérable Sangha, posez votre regard sur moi.
Moi, du nom de ...., en errance dans le *samsara* depuis des temps sans commencement jusqu'à maintenant, sous l'influence des distorsions mentales telles que l'attachement, l'aversion et l'igno-

rance, j'ai, au travers de mon corps, de ma parole et de mon esprit, créé les dix karmas négatifs, me suis engagé dans les cinq actions noires incommensurables et les cinq actions presque aussi malfaisantes, j'ai transgressé les vœux de libération individuelle, ai contredit les entraînements d'un *bodhisattva* et ai cassé les engagements tantriques ; j'ai déshonoré mes bienveillants parents, maîtres, amis spirituels, ainsi que tous ceux qui suivent les voies pures, j'ai commis des actions nuisibles aux Trois Joyaux, j'ai évité le saint Dharma, j'ai volé de la Sangha, et j'ai fait du tort aux êtres vivants. Toutes ces actions négatives, et bien d'autres encore, je les ai commises, j'ai cherché à les commettre, et me suis réjoui à voir d'autres les commettre. En somme, je me suis créé beaucoup d'obstacles à une renaissance dans un monde supérieur et à la liberté spirituelle, et j'ai planté une infinité de graines d'errance supplémentaire dans le *samsara* et d'états d'existence misérables.

Je reconnais maintenant tous ces actes en la présence des lamas, des grands détenteurs du *vajra*, et de tous les Bouddhas et *bodhisattvas* des dix directions, ainsi que de la vénérable Sangha, les êtres supérieurs. Toute cette négativité, je la révèle maintenant, ne laissant rien de caché, mettant tout à nu ; et je fais le vœu de m'abstenir de la commettre de nouveau dans le futur. Car en lui faisant face et en la reconnaissant, je sais que je me tourne vers ce qui est en communion avec le bonheur ; alors qu'en la dissimulant et la fuyant il ne peut y avoir de bonheur véritable.

Récitez ce court texte trois fois afin de purifier votre continuum des tendances négatives. Puis retournez à la prière en sept branches :

Longtemps dominé par l'attachement, la colère et l'ignorance,
J'ai commis d'innombrables actions négatives

Au travers de mon corps, de ma parole et de mon esprit :
Chacune d'entre elles, je les confesse maintenant.

Prenant inspiration de la perfection des Bouddhas et des *bodhisattvas*,
De l'entraînement des Arhats jusqu'à l'au-delà
Et du potentiel de chaque être vivant,
J'exalte mon cœur et me réjouis.

Ô lumières sur toutes les directions,
Bouddhas qui avez trouvé le stade de l'éveil,
Vers vous tous, je me tourne en prière :
Tournez la roue incomparable du Dharma.

N'entrez pas dans le *paranirvana*,
Mais travaillez pour le bien de l'homme ;
Pour autant d'éons qu'il y a de particules de poussière,
Restez avec nous et enseignez-nous, je vous en prie.

Le peu de mérite que j'ai pu accumuler
En faisant des prosternations et des offrandes,
En me confessant, me réjouissant, et demandant aux Bouddhas
De rester et d'enseigner le Dharma,
Je le dédie maintenant tout entier
Au suprême et parfait éveil.

Maintenant, récitez la prière suivante adressée aux lamas de la lignée du Lam Rim, tout en les visualisant clairement et en maintenant une profonde conviction en eux :

Ô saint et précieux guru racine,
Tenez-vous sur un siège de lotus et de lune au-dessus de ma tête ;
Gardez-moi dans votre grande compassion
Et accordez-moi les *siddhis* du corps de la parole et de l'esprit.

Ô maître sans égal, Bouddha transcendé,
Ô saint régent, invincible Maitreya,
Et Asanga, qui était prophétisé par le Bouddha,

Vers Bouddha et ces deux *bodhisattvas*, je tourne mes prières.

Ô Vasubhandu, joyau de la couronne des sages indiens,
Vimuktisena, qui accomplit la vue du milieu,
Et Vimuktisenagomin, en qui je place ma foi :
Vers ces trois qui ont ouvert les yeux du monde, je tourne mes prières.

Ô Paramasena, le merveilleux et le splendide,
Ô Vinitasena, maître de la voie profonde,
Et Vairochana, trésor de vastes actions :
Vers ces trois amis des êtres vivants, je tourne mes prières.

Ô Haribhadra, propagateur des profonds enseignements de la sagesse,
Ô Kusali, détenteur des traditions orales,
Et Ratnasena, sauveur des êtres vivants :
Vers ces trois guides spirituels, je tourne mes prières.

Ô Serlingpa, qui trouva le cœur de la *bodhi*,
Ô Atisha, gardien de ce grand véhicule,
Et Drom Rimpoché, clarificateur de la bonne voie :
Vers ces trois piliers de la doctrine, je tourne mes prières.

Ô maître sans égal Shakyamuni,
Ô Manjushri, personnification de toute la connaissance du Bouddha,
Et Nagarjuna, voyeur de la plus profonde signification :
Vers ces trois ornements de la couronne des maîtres, je tourne mes prières.

Ô Chandrakirti, clarificateur de la pensée de Nagarjuna,
Ô Vidyakokila, le grand disciple de Chandrakirti,
Et Vidyakokila le second, un deuxième fils :
Vers ces trois seigneurs de la lignée, je tourne mes prières.

Ô Atisha, gardien de ce grand véhicule,
Qui voit la profondeur de l'interdépendance,
Et Drom Rimpoché, élucidateur de cette bonne voie :
Devant ces deux ornements du monde, je m'incline.

Ô Gonpawa, seigneur des mystiques,
Ô Neuzupa, dont le soutien est le *samadhi* profond,
Et Takmapa, gardien des enseignements sur la discipline :
Vers ces trois lumières brillant au milieu des barbares, je tourne mes prières.

Ô Namseng, dont la pratique est spontanée,
Ô Namkha Gyalpo, béni par ce qui est saint,
Et Sanggye Zang, libre des passions mondaines :
Vers ces fils sublimes du Bouddha, je tourne mes prières.

Ô Namkha Gyaltsen, qui est béni
Et gardé par les divinités de méditation
Et qui est un ami spirituel suprême
Pour les êtres de cet âge noir : vers vous je tourne mes prières.

Ô Potawa, image de Bouddha lui-même,
Ô Sharawa, dont l'intellect est au-delà du défi,
Et Chekawa, maître de l'esprit d'éveil :
Vers ces trois qui réalisent les espoirs, je tourne mes prières.

Ô Chilpupa, seigneur des écritures et de l'expérience,
Ô Lhalung Wanchuk, un sage suprême,
Et Gonpo Rimpoché, sauveur des trois mondes :
Vers ces trois grands, je tourne mes prières.

Ô Zangchenpa, qui irradie avec contrôle,
Ô Tsonawa, seigneur des écritures sur la discipline,
Et Mondrapa, maître de l'Abhidharma :
Vers ces trois navigateurs du monde, je tourne mes prières.

Ô Dholyob Zangpo, glorieux lama
Qui a trouvé le Dharma vaste et profond,
Qui maintient la doctrine par son action éveillée
Et qui protège les fortunés : vers vous, je tourne mes prières.

Ô Tsultrim Bar, seigneur des *siddhas*,
Ô Shonnu Od, qui sut bien s'en remettre à de nombreux maîtres,
Et Gyer Gonpa, dont l'esprit fait un avec le Mahayana :
Vers ces trois fils du Bouddha, je tourne mes prières.

Ô Sanggye Won, trésor de qualités merveilleuses,
Ô Namkha Gyalpo, qui est béni par ce qui est saint,
Et Sanggye Zang, libre des passions mondaines :
Vers ces trois bienveillants *bodhisattvas* je tourne mes prières.

Ô Namkha Gyaltsen, qui est béni
Et gardé par les divinités de méditation,
Et qui est un ami spirituel suprême
Pour les êtres de cet âge noir : vers vous, je tourne mes prières.

Et Tsong Khapa, joyau de la couronne des sages tibétains
Qui était une incarnation des trois *bodhisattvas*,
Avalokiteshvara, trésor de compassion inimaginable,
Manjushri, seigneur de la sagesse immaculée,
Et Vajrapani, destructeur des armées de Mara :
Vers Tsong Khapa, Lobzang Drakpa, je tourne mes prières.

Ô Jampal Gyatso, seigneur des *siddhis*,
Ô Khedrup Gelek Pal, un fils parmi les adeptes et les maîtres,
Et Baso Je, une mine d'instructions orales :
Vers ces trois lamas sans égaux, je tourne mes prières.

Ô Chokyi Dorje, qui a atteint la grande union,
Ô Gyalwa Wensapa, qui est les trois *kayas* d'un Bouddha,

Et Sanggye Yeshe, seigneur des écritures et de l'expérience :
Vers ces trois adeptes sages, je tourne mes prières.

Vous qui êtes les yeux à travers lesquels sont vues les écritures,
Portes suprêmes pour les fortunés qui sont prêts à faire la traversée vers la liberté spirituelle,
Illuminateurs dont les sages moyens vibrent de compassion :
Vers la lignée entière d'amis sacrés, je tourne mes prières.

Puis, les Fondements de toutes les perfections *de Tsong Khapa, une supplique adressée aux gurus de la lignée pour une réalisation instantanée des étapes de la voie spirituelle :*

Suivre un maître bienveillant, fondation de toutes les perfections,
Est la racine et le fondement de la voie.
Accordez-moi votre grâce afin que je voie cela clairement
Et fasse tous les efforts pour bien le suivre.

La précieuse vie humaine obtenue seulement une fois
Offre un grand potentiel, mais est facilement perdue.
Accordez-moi votre grâce afin que je m'en souvienne constamment
Et que je pense nuit et jour à en tirer l'essence.

Je dois me souvenir que la mort frappe vite,
Car l'esprit palpite dans la chair comme une bulle dans l'eau ;
Et, après la mort, nos bonnes et mauvaises actions
Nous suivent comme une ombre.

Comprenant que cela est une certitude,
Puissé-je abandonner toute forme de négativité
Et engendrer une masse infinie de bonté.
Accordez-moi votre grâce afin que je sois ainsi constamment attentif.

L'avidité des sens est une porte vers la souffrance.
Elle n'est pas digne d'un esprit lucide.
Accordez-moi votre grâce afin que je réalise les défauts du *samsara*
Et donne naissance à la grande aspiration à la liberté pleine de félicité.

Et accordez-moi votre grâce afin que, avec un esprit attentif et alerte,
Né de pensées ultimement pures,
Je puisse vivre, en accord avec le saint Dharma,
Les méthodes menant à la libération personnelle.

Tout comme je suis tombé dans les eaux du *samsara,*
En est-il de même pour tous les autres êtres sensibles.
Accordez-moi votre grâce afin que je puisse voir ceci
Et pratiquer réellement l'esprit d'éveil, qui prend sur lui la charge de les libérer tous.

Toutefois, sans familiarisation avec les trois disciplines spirituelles,
L'entraînement des pensées ne produit pas l'éveil.
Accordez-moi votre grâce afin que je sache cela profondément, et m'entraîne intensément
Aux différentes méthodes des grands *bodhisattvas*.

Et accordez-moi votre grâce afin que je pacifie l'égarement et la déformation mentale
Et déchiffre le sens ultime de la vie ;
Afin que je puisse donner naissance dans mon courant de conscience
A la voie combinant la concentration et la vue.

Celui qui s'entraîne à ces pratiques communes du Mahayana
Devient un réceptacle digne du Véhicule Suprême, le Vajrayana.
Accordez-moi votre grâce afin que je puisse promptement et aisément
Arriver au seuil des êtres fortunés.

Le fondement de ce qui produit alors les deux pouvoirs
Est de garder les vœux et les engagements de l'initiation tantrique.
Bénissez-moi afin que je puisse avoir une connaissance non fabriquée de ceci
Et que je puisse protéger ma discipline aussi bien que ma propre vie.

Et bénissez-moi afin que je puisse obtenir la réalisation des principales pratiques
Des deux phases du Vajrayana, essence de la voie tantrique ;
Et, par une pratique inébranlable de quatre séances journalières de yoga,
Actualiser exactement ce que les sages ont enseigné.

Accordez-moi votre grâce afin que les maîtres qui ont révélé les sublimes voies en moi
Et les amis spirituels qui m'ont inspiré puissent vivre longtemps ;
Et afin que les myriades d'obstacles internes et externes
Soient calmés totalement et à jamais.

Dans toutes les vies futures puissé-je ne jamais être séparé
Des parfaits lamas ou des pures voies du Dharma.
Puissé-je acquérir chaque expérience des voies et étapes
Et promptement atteindre l'étape de Détenteur de la connaissance de diamant.

Ayant ainsi transformé votre esprit en un réceptacle approprié pour recevoir l'accomplissement spirituel, engagez-vous dans la méditation comme il est instruit.

Cette liturgie, un préliminaire à l'étude et à la pratique de la tradition du Lam Rim en général, et au recours à un maître spirituel en particulier, devra être effectuée quatre à six fois par jour.

La dernière séance de méditation de la journée devrait se conclure par :

Les assemblées visualisées retournent en leurs demeures naturelles.

Si la pratique de la méditation du Lam Rim est effectuée en conjonction avec la récitation de ce rite, il n'y a aucun doute que la réalisation sera vite atteinte.

Yogas tantriques du Bodhisattva de la compassion

Il s'agit d'un court texte d'instructions pour la pratique tantrique d'Avalokiteshvara. Le troisième dalaï-lama combina très souvent l'enseignement des yogas d'Avalokiteshvara avec celui du Lam Rim.

1. Préambule

Deux lignées particulièrement populaires de la tradition
Des yogas tantriques d'Avalokiteshvara
Sont venues d'Inde au Tibet :
Celle de la nonne Shrimati, qui était bénie par l'Arya ;
Et celle grandement renommée
Comme les « instructions orales des mahasiddhas[1] ».
Je donnerai ici un résumé de la deuxième de ces pratiques.

Il faut au préalable recevoir les initiations appropriées

1. C'est-à-dire le maître bouddhiste indien Chimbupada et ses disciples. Les Tibétains pratiquent en général la lignée de la nonne Shrimati en conjonction avec le jeûne et les méthodes de purification. La tradition de Chimbupada est davantage utilisée en conjonction avec les entraînements pour préparer l'esprit à la mort et au transfert de conscience.

D'un détenteur de lignée qualifié[1]
Et recevoir aussi les profondes
Transmissions orales et les préceptes.
En plus de cela, on doit apprendre et observer
Les différent niveaux d'engagement et de disciline.

Le yoga avec symboles

Commencez par arranger un autel
Avec une image d'Arya Avalokiteshvara
Ou des représentations du corps, de la parole et de l'esprit
Des êtres éveillés des trois temps.
Puis installez en face le siège de méditation
Sur lequel sera effectuée la pratique.

Au début de chaque séance
Préparez votre esprit à la voie profonde
En méditant sur le *guru yoga*.
Faites ensuite la méditation de Vajrasattva[2]
Et la récitation de son *mantra*
En appliquant les quatre forces d'opposition
Qui purifient l'esprit des conditions négatives,
Des tendances karmiques nuisibles et des manquements spirituels.
Ce sont les préliminaires qui préparent
L'esprit pour les yogas proprement dits.

Le corps véritable de la méditation
Se déroule comme suit :
Récitez le mantra de Svabhava[3] et contemplez sa signification

1. Comme il a été dit plus tôt dans *L'Essence de l'or pur*, pratiquer quelque méthode tantrique que ce soit sans avoir d'abord reçu les initiations adéquates n'apportera aucun résultat. Par conséquent, quiconque désire pratiquer ce yoga doit faire en sorte d'en obtenir l'initiation.

2. La méditation de Vajrasattva est un préliminaire général au *tantra*.

3. *Om svabhava shoddom sarva dharma svabhava shuddhô ham.*

Afin de purifier les objets de perception dans la vacuité.
Tout est vu comme vide d'existence intrinsèque.
De la sphère de la vacuité apparaît
Un lotus immaculé soutenant un disque de lune,
Votre esprit, sous la forme de la syllabe *Hrih,*
Se tenant dressé au centre de cette lune.

Hrih se transforme en un lotus blanc à huit pétales
Portant la syllabe *Hrih.*
Cette syllabe émet de brillants rayons de lumière
Qui satisfont les besoins du monde.
Ceux-ci se réabsorbent dans le *Hrih,*
Qui fond en une boule de lumière.
De cette boule de lumière vous émergez soudainement
Sous la forme d'Arya Avalokiteshvara, votre corps
Blanc comme une montagne de neige éblouissante.

Vous avez quatre mains.
Les deux intérieures sont jointes au niveau du cœur
Dans le geste de grande compassion.
La main extérieure droite
Tient un rosaire de cristal
Et la gauche un lotus blanc.

Vous êtes paré des robes de soie et
Des ornements précieux d'un guerrier *bodhisattva,*
Et vos jambes sont pliées dans la posture du Vajra.
Un *Om* blanc se trouve à votre front,
Un *Ah* rouge à votre gorge
Et un *Hum* bleu à votre cœur.
A votre cœur se trouve aussi la syllabe blanche *Hrih.*

Des lumières rayonnent du *Hrih,* invoquant
Sous la forme d'Arya Avalokiteshvara
Les assemblées de divinités
Des corps, parole et esprit immuables des Etres éveillés.
Celles-ci sont absorbées dans votre corps,
Qui devient ainsi la demeure
De toutes les divinités de méditation.

Au-dessus de votre tête apparaît Guru Amithaba,
Le Bouddha de lumière infinie.
Les lamas racine et lamas de lignée sont invoqués
Et se dissolvent en lui.
Il devient ainsi la demeure
De tous les saints gurus.

De même, à votre cœur, la syllabe *Hrih*
Se tient sur un disque de lune.
Autour de celle-ci sont disposées
Les six syllabes du *mantra*
Om Mani Padme Hum.
Le *mantra* essentiel et les *mantras* auxiliaires sont invoqués.
Ils se dissolvent dans le *Hrih*
Et le *mantra* de six syllabes,
Qui devient, en nature, tous les *mantras*.

La totalité du monde extérieur qui fait office de réceptacle
(Pour les êtres vivants) se transforme
En le divin palais du *mandala* ;
Les êtres vivants qui remplissent le réceptacle
Se transforment en l'exalté Avalokiteshvara ;
Et l'infinité des sons qui s'élèvent
Se transforme en le *mantra* de six syllabes.
Votre esprit devient, en nature,
La sagesse de la vacuité inséparable de la compassion.

Pratiquer la conscience des trois personnifications
Et des trois transformations mystiques
De cette manière tout en méditant en un point
Et en récitant le *mantra* de six syllabes
Est la phase appelée « yoga avec symboles ».

3. *Le yoga sans symboles*

Tous les phénomènes qui apparaissent et existent
Devraient être vus comme les objets d'un rêve,
Telles des illusions, de simples apparitions,
Des hallucinations.

Bien qu'ils apparaissent, pas un de leurs atomes
N'est établi comme intrinsèquement réel.
Méditer de cette manière,
C'est le yoga sans symboles.

4. Le yoga à pratiquer entre les séances

Alors, par la récitation du mantra de trois syllabes,
Om Ah Hum,
La nourriture, les habits et les demeures ordinaires
Sont dissous dans la vacuité
Et le ciel se remplit respectivement
D'ambroisie, de vêtements divins et de palais de *mandalas.*
Garder cette pratique du yoga de divinité à l'esprit
Et rester libre de la perception mondaine
Pendant que l'on est en interaction avec le monde
Est le yoga à appliquer
Entre les séances de méditation.

5. Le yoga du sommeil

Le soir, quand vous vous couchez,
Voyez-vous comme la divinité tantrique
Avalokiteshvara, le *bodhisattva* de la compassion.
Le Bouddha Amithaba, personnification de tous les gurus,
Est assis au-dessus de votre tête.
Au centre de votre cœur est la syllabe *Hrih,*
Personnification de toutes les divinités de méditation.

Puis, pendant que vous vous endormez,
Ces deux se transforment en gouttes essentielles
Et se réunissent au cœur.
Maintenez cette vision à l'esprit.
Puis, après que la claire lumière du sommeil est apparue
Et que la goutte est allée au centre de la gorge,
Observez tous les rêves qui vous viendront
Et transformez-les au moyen
Des méditations spéciales sur le sommeil.

Tel est l'enseignement de tradition orale
Que l'on appelle « grand yoga du sommeil ».

6. Le yoga du transfert de conscience

A la base du canal central d'énergie
Se trouve une goutte essentielle, de couleur blanche rougeâtre.
A l'intérieur de celle-ci est votre esprit sous la forme
D'une goutte blanche de la taille d'une graine de moutarde.
Poussez les énergies du bas vers le haut
Et prononcez avec force la syllabe *Hik*.

Telle une étoile filante, la goutte vient
Soudainement au centre du cœur,
Où elle se dissout dans le cœur
Du *yidam*, Arya Avalokiteshvara.
Ainsi votre esprit devient-il
D'une même et inséparable nature avec Avalokiteshvara.

Votre esprit sous la forme d'Avalokiteshvara
Se déplace alors vers le haut du canal central
Et parvient à l'ouverture de Brahma
Au sommet de votre tête.

Des rayons de lumière en forme de crochets
Emanent alors du cœur du Bouddha Amithaba,
Qui est assis au-dessus du sommet de votre tête.
Ceux-ci rayonnent vers le bas,
Entrent en contact avec votre esprit sous la forme d'Avalokiteshvara
Et le tirent vers le haut.

Il quitte votre corps par l'ouverture du sommet de votre tête
Et se dissout dans le cœur de Guru Amithaba.
Grâce aux pouvoirs miraculeux d'Amithaba,
Il s'élève alors dans le ciel
Et vole directement vers Sukhavati.

Tel est le profond yoga

Pour le transfert de conscience,
Par lequel même ceux qui ont un fort karma négatif
Peuvent obtenir l'état exalté de la libération.

7. *Le yoga de l'accomplissement du* bardo

Enfin, voici la méthode pour pratiquer
Le yoga qui donne l'éveil
Dans le *bardo*, l'état
Entre la mort et la renaissance.

Telle la vive lumière d'un éclair dans un nuage
Et tel un poisson remontant des
Profondeurs d'une mare,
La claire lumière de la mort se manifeste
Et conscience et énergie subtiles
Entrent dans l'état du *bardo*.
Transformez le corps en la nature divine
D'une divinité tantrique et d'un *mandala* mystique ;
Transformez la parole en le *mandala* des *mantras* ;
Transformez l'esprit lui-même en la conscience
De la nature transcendante de l'« ainsité ».
Demeurez inséparable de ces trois *mandalas*.

De cette façon, vous pouvez contrôler votre propre destinée,
Orientant consciemment votre esprit vers une renaissance
Dans une terre pure, ou bien comme être humain ou céleste,
Et vous pouvez ainsi produire une fois encore la forme physique
La plus appropriée pour agir en accord avec le Dharma.
C'est la nature de la technique yogique
A appliquer dans le *bardo*
Pour obtenir une renaissance supérieure et l'éveil.

8. *Conclusion*

Ainsi s'achève une brève explication
De la pratique dans les situations essentielles

De la profonde voie d'Avalokiteshvara,
Une méthode tantrique des plus sublimes.
Elle fut écrite par le moine bouddhiste
Sonam Gyatso Palzangpo
A la requête d'un fidèle disciple
Qui demanda un aperçu simple et
Facilement compréhensible des yogas d'Avalokitesh-
vara
Qui n'en soit pas moins
Complet et clair sur
Les principaux points du système.

Cette méthode yogique sacrée est un trésor,
Un jardin de lotus duquel les êtres vivants
Peuvent trouver le miel de l'éveil
Et atteindre aux plus hautes joies.

Dans ce court texte, j'ai ouvert les portes
Du suprême palais du Mahayana,
Un palais d'ordinaire scellé dans le secret.
Mon espoir est qu'en faisant ainsi
La profonde connaissance qu'il contient
Puisse se répandre pour le bien du monde.

Cinq poèmes

Les Cinq poèmes *sont de courtes compositions en vers du troisième dalaï-lama. Le premier d'entre eux est dans la ligne des textes précédents, puisqu'il s'agit d'un court hymne aux principaux gurus de la lignée du Lam Rim. Le suivant est un tout petit texte destiné à inspirer l'esprit d'un disciple, dans lequel le troisième dalaï-lama rappelle les thèmes fondamentaux de la voie spirituelle pour quiconque voudrait atteindre l'éveil. Le troisième est sans doute, d'un point de vue occidental, le plus poétique de tous. Sonam Gyatso y décrit d'une manière très vivante la beauté et l'atmosphère exaltante de la région de Chokorgyal. C'est une chanson spontanée qui jaillit de ses lèvres lors de l'une de ses retraites d'hiver dans ce site béni, alors qu'il donnait un enseignement à certains de ses plus intimes disciples. Le quatrième est une prière à Guru Rimpoché, le légendaire yogi tantrique qui avait permis au bouddhisme de prendre racine au Tibet, au milieu du VIIIᵉ siècle. Le troisième dalaï-lama était connu pour sa façon de combiner les méthodes de pratique du Lam Rim issues d'Atisha et de Tsong Khapa avec les lignées de Guru Rimpoché, et ce poème, qu'il écrivit originellement au dos d'une peinture, est un témoignage de ses sentiments pour ce dernier. Le cinquième poème, intitulé « Le dernier enseignement de Sonam Gyatso », est, quant à lui, un poème mystique qu'il écrivit sur son lit de mort, à Karachin. Ce texte mélange des idées très ésotériques avec de simples conseils pour la vie de tous les jours à l'intention de ses étudiants de l'Est. C'est peut-être son plus grand*

poème, où l'on voit exposées son expérience personnelle ainsi que ses idées sur la manière dont ses disciples devraient s'adonner à la voie spirituelle.

1. Chant aux gurus

Je rends hommage à Bouddha, le tout-éveillé,
Guide sans égal des êtres vivants ;
Ainsi qu'à ses deux principaux disciples,
Manjushri, *bodhisattva* de la sagesse,
Et Maitreya, *bodhisattva* de l'amour.
Veuillez diriger sur moi les ondes de vos pouvoirs inspirants.

Je rends hommage à Atisha, joyau de la couronne
Des cent maîtres de l'Inde,
Une émanation véritable du Bouddha Amithaba ;
Ainsi qu'à Gyalwa Drom Tonpa, émanation d'Avalokiteshvara.
Veuillez diriger sur moi les ondes de vos pouvoirs inspirants.

Je rends hommage à Lama Tsong Khapa,
Qui est Manjushri, le *bodhisattva* de la sagesse
Incarné en la forme d'un moine accompli.
Acceptez les offrandes ambrosiaques que je vous adresse
Et veuillez diriger sur moi les ondes de vos pouvoirs inspirants.

Ô gurus illustres de la lignée,
Posez par compassion votre regard sur moi.
Sortez de la sphère de grande félicité
Et acceptez mes humbles offrandes et prières.

Ô Manjushri, personnification et symbole
De la sagesse qui a mené tous les Bouddhas à leur état d'éveil
Et qui est mon objet ultime de refuge,
Entrez dans le lotus de mon cœur
Et illuminez-moi de la sagesse de grande félicité.

Bien que le corps soit par nature une forme tantrique
Résidant au centre d'un *mandala* mystique
Et ainsi toujours source de grande félicité,
Acceptez néanmoins mes offrandes qui engendrent la félicité.
Entendez mes prières pour l'accomplissement de la bonté.
Ah ! cela ne serait-il pas un accomplissement merveilleux ?

2. Chant de conseil

Prenez la force de la conviction
Et focalisez-la sur les Trois Joyaux de refuge :
Bouddha, le maître qui enseigne la voie de l'éveil ;
Dharma, la voie à accomplir ;
Et Sangha, les amis sur la voie.

Considérez l'infinité des êtres vivants
Et méditez sur votre amour envers eux.
Remémorez-vous les infinies manières dont ils souffrent
Et générez compassion et tolérance à leur égard.

Prenez l'esprit errant et agité
Et placez-le dans la sphère de la conscience
De la nature vide de tout ce qui existe,
Dont la connaissance est libératrice de l'esprit.

Tel est le Dharma à pratiquer,
La vérité à comprendre
Et la voie à parcourir.
Telles sont les méthodes qui apportent l'éveil,
Une technique que nous, les êtres de cet âge,
Avons la sublimement bonne fortune
D'avoir rencontrée et de pouvoir réaliser.

Colophon : écrit par Gyalwa Sonam Gyatso, à la requête d'un disciple qui n'avait pu assister à son enseignement, à Chokhorgyal[1], en l'année du mouton de fer.

1. Ce poème et le suivant ont tous deux été composés à Chokhor-

3. Un chant pour apaiser l'oreille

Ô yogis qui vous employez avec diligence
Aux puissants yogas de sagesse,
A vous j'offre ce chant mélodieux
Destiné à apaiser l'oreille irritée
Par la monotonie de la vie mondaine.

Ce site où nous nous sommes réunis,
Béni par la présence
De maîtres accomplis et saints du passé
Et embelli par un lac de fleurs de lotus [1],
Est un lieu où résident
Dakas et *dakinis* mystiques des trois demeures.

Tels des nuages prenant forme dans le ciel d'hiver,
Les *dakas* et *dakinis* se réunissent ici,
Où la neige tombe chaque jour
Et où les pics montagneux
S'étirent jusqu'aux cieux.
Pendant qu'assis, j'observe cette beauté,
Je ne puis m'empêcher d'offrir ma voix au chant.

Ce lieu est un endroit pour planter
Les graines de la joie spirituelle,
Un endroit où maintes fois
Nous avons partagé le thé
Et discuté du saint Dharma.
Quel plaisir supérieur à celui-ci peut-il y avoir ?

Dans le futur aussi, vous devriez venir ici,
Maîtres aussi bien que disciples,
Pour parler des saintes écritures
Et écrire sur le sens de la vie.
Ne serait-ce pas une excellente réponse
A ce court chant ?

gyal, le monastère construit par le deuxième dalaï-lama près du lac des Visions Lhamo Lhatso, qui se trouve à environ cent quarante kilomètres au sud-est de Lhassa. Tous les dalaï-lamas suivants se sont rendus à ce monastère pour y enseigner et pratiquer ; le troisième dalaï-lama, en particulier, l'a fait de nombreuses fois.

1. C'est un jeu sur le nom de la région, Metoktang, qui signifie « champ fleuri », où le monastère de Chokhorgyal fut construit.

C'est à cette fin que je dédie
Cette composition en vers
Qui s'éleva avec une joie spontanée
Du plus profond de mon cœur.

Colophon : en l'année du tigre de bois, Gyalwa Sonam Gyatso visita Chokhorgyal afin de consacrer les représentations des huit grands *bodhisattvas*[1] disposées dans un petit sanctuaire situé en dessous de la salle du Bouddha Maitreya. Le jour de la consécration, il y eut une légère chute de neige. Emu par la beauté du lieu, la spiritualité de l'atmosphère et l'aspect propice de l'événement, il eut l'inspiration de composer ce chant.

4. Vers sur une peinture de Guru Rimpoché[2]

De Sukhavati, la terre pure de la joie,
Le Bouddha Amithaba, source de lumière infinie,
Emet de vastes rayons d'illumination
Pour que puissent s'élever et mûrir les êtres humains.
Puissions-nous tous trouver la voie
Qui mène à sa sublime présence.

Bouddha Amithaba est le Dharmakaya,
Avalokiteshvara son émanation du Sambhogakaya,
Et le merveilleux Guru Padmasambhava
Son incarnation Nirmanakaya.

Padmasambhava, celui qui est né du lotus,
Eut plus de bonté pour nous, les Tibétains,

1. Ces *bodhisattvas*, connus en tibétain comme les *Gyalsenegye* ou, littéralement, « les huit fils proches du Bouddha », symbolisent les huit qualités de l'esprit éveillé : l'amour, la compassion, la sagesse, la puissance, etc. Les huit *bodhisattvas* – Maitreya, Avalokiteshvara, Manjushri, etc. – sont les sujets favoris de l'art religieux tibétain. On les voit représentés dans la plupart des temples tibétains, sur des fresques rurales ou bien sur des peintures.

2. La tradition d'écrire un vers de louange ou une prière au dos d'une peinture religieuse était populaire au Tibet. Un vers de la main d'un grand maître était considéré investir l'image religieuse d'une bénédiction particulière.

Que les milliers de Bouddhas des trois temps.
Ses actions et ses prières merveilleuses
Ouvrirent les brillantes portes du Dharma
A un Tibet perdu dans l'obscurité.

Padmasambhava, le précieux guru
Qui manifesta des moyens sages et habiles
Pour dompter les plus durs à dompter
Et qui révéla la merveille et la gloire du Dharma :
Devant lui je m'incline et chante des louanges.

5. Le dernier enseignement de Sonam Gyatso

L'année de la Souris de terre arriva et Gyalwa Sonam Gyatso effectua les cérémonies traditionnelles en plus de diriger le grand festival de prières. A la fin du premier mois, il manifesta de légers signes de maladie, mais continua néanmoins à enseigner et à donner des instructions. Le mois suivant, sa maladie s'aggrava. Réalisant qu'il avait terminé l'entraînement des étudiants avec lesquels il avait un lien karmique, qu'il en avait placé beaucoup sur la voie spirituelle, et que le moment de sa mort approchait, il appela ses disciples, leur donna ses derniers conseils puis écrivit ce dernier enseignement à leur intention.

Dans le jardin de Chulha,
Moi qui suis appelé le Glorieux Rieur,
Habile dans la transmission des nectars de la méthode et de la sagesse,
Je suis assis absorbé dans l'expérience de grande félicité.

Ici, dans ce pays
Situé au sud du grand océan,
Se trouve un jardin habité par des êtres qui se nourrissent d'odeurs ;
Un lieu puissant béni par Sarasvati,
Où la vacuité et la joie sont aisément induites ;
Un lieu embelli par nombre de signes auspicieux,
Où les sons exquis de la nature retentissent
Pour ravir l'oreille.

Ici, l'atmosphère même fait office de barrière
Pour protéger l'esprit de l'habitude d'errer,
Et de couteau pour trancher la tendance
A constamment saisir la dualité.
C'est un lieu de pèlerinage qui inspire la joie,
Une demeure riche en qualités renommées
Qui se développent telle la lune croissante.

Kye ! Pour le bien des autres,
J'ai prétendu voyager et enseigner.
Bien que changeant de lieu chaque jour,
Je ne me suis jamais lassé
Car, durant le long intervalle de la nuit,
Je me suis toujours tenu à la voie de l'attention
Et suis demeuré dans la radieuse vérité,
Tel le soleil au milieu d'un ciel limpide.

La vérité n'est-elle pas la plus merveilleuse radiance ?
Car dans le « miroir semblable au *mandala* » de l'esprit joyeux,
Les objets réfléchis de la conscience de félicité
Apparaissent de la même manière que la forme lumineuse
De la lune dans un ciel clair
Se reflète sur une pièce d'eau limpide.

Ces paroles ne sont pas fausses,
Cette réalité n'est pas une vulgaire fabrication.
Ô divinités, soyez mes témoins
De ce concept central des Trois Joyaux.
J'écris cela tel quel
Et invoque les forces de la vérité.

Ô amis sur la voie,
Prenez ceci, mon dernier enseignement ;
Ecrivez-le sur un doux tissu blanc
Et suspendez-le pour que tous puissent le voir.
Cela me ferait un profond plaisir
Et permettrait à certains de mes amis
De tourner leur esprit vers la pratique.

L'expérience semblable à l'océan du jeu
De la grande félicité et de la conscience de la vacuité
Est produit par les puissantes rivières
De l'application au Véhicule suprême du Vajra.
Pour entrer sur cette voie merveilleuse
Et en recevoir tous les bénéfices,
Il faut s'en remettre constamment
A un maître qualifié accompli dans les *tantras*.
Nous devrions faire la prière
Que vie après vie
Nous ne soyons jamais séparés
De cette voie la plus sublime
Ni du *vajra guru* exalté.

Hommage aux Trois Joyaux de refuge !
Kye ! Ici, dans le pays de Hor,
Un vaste royaume jouissant de l'abondance,
En conséquence de bonnes actions passées,
Une forte connexion karmique me lie
Avec de nombreux bienfaiteurs et disciples fidèles,
Et particulièrement avec l'illustre roi.
Par la force des bienfaits accomplis ensemble,
Par les lois de production interdépendantes
Appliquées à ce que nous faisons maintenant,
Et par la force de nos prières pour le futur,
Puissent tous obtenir la gloire d'un guru
Et accomplir la voie du Mahayana.

Aujourd'hui, nous avons l'excellente occasion
De pratiquer le saint Dharma,
Source d'existences supérieures et de libération.
Quand on se fonde sur les précieux enseignements,
L'esprit gravite naturellement
Vers les objets de joie.
Pour le bien du monde,
Nous devrions en faire notre but principal,
Tirant l'inspiration et l'orientation
Des pratiquants des terres bouddhistes centrales.

En cet âge dégénéré,
Les êtres vivants sont pauvres en mérite
Et doivent faire face à maintes circonstances négatives.

Nous devrions offrir la sincère prière
Que le lieu où nous vivons
Puisse devenir pour longtemps
Source de bienfaits et de joie pour le monde.
C'est un objectif particulièrement valable
Auquel nous pouvons consacrer nos vies.
Ô bienfaiteurs et étudiants de la sainte voie,
La vie est courte, appliquez-vous donc avec diligence.
Vivez en accord avec les engagements
Du refuge dans le Bouddha, le Dharma et la Sangha,
Et maintenez les vœux et préceptes de la pratique.
En faisant ceci, on peut accomplir toute bonne chose
Et parvenir à la perfection spirituelle.
J'offre les prières pour que vous fassiez cela,
Pour que le soleil radieux des enseignements du Bouddha
Puisse dissiper les nuages de l'ignorance
Et le violent barbarisme qui assombrit
Les bordures de notre monde,
Et pour que la paix et la prospérité puissent venir à tous.

Kye ! Dans ce royaume magnifique et vaste,
Bénéficiant d'innombrables bonnes qualités –
Le pays du nom de Karachiṇ –,
Les fidèles bienfaiteurs et disciples du Dharma
Devraient se réunir chaque jour
Et concentrer leur esprit sur des objets de joie,
Méditant sur la voie spirituelle.
Evitez les manières des êtres inférieurs
Et longtemps vivront vos maîtres.

Par la force de tourner l'esprit vers la bonté,
La conscience de la vérité augmente
Et la saisie des apparences se dissipe.
Alors, par les lois de causalité,
Les objets des corps, parole et esprit,
Donnent automatiquement forme au bonheur.
Dès lors, cette vie humaine
Devient un véritable instrument de joie.

Pour la réalisation de cet objectif,
Puissent les treize *dakinis* mystiques
Qui sont d'une nature avec le guru
Envoyer leurs inspirantes bénédictions.

Ayant écrit ce dernier enseignement, Gyalwa Sonam Gyatso entra dans une pratique rituelle intensive. A l'aube du vingt-sixième jour, il cessa de respirer. Son esprit se retira en la claire lumière de la conscience du Dharmakaya et son corps devint d'un lustre brillant, émanant des arcs-en-ciel et manifestant les signes qu'il était bien un maître entièrement accompli. Sa mort fut telle que même pendant qu'il y entrait, il offrit à ses disciples une suprême inspiration.

TROISIÈME PARTIE

UNE PERSPECTIVE HISTORIQUE

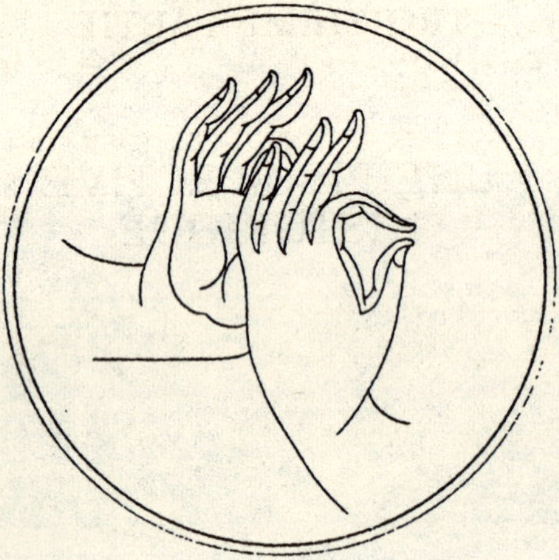

Biographie
du troisième dalaï-lama

(Abrégé des Vies des précepteurs du Lam Rim (tib. Lam-rim-bla-brgyud) *de Tsechok Ling Yongdzin Yeshe Gyaltsen.)*

Hommage au grand Guru Gyalwa Sonam Gyatso,
Détenteur du lotus blanc de la compassion.

La formation spirituelle de Sonam Gyatso [1]

L'omniscient Sonam Gyatso naquit sous d'inconcevablement merveilleux auspices dans le village de Khangsar, situé dans la vallée de Tolung [près du monastère de Yarlung], le vingt-cinquième jour du premier mois de l'année du Lièvre d'eau. Son père se nommait Depa Namgyal Drakpa et sa mère Butri. Il émergea de la matrice alors qu'il était encore dans son sac d'eau protecteur, tel un joyau de cristal blanc d'un éclat étincelant. Le sac s'ouvrit comme un lotus blanc au lever du jour, pour révéler un tout petit corps aussi immaculé et clair que le cristal, et orné d'innombrables marques et signes de perfection.

Le ciel s'emplit d'arcs-en-ciel durant sa naissance et les divinités firent tomber des pluies de fleurs. Immédiatement après, ses parents lui donnèrent du lait d'une chèvre

1. Ce sous-titre, ainsi que les suivants, ne font pas partie de la biographie originale ; nous les avons ajoutés pour une plus grande facilité de lecture.

blanche, récitèrent de nombreux vers et prières propitiatoires, et lui donnèrent le nom de Ranu Shicho Palzangpo.

Dès sa naissance, l'enfant commença à réciter le mantra *Om mani padme hum* et se conduisit d'une façon non ordinaire. Au lieu de jouer comme les enfants ordinaires, il passait son temps à faire des *moudras* avec ses mains, comme celui d'enseigner le saint Dharma, et plaçait ses jambes en position de méditation, prétendant être en *samadhi* pendant de longues périodes de temps. Après qu'il eut appris à parler, il mentionnait continuellement le défunt Gyalwa Gendun Gyatso (le deuxième dalaï-lama), décrivant des événements de la vie et de l'époque de celui-ci avec une précision étonnante et se conduisant de façon similaire à celle du lama décédé. Il était alors dans sa troisième année.

Les aspects inhabituels de la naissance et de la conduite de l'enfant ne passèrent pas inaperçus, et la plupart des gens commencèrent à penser qu'il devait être la réincarnation de l'omniscient Gendun Gyatso. Une délégation de moines et d'officiels vint finalement du monastère de Drépung pour l'examiner. Convaincus qu'il était bien la réincarnation de leur défunt maître, ils lui firent, en l'année du Cheval de bois, les offrandes formelles de la part de toute la communauté de Drépung et l'invitèrent à venir vivre dans le monastère. Il se rendit à Drépung la même année et fut placé sur le grand trône du lion du Ganden Podrang, la résidence qui avait été construite à Drépung par son prédécesseur, Gyalwa Gendun Gyatso.

Là, le jeune lama fut confié aux soins de Panchen Sonam Drakpa[1], de qui il reçut l'ordination *upasika* de base. C'est à cette occasion que lui fut attribué le nom de Sonam Gyatso Palzangpo Tenpai Nyima Chokle Namgyal (ou, plus brièvement, Sonam Gyatso, le nom sous lequel il devait être connu tout au long de sa vie).

Le troisième jour du cinquième mois tibétain, il quitta

1. Panchen Sonam Drapka avait été le principal étudiant du deuxième dalaï-lama. Plus tard dans sa vie, il devint le guru du jeune troisième dalaï-lama. Ses manuels d'études monastiques jouent toujours un rôle prédominant dans le cursus d'études du monastère de Drépung.

Drépung pour aller faire un pèlerinage au monastère de Gyal[1]. Des milliers de fidèles étaient alignés tout au long de sa route, dans l'espoir de le voir ou de l'entendre, ou peut-être même d'être touchés par ses saintes mains. Si bien qu'il n'arriva à Gyal Metoktang que le cinquième jour du mois suivant. Au moment de son arrivée, il y eut un certain nombre de miracles dans le voisinage. Là, le jeune lama fit des offrandes aux représentations sacrées du monastère et spécialement à celle de la divinité protectrice Palden Lhamo[2]. Il offrit aussi de longues prières pour le bien de la doctrine et des êtres vivants, et donna à l'assemblée des moines un enseignement sur le saint Dharma.

Après avoir fait un court séjour dans la région de Gyal, il retourna à Drépung pour y continuer ses études.

Le jour de la pleine lune de l'auspicieux quatrième mois de l'année de l'Oiseau de terre, le garçon prit l'ordination d'un moine novice, Panchen Sonam Drakpa faisant office d'abbé de cérémonie et Sangpu Choje Lekpa Dondrup, d'abbé assistant.

Ayant ainsi posé les fondations pour la vie monastique, l'enfant entra alors dans une étude intensive.

Il reçut d'abord de nombreuses initiations tantriques de Panchen Sonam Drakpa, afin de déposer les graines de bénédiction des maîtres de lignée dans son courant de conscience. Parmi celles-ci, il y avait celles de longue vie d'Amitayus de la lignée de Siddharani ; la tradition de Vaishravana ; l'initiation de Palden Lhamo (Shridevi) ; les transmissions de Mahakala de Khedrup Palden Sengge, ainsi que le système de Mahakala à quatre bras ; et les initiations externes de Dharmaraja.

Puis, de Lingto Choje Lekdon, il reçut : l'initiation de

1. Il s'agit du monastère de Chokhorgyal, construit par le deuxième dalaï-lama à côté du lac des Visions.

2. Palden Lhamo, ou Shridevi, est la manifestation courroucée du bodhisattva féminin Tara, symbole de l'aspect actif de l'énergie compassionnelle de l'éveil. Le premier dalaï-lama avait fait du système tantrique de Tara l'une de ses pratiques de méditation principale, et le deuxième dalaï-lama avait continué la tradition, faisant en plus de Palden Lhamo sa principale pratique de protection.

Vajrabhairava ; un commentaire sur les *Cinquante vers sur le guru yoga* (skt *Gurupanchashika*) d'Ashvagosha ; les grand et moyen *Traités de Lam Rim* de Tsong Khapa ; la *Lampe pour la voie de l'éveil* (skt *Bodhipathapradipam*) d'Astisha ; le grand commentaire et le commentaire abrégé du *Vinaya* ; le *Mulamadhyamakakarika shastra* de Nagarjuna et le *Madhyamakavatara* de Chandrakirti ; les commentaires de Tsong Khapa à ceux-ci ; le *Pramanavarttika* de Dharmakirti et les commentaires généraux de celui-ci ; l'*Abhidharmakosha* de Vasubhandu ainsi que le *Commentaire* du premier dalaï-lama sur celui-ci ; le *Mulasutra* (sur l'*abhidharma*) ; la *Distinction entre les enseignements directs et interprétatifs* (tib. *Drang-nges-legs-bzhad-sning-po*) de Tsong Khapa, avec le commentaire du deuxième dalaï-lama sur celui-ci ; le *Livre des similitudes* de la tradition Kadampa (tib. *dPe-chos*) ; *Les Cinq stades* (skt *Panchakrama*) de Nagarjuna accompagné de différents commentaires sur celui-ci ; diverses lignées de Khedrupje, et aussi son *Océan de réalisations* (tib. *sGrub-thabs-brgya-mtsho*), commentaire des méditations du *mandala* de la phase de génération ; et de nombreuses autres transmissions profondes.

En plus de cela, il reçut de Shartse Lekdon un grand nombre de lignées tantriques importantes. Parmi celles-ci se trouvaient les *mandalas* de Manjushri blanc ; Avalokiteshvara à quatre bras ; la Pratique secrète de Hayagriva ; Tara blanche ; Sarvavidya ; Ucharya ; les Cinq traditions de longévité ; Kurukulla ; les Vingt et une Tara ; Vaishravana ; Shramana ; Yamantaka dans ses formes rouge et noire ; les Techniques combinées de récitations mantriques pacifiques et courroucées de Manjushri ; Guhyasamaja manjushri vajra ; la tradition d'Avalokiteshvara à mille bras ; les Seize gouttes du cœur kadampa ; le *Recueil des enseignements excellents kadampa* (tib. *gegs-'bam*) ; et beaucoup d'autres.

Cela n'est qu'une petite partie des transmissions qu'il reçut à ce moment-là. Pour chacune des traditions, il s'assura d'abord du sens de l'enseignement particulier, au moyen de l'étude et de la contemplation, pour arriver ensuite au cœur de celui-ci par une pratique intensive. Il consacrait chaque jour une grande partie de son temps à la méditation et se mettait régulièrement en retraite intensive.

Un certain temps après cela, Sonam Gyatso partagea son temps entre Drépung et Gyal, pratiquant et étudiant auprès de ses différents maîtres. Lors de ses déplacements entre ces deux endroits, il visitait les monastères qui se trouvaient sur la route afin de donner des bénédictions et des enseignements, et d'offrir des prières dans les temples.

En l'année de la Souris d'eau, il prit demeure chez Panchen Sonam Drakpa et fut placé sur le trône d'or de Drépung, se voyant ainsi confier la responsabilité matérielle et spirituelle du monastère.

L'année du Bœuf d'eau, il présida le grand festival de prières de Lhassa, donnant le matin le discours traditionnel sur le *Jatakamala* d'Aryasurya et dirigeant l'après-midi la séance de prières. Ainsi honora-t-il la tradition. D'innombrables signes miraculeux apparurent ce jour-là, indiquant que les forces du bien se réjouissaient.

Après cela, il s'engagea de nouveau dans une étude et un entraînement intensifs auprès de Panchen Sonam Drakpa. Il reçut l'initiation au *mandala* de Guhyasamaja *akshobya vajra,* avec tout l'enseignement. Il reçut aussi les transmissions orales de l'histoire Kadam, ainsi que le texte racine et le commentaire de l'ouvrage Kadam appelé *Le Vase bleu* (tib. *Beu-bum-snon-po*) ; le *Karmashatum* ; l'histoire des patriarches de Ganden ; et plusieurs autres ouvrages similaires.

Du grand yogi et maître de méditation accompli Ngarampa Gendun Tashi, il reçut diverses lignées d'Avalokiteshvara, ainsi que les *mandalas* à trois et neuf divinités de la transmission d'Amitayus.

A cette époque, il y avait au Tibet de nombreuses transmissions de l'ensemble d'initiations de Vajramala, mais la plus extraordinaire de toutes était la lignée des quarante-cinq *mandalas* unis avec le système Kramasamucchaya. Toutefois, à l'exception de Choje Dorjechang Ehvampa, personne n'avait véritablement atteint une maîtrise complète de cette précieuse tradition. Gyalwa Sonam Gyatso se consacra avec une intensité toute particulière à l'étude et la pratique de ce système et en obtint la réalisation, la préservant ainsi pour les générations futures.

En plus de cela, Sonam Gyatso reçut durant cette phase de sa vie l'ensemble d'initiations Zurka ; les lignées Arya et Jnanapada du *tantra* de Guhyasamaja ; la lignée Luipa du *mandala* de soixante-deux divinités de Chakrasamvara ; le « *mandala* du corps de Gandhapa » de Chakrasamvara à cinq divinités ; le Tantra Samphuta ; les traditions Mannga et Dok du Tantra de Hevajra ; le *mandala* de quinze divinités de la *dakini* Nairatmya ; la lignée de Rva Lotsawa de Vajrabhairava ; Krishnayama ; la Pratique des quarante-neuf divinités de la tradition Zhang ; le *mandala* à treize divinités de Yamantaka rouge selon la lignée de Shridhara ; Mahachakra ; Achala ; Ushnishavijaya ; Sitatapatra ; les lignées d'Avalokiteshvara du yogi Maitri ; les initiations de Kalachakra ; le quintuple *mandala* de Vajrapani ; les lignées Siddharani d'Amitayus ; Jambhala ; le Mahakala à six bras de la tradition de Saraha ; les treize Mahakala ; les quatre pratiques de Devi ; et beaucoup d'autres lignées de transmissions tantriques similaires.

En bref, durant cette première période de sa vie, il remplit le vase de sa connaissance de toutes les principales traditions du Soutrayana et du Vajrayana existant au Tibet à cette époque, explorant ces enseignements et initiations au moyen de l'écoute et de la contemplation, puis les intégrant dans son expérience au moyen de la méditation et des pratiques yogiques.

Il lui fut demandé à cette époque de visiter la région de Hor, située au nord du Tibet, une région peuplée par des tribus de nomades violentes et sauvages. Il accepta, et par l'œuvre qu'il y accomplit, réussit à détourner les gens de leurs coutumes négatives et à les inciter à adopter la voie de la paix et des dix vertus. Ainsi, il encouragea la pratique du Bouddhadharma dans les terres neigeuses du Tibet et, en particulier, répandit les purs enseignements de Lama Tsong Khapa.

Après être revenu de Hor, il fut invité à visiter le monastère de Radeng. Il offrit des prières devant les nombreuses représentations sacrées de ce saint monastère et enseigna le Kadam Lekbum[1] et le Nyingpodonsum[2], ainsi que différents autres textes essentiels. Tous étaient ébahis par l'érudition et la sagesse de ce jeune lama.

Il retourna alors à Drépung afin de rencontrer Tolungpa Palden Dorje, un des trois principaux disciples de Gyalwa Wensapa, et étudier auprès de lui. Chacun des trois disciples était supposé avoir atteint l'éveil total en une vie et avait manifesté le corps d'arc-en-ciel en signe d'accomplissement. Auprès de Tolungpa, Sonam Gyatso reçut toutes les traditions orales venant de Lama Tsong Khapa.

Le jour de la pleine lune du quatrième mois de l'année de la Souris de bois – le jour de l'année choisi pour commémorer la naissance, l'illumination et la mort du Bouddha –, Sonam Gyatso prit les vœux complets d'un moine entièrement ordonné. L'ancien détenteur du trône de Ganden, Khedrup Gelek Palzangpo, fit office d'abbé d'ordination, et le détenteur du trône, Gendun Tenpai Dargye, une incarnation de Geshe Potowa, d'abbé assistant. Shang Gepel Choje était le confident, et Lhatsun Sonam Palzang, l'observateur. Le nombre requis de moines aînés était aussi présent en qualité de témoins.

De cette manière, Sonam Gyatso honora la tradition monastique telle qu'elle avait été établie par le Bouddha. Durant le rituel d'ordination, il fit de larges offrandes à la Sangha, en signe de respect envers la communauté monastique. Et, à partir du moment de son ordination, il maintint toujours avec pureté les préceptes et les disciplines auxquels il s'était engagé, ne se permettant jamais de transgresser ne fût-ce qu'un aspect mineur de la pratique. Ainsi brandit-il haut la bannière de victoire de la voie du Bouddha.

Après son ordination, une lettre d'invitation vint du monastère de Tashi Lhunpo, au sud du Tibet, lui demandant de venir à Tsang pour enseigner le saint Dharma. Il se mit donc en route pour Tsang. Le voyage fut long car des milliers de fidèles bordaient la route à son passage,

1. Tib. *dK'-gdams-gleng-'bum.*
2. Tib. *sNying-po-don-gsum.*

espérant le voir et recevoir ses bénédictions, et obtenir ainsi les graines karmiques d'une existence supérieure et de la libération. Il s'arrêta sur la route au monastère de Wen, afin d'y offrir des prières et de méditer devant la représentation du puissant yogi Gyalwa Wensapa. A la requête de Khedrup Sangye Yeshe, il y resta quelque temps et donna plusieurs discours à l'assemblée des moines.

Quand il arriva à Tashi Lhunpo, il fut accueilli par une foule enthousiaste de fidèles, qui lui firent des offrandes rituelles vastes et colorées. Des dizaines de milliers de gens s'étaient réunis pour l'accueillir. Là, il s'assit sur le trône du lion et donna de nombreux enseignements sur le saint Dharma.

Après avoir quitté le Tashi Lhunpo, il se rendit à Nartang, le monastère fondé par Atisha et les premiers maîtres *kadampas*, endroit considéré comme le siège principal des sublimes enseignements *kadam*. Il y fit des offrandes et dit des prières devant les nombreuses représentations sacrées, et il donna plusieurs discours aux moines et laïques de la région.

Il visita ensuite Gangchen Chopel, où il effectua l'invocation rituelle à Palden Lhamo et donna un enseignement aux personnes qui y étaient réunies. Puis il visita Tropu afin de faire des offrandes et des prières devant la fameuse représentation du Bouddha Maitreya qui se trouvait dans le monastère.

Après cela, il se rendit au monastère de Sakya pour faire des offrandes et des prières devant les images sacrées de ce sanctuaire saint. A cette époque, il y avait, dans la salle des protecteurs du monastère, un masque très connu du protecteur terrifiant Sedrabpa, dont on disait qu'il possédait des propriétés magiques extraordinaires. Personne, depuis des années, n'avait pu toucher ce masque du fait de la grande puissance qui en émanait. Sonam Gyatso s'avança vers celui-ci, le prit puis se mit à le nettoyer et à le polir. Il est dit que, pendant qu'il le nettoyait, les yeux du masque clignotèrent plusieurs fois pour montrer le grand plaisir que le protecteur éprouvait à l'égard des activités de Sonam Gyatso. De nombreux miracles et signes favorables se manifestèrent dans la région durant sa visite.

Sonam Gyatso visita aussi le monastère de Khau, où il effectua l'invocation rituelle de Mahakala devant la représentation sacrée de Mahakala qui s'y trouvait. Une fois encore, de nombreux signes favorables et de nombreux mirages purent être observés dans la région durant son séjour.

Il se mit alors en route pour le long voyage qui l'attendait pour revenir à Drépung, donnant sur son chemin des enseignements et des bénédictions aux milliers de personnes qui se réunissaient pour le voir. De cette manière, il porta haut la glorieuse doctrine de la vérité et inspira considérablement ceux qui avaient la bonne fortune de le rencontrer.

Peu de temps après être revenu au Tibet central, il arriva une invitation de l'illustre monastère de Sera lui faisant la requête de s'y rendre pour y enseigner les *soutras* et les *tantras*. Des invitations similaires vinrent de tous les autres grands monastères du Tibet central. Il tenta de satisfaire toutes les requêtes, se consacrant ainsi inlassablement au bien-être du Bouddhadharma. Où qu'il allât, ceux qui n'avaient pas la foi étaient placés sur le terrain ferme de la foi ; ceux qui prenaient plaisir à faire le mal étaient détournés de leurs habitudes négatives et encouragés à suivre la voie de la bonté et de la joie ; et tous les pratiquants étaient inspirés d'accroître leurs efforts sur la voie spirituelle. Sa simple présence dans une région mettait un terme aux négativités et aux conflits, et permettait à la paix et au bonheur de s'accroître.

Il raviva et renforça ainsi la présence du Bouddhadharma au Tibet et fit augmenter en particulier le sentiment d'appréciation envers les lignées réunies et clarifiées par Lama Tsong Khapa.

La vie et l'œuvre de Sonam Gyatso eurent notamment un impact prodigieux sur les deux monastères de Drépung et Gyal – ses deux principaux lieux de résidence. Il partageait également son temps entre les deux. Grâce à l'énergie et à l'attention qu'il leur consacra, ces deux monastères purent, durant sa vie, considérablement accroître leur stature et leur bien-être, aussi bien sur le plan spirituel que matériel.

Même si, durant cette période de sa vie, il lui était demandé de voyager et d'enseigner quasiment sans répit, afin de montrer un exemple de pratique intensive à ses disciples, il maintenait toujours un long programme de méditation quotidienne, et ce aussi bien pour les méthodes du Soutrayana que pour celles du Vajrayana. Chaque jour, il se levait longtemps avant l'aube et effectuait les six pratiques préliminaires telles que le lavement rituel, le nettoyage de son lieu de méditation, la prise de refuge dans les Trois Joyaux, les prosternations, les offrandes, etc. Il effectuait alors une longue méditation sur le Lam Rim. Lorsqu'il en avait terminé avec ses fondations du Soutrayana, il s'engageait alors dans ses pratiques quotidiennes du Vajrayana.

Celles-ci étaient trop nombreuses pour pouvoir être toutes énumérées. Pour n'en mentionner que quelques-unes : les yogas de longévité associés à Mahakala ; les yogas des quatre divinités de longévité en conjonction avec l'entraînement du transfert de la conscience ; les pratiques des *sadhanas* des formes noires et orange de Manjushri ; les méditations spéciales du *guru yoga,* de l'esprit d'éveil et du yoga de relaxation ; les pratiques tantriques supérieures telles que la méditation du *mandala* de Heruka Chakrasamvara, conjointement à la récitation d'une centaine des *mantras* racines ainsi que de trois cents des *mantras* essentiels et auxiliaires ; la *sadhana* d'Akshobyavajra, accompagnée des cent récitations du long Dharani ; les *sadhanas* des quatre principales divinités tantriques *kadam,* accompagnées de cent récitations de chacun des *mantras* ; et divers prières, hymnes et vers propitiatoires de chacune de ces traditions.

Chaque jour il effectuait aussi les yogas des phases de génération et d'achèvement des entraînements de longévité d'Amitayus, ainsi que les méditations de longévité associées à Tara blanche. Il effectuait aussi quotidiennement les *sadhanas* de Manjushrivajra, Sarasvati blanche, Vajrayogini, celles de Chakrasamvara *caturpitha,* etc.

Les méditations qu'il faisait d'une façon quotidienne

étaient trop nombreuses pour être décrites ou énumérées en détail. Toutefois, sa pratique reposait fondamentalement sur l'union des méthodes *soutrayana* et *vajrayana*. En se consacrant aux entraînements du Lam Rim, il extrayait chaque jour l'essence de toutes les techniques *soutrayana*. Quant au Vajrayana, sa pratique incluait un éventail de traditions issues des quatre niveaux de *tantras* et était surtout axée sur les deux phases yogiques du plus haut *tantra* en combinaison avec la tradition de Chod (tib. *gCod*) de Padampa Sangye, et les rituels d'invocation pour les différents protecteurs du Dharma, tel Mahakala.

En l'année du Mouton de fer, arriva une invitation d'Altan Khan, roi des mongols Tumed, qui avait entendu parler de Gyalwa Sonam Gyatso et ressenti une foi très profonde envers lui. De son côté, Sonam Gyatso sentit qu'il avait un lien karmique avec les Mongols, qui l'habiliterait à les civiliser et à leur faire abandonner leurs attitudes belliqueuses. Avec cette pensée à l'esprit, il envoya au grand Khan la promesse de venir plus tard, dépêchant entre-temps pour le représenter son disciple personnel Lama Tsundru Zangpo afin d'établir une délégation à Tsokha.

Le départ pour la Mongolie

La nouvelle de la visite prochaine de Gyalwa Sonam Gyatso en Mongolie provoqua un profond sentiment de consternation parmi les Tibétains, qui craignaient pour sa sécurité et son bien-être pendant un tel périple. Lorsque vint le moment pour lui de quitter Drépung, une large assemblée de hauts moines, d'officiels et de fidèles se mit en route avec lui pour l'accompagner sur ses premiers pas afin de rendre le moment propice. Le détenteur du trône de Ganden et son prédécesseur étaient tous deux présents, ainsi que les principaux moines de Ganden, Sera et Drépung. Le groupe était composé d'un grand nombre de maîtres renommés, tels que Rinchen Pokar, Tsangpa Panchen Rikpa Sengge, Sangye Yeshe du monastère de Wen, Ponlop Tashi Rikpa, et Karpa Ponlop Namkha Jampa du monastère de Gyal. En bref, il y avait des représentants de tous les grands monastères ainsi que de tous les dirigeants et chefs séculiers officiels, en même temps que des centaines de personnes ordinaires. Tous le supplièrent de reconsidérer sa décision et de rester au Tibet. Mais celle-ci était ferme et le voyage commença.

Il alla d'abord jusqu'à Radeng, d'où il demanda au plus gros du groupe de retourner à Lhassa et de le laisser continuer seul.

Alors qu'il quittait Radeng, le Depa Tashi Rabten saisit l'étrier de son cheval et, des larmes coulant à grands flots de ses yeux, lui offrit la prière suivante :

Ô grand guru, glorieuse personnification du Dharma,
Puissiez-vous vivre longtemps.
Puisse la terre être couverte
De maîtres tels que vous.

Après avoir dit ces paroles, il était tellement envahi par la tristesse de voir partir Sonam Gyatso qu'il commença à s'étrangler avec ses larmes et ne put finir le couplet ; tout ce qu'il pouvait faire, c'était tenir l'étrier à sa tête en signe de révérence pendant que des pleurs d'angoisse jaillissaient de son cœur.

Sonam Gyatso plaça alors sa bienfaisante main sur la tête de son dévoué disciple et finit le couplet pour lui, changeant le contexte en conséquence :

Puisse-t-il toujours y avoir des bienfaiteurs du Dharma
Fidèles et dévoués comme vous ;
Et puisse-t-il toujours y avoir des signes auspicieux
De la floraison du Dharma pour longtemps.

De cette manière, avec le chef Tashi Rabten sanglotant et étreignant l'étrier de Sonam Gyatso, le groupe se mit en route.

Quand ils arrivèrent au fleuve Drichu [le Yang-Tse], les esprits malfaisants et les démons obstructeurs utilisèrent leurs pouvoirs magiques pour le faire monter et le rendre tumultueux. Il sembla alors que le groupe ne pourrait le traverser. Mais Gyalwa Sonam Gyatso lui jeta un regard menaçant tout en faisant le geste de mains du courroux.

Aussitôt les eaux se calmèrent, diminuèrent et, en l'espace d'un moment, le groupe était en mesure d'accéder à l'autre rive sans difficulté. Ils parvinrent finalement à Nyatsoto, où des milliers de moines et de laïques s'étaient réunis pour accueillir Sonam Gyatso. Ils lui firent les larges offrandes de trois mille mesures d'argent et de nombreux rouleaux de brocart de soie. Il resta quelques jours au monastère afin de se reposer du voyage et de donner des bénédictions à la foule, dispensant un enseignement sur le *guru yoga* et une transmission du *mantra* de six syllabes. Il consentit aussi à diriger une cérémonie d'ordination au cours de laquelle près d'un millier de jeunes reçurent de lui les préceptes de moine, plaçant ainsi d'innombrables personnes sur la voie de la libération et de l'éveil.

Reprenant de nouveau la route, le groupe arriva au Machu [le fleuve Jaune]. Tous les membres du groupe s'affolèrent et prirent peur car le fleuve était particulièrement haut et sans doute impossible à traverser. Sonam Gyatso les rassura, leur affirmant qu'ils pourraient le traverser le lendemain. Ils campèrent cette nuit-là sur la rive. A leur grand étonnement, lorsqu'ils se réveillèrent le matin suivant, le puissant fleuve Machu avait presque complètement tari, et il n'était plus que de la taille d'un petit cours d'eau. Tous dans le groupe ressentirent alors une immense foi envers Sonam Gyatso et son extraordinaire puissance spirituelle. Traversant avec facilité, ils continuèrent ensuite leur chemin.

Ils arrivèrent après un certain temps à Ahrik Karpatang, où un campement avait été dressé pour les accueillir. Là, les gens témoignèrent d'une foi considérable envers Sonam Gyatso et lui firent de larges offrandes, parmi lesquelles un millier de chevaux et dix mille bêtes d'élevage. Durant son séjour, le ciel était constamment rempli d'arcs-en-ciel et les divinités bienfaitrices envoyèrent des pluies de fleurs. A ce moment, les graines karmiques de la libération furent placées dans les courants de conscience d'un nombre incalculable de personnes.

Alors que le groupe séjournait à Ahrik, un convoi de cinq cents cavaliers envoyés par Altan Khan arriva à sa rencontre. Conduit par Shoje Tsundru Zangpo, que Sonam Gyatso avait envoyé plus tôt comme délégué personnel à la cour d'Altan Khan, le convoi comprenait aussi le traducteur Lotsawa Goshri. Ils avaient constituer son escorte pour le reste du voyage.

Les voyageurs continuèrent alors en grande pompe, des bannières flottant au vent et le son aigu des trompettes *gyaling* remplissant l'air. Ils se déplaçaient comme s'ils étaient faits d'un seul corps oscillant d'avant en arrière comme un puissant éléphant traversant nonchalamment une mare. Leur nombre s'accroissait régulièrement au fur et à mesure qu'ils avançaient, jusqu'à ce que le maître fût entouré de chaque côté par des milliers de cavaliers venus de Mongolie, de Chine et des bordures du Tibet. Ils recouvraient le sol comme une couverture vivante flottant lentement en direction du nord.

Ils arrivèrent finalement au camp du grand Altan Khan, dont la puissance égalait celle d'un monarque universel *chakravartin* du *kaliyuga*. Comme symbole de son intention d'amener la lumière civilisatrice du bouddhisme à sa nation plongée dans l'obscurité, Altan s'était revêtu d'un habit blanc. Plus de dix mille de ses sujets s'étaient réunis autour de lui, y compris sa femme et tout son entourage.

Sonam Gyatso pacifie la Mongolie

La réception préparée pour Gyalwa Sonam Gyatso était somptueuse, et les offrandes extrêmement élaborées. Ils lui offrirent d'abord un *mandala* fait de cinq cents pièces d'argent, et un bol en or large et profond de quatre mains rempli de pierres précieuses. Ils lui firent ensuite l'offrande de cent rouleaux de brocart de soie, dont vingt de chacune des couleurs auspicieuses – blanc, jaune, rouge, vert et bleu. Puis ils lui donnèrent cent chevaux, chacun entièrement orné d'une selle et d'une bride somptueuses. Ils lui offrirent aussi dix rouleaux de soie des cinq couleurs, un millier de pièces d'argent, des dizaines de rouleaux de tissus de coton et d'innombrables autres cadeaux.

Après la cérémonie de réception, Gyalwa Sonam

Gyatso et Altan Khan marchèrent ensemble vers une tente spécialement préparée à l'intention du maître. Les deux brillaient comme le soleil et la lune, et la foule de dizaines de milliers de fidèles qui les entouraient brillait comme autant d'étoiles dans le ciel. Le lama fut assis sur un trône d'or et il lui fut demandé d'enseigner le saint Dharma, Goshri Bakshi servant de traducteur.

En fait, ce n'était pas le premier contact de la Mongolie avec le bouddhisme, ni le seul lien d'Altan Khan avec celui-ci. Plus de deux siècles plus tôt, sous Kublaï Khan, qui avait exercé une influence considérable sur toute la Mongolie, la Chine et le Tibet, les Mongols avaient été brièvement introduits au bouddhisme par l'illustre Sakyapa Lama Pakpa, connu sous le nom de Sakya Pakpa. Mais le successeur de Kublaï, Timur Khan, s'était opposé à l'influence pacificatrice du bouddhisme et, sous son règne, la Mongolie avait rejeté le bouddhisme pour retourner à sa vieille religion et aux coutumes sanguinaires qu'elle préconisait. Ainsi avait-elle donc replongé dans l'obscurité, prenant plaisir dans le mal et se délectant de la vue de la chair déchiquetée et du sang. Elle devint une île dans une mer de sang qu'elle avait elle-même répandu.

Altan Khan descendait de cette même tribu Chakhar dont Kublaï était issu, et il souhaitait de nouveau ramener son peuple vers les attitudes paisibles du Bouddhadharma. C'était son plus profond vœu que Gyalwa Sonam Gyatso pût avoir la puissance spirituelle suffisante pour accomplir cet exploit.

En réalité, ce fut grâce à la bonté et aux efforts concertés de Gyalwa Sonam Gyatso et d'Altan Khan, qui étaient comme le soleil et la lune dans une époque de ténèbres, que la voie du bouddhisme fut introduite en Mongolie et que l'ère sanguinaire qui avait marqué cette nation durant si longtemps put prendre fin. La mer de sang fut transformée en lait, amorçant une ère de paix et de prospérité.

Dans son premier discours, Gyalwa Sonam Gyatso prononça la loi nouvelle pour tous ceux qui étaient présents – Mongols aussi bien que Chinois et Tibétains des tribus limitrophes. Ils devaient, leur dit-il, apprendre à abandonner le mal et à suivre les dix vertus prescrites par le bouddhisme. Les actions de tuer, voler, prendre les femmes des autres, etc., devaient être abandonnées, et ils devaient, à la place, apprendre à respecter les vies, la propriété et les droits des autres.

Il demanda en particulier aux Mongols Chakhar de laisser derrière eux leur soif de sang. Il était de coutume en Mongolie que, lorsqu'un homme mourait, de nombreux êtres vivants fussent offerts en sacrifice aux dieux, le nombre de sacrifices dépendant du statut de la personne décédée. Souvent, sa femme (ou ses femmes), ses serviteurs, ses chevaux, ses troupeaux étaient mis à mort en offrande. Gyalwa Sonam Gyatso leur ordonna d'abandonner cette horrible coutume et, à la place, d'offrir une partie des biens du défunt à des causes religieuses, tels que des temples, des monastères, etc., comme source de mérites, et d'offrir des prières vertueuses et des souhaits propitiatoires au lieu d'offrir du sang.

La pratique des sacrifices, ordonna-t-il, devait être totalement abandonnée. Si une famille venait à faire un sacrifice humain, tel que celui d'une veuve ou d'un serviteur, l'offenseur devait être puni de mort. S'il s'agissait du sacrifice d'un animal, le châtiment serait la confiscation en faveur de l'Etat de tous les biens de l'offenseur. Si quiconque venait à se venger des ordres en portant atteinte à la communauté monastique ou en détruisant des temples ou des monastères, sa maison et ses champs seraient, en punition, saisis par l'Etat.

D'autre part, il était de coutume en Mongolie que le dieu malfaisant Ongghon fût invoqué les jours de pleine lune, demi-lune et nouvelle lune de chaque mois, ainsi qu'en des moments spéciaux de l'année. Il se manifestait alors sous la forme d'un membre décédé de la famille et on lui demandait quelle taille et quel type de sacrifice devaient être faits pour l'occasion. Gyalwa Sonam Gyatso ordonna que toutes les représentations de cette divinité fussent brûlées ou détruites et que plus aucun sacrifice ne lui fût consacré. Quiconque serait surpris en train de lui faire des sacrifices d'animaux devait être pénalisé de dix fois le nombre d'animaux sacrifiés. Si quiconque était attrapé avec une image de cette divinité, sa maison devait être détruite comme punition. Gyalwa Sonam Gyatso leur demanda de remplacer ces statues malfaisantes par des représentations du protecteur de la sagesse Mahakala, l'émanation courroucée à six bras du *bodhisattva* de la compassion, et de le considérer comme leur divinité protectrice nationale. Tous les sacrifices devaient être abandonnés, et les offrandes limitées à de simples denrées alimentaires telles que les trois substances blanches (lait, yaourt et beurre) et les trois substances sucrées (miel, sucre et sucre candi).

D'une façon générale, demanda le lama, chacun devait œuvrer en direction de la bonté et, les jours de nouvelle lune, demi-lune et pleine lune, chacun devait prendre les vœux *upasika* de purification et se consacrer à la pratique spirituelle.

Les Mongols devaient spécialement cesser d'effectuer des opérations de pillage en Chine, au Tibet et dans les autres parties de la Mongolie et consacrer à la place leur énergie à promouvoir une coexistence pacifique. En bref, ils devaient tenter de prendre exemple sur les attitudes paisibles du Tibet central, et intégrer les enseignements du Bouddha dans leur mode de vie.

Ces lois et bien d'autres encore furent décidées par Gyalwa Sonam Gyatso et instituées par Altan Khan. Après avoir donné aux Mongols Chakhar leur nouveau code de vie, Sonam Gyatso leur conféra une transmission d'Avalokiteshvara et du *mantra* à six syllabes de la compassion (*Om mani padme hum*). Son discours était traduit dans sa totalité en mongol et en chinois par des traducteurs attitrés afin que tous ceux qui étaient présents pussent savoir exactement ce qui était attendu d'eux. Il demanda à tous – quel que fût leur statut – de réciter le *mantra* de six syllabes autant qu'ils le pouvaient.

Pendant ce discours, le ciel s'emplit d'arcs-en-ciel et des fleurs tombèrent des cieux. Tous ceux qui étaient présents furent fortement inspirés par la profondeur des enseignements du Bouddha, la sublime nature des lignées réunies et transmises au travers de Lama Tsong Khapa et la puissance de Gyalwa Sonam Gyatso. D'innombrables miracles et signes favorables purent être observés dans la région à ce moment-là, témoignant de la joie des forces bénéfiques.

A l'endroit où Sonam Gyatso rencontra Altan Khan et prononça son discours, furent ensuite érigés un temple et un monastère. Sonam Gyatso en effectua lui-même le rite de consécration.

A la fin du discours, les Mongols firent encore de larges offrandes pour signifier qu'ils acceptaient ses conseils. Altan Khan lui offrit personnellement cent jeux de robes d'hiver de méditation, cent rouleaux de brocart de soie, cent rosaires faits de pierres précieuses, cent peaux d'animaux, sept récipients d'or remplis de perles et ornés de dragons en argent, un grand vase fait avec un millier de pièces d'argent, ainsi qu'un grand nombre de robes de moine et de coiffes dorées. Les membres de l'assistance lui firent alors des offrandes individuelles en fonction de leurs moyens. Il reçut sept tasses et sept soucoupes en argent, chacune faite de trois pièces en argent ; une centaine d'objets en argent façonnés en forme de sabots de cheval et de mouton, chacun fait de cinq pièces d'argent ; un millier de rouleaux de tissus de coton ; une centaine de chevaux ornés de selles et de brides, parmi lesquels trois étalons blancs avec des selles et des brides en argent décorées d'or et de pierres précieuses ; et d'innombrables autres cadeaux semblables en témoignage de leur foi envers lui et de leur volonté de suivre ses enseignements.

En retour, il leur parla en profondeur du saint Dharma, conseillant à chacun de pratiquer selon ses capacités.

Ainsi, il plaça la nation mongole sur la base ferme de la foi immuable en le Bouddha, Avalokiteshvara et Lama Tsong Khapa. Son impact était tel qu'il transforma complètement le paysage spirituel du pays. Alors que les Mongols n'avaient jusqu'alors pris plaisir que dans le sang et la violence, ils étaient maintenant engagés sur la voie de la paix. Alors que jadis, du fait de leurs croyances chamanistes, ils faisaient des sacrifices d'humains et d'animaux chaque fois que quelqu'un mourait, ils étaient désormais convaincus que de telles pratiques étaient non seulement inutiles, mais aussi nuisibles au défunt. Dorénavant, ces méthodes erronées allaient être remplacées par des activités créatives, comme construire des temples et des collèges monastiques, offrir des prières auspicieuses, faire des méditations et des récitations du *mantra* de six syllabes d'Avalokiteshvara ainsi que du *mantra* de cinq lignes de Tsong Khapa appelé la prière de Miktsema[1]. C'en était maintenant terminé de leur vie nourrie par les prises de la guerre, du pillage et de la violence qui avait fait vivre leur voisins depuis si longtemps dans une crainte permanente.

Sonam Gyatso continue son œuvre de pacification

Gyalwa Sonam Gyatso voyagea ensuite dans les provinces de l'Amdo et du Kham, à l'est du Tibet. Il y construisit plusieurs monastères, dont un à Litang et un autre à Kumbum, le lieu de naissance de Lama Tsong Khapa. En ce lieu, une goutte de sang était tombée du cordon ombilical, et de celle-ci avait poussé un arbre de santal magique connu comme « l'arbre de grands mérites[2] ». Cet arbre

1. Cette brève prière a un vaste champ d'application, des méditations de base telles que l'amour, la compassion et la vue supérieure jusqu'à des choses plus « exotiques » telles que d'arrêter la pluie, de guérir, de consacrer des remèdes, etc. (Voir *The Life and Teaching of Lama Tsongkhapa*, présenté par Robert Thurman, Dharamsala, Inde, *Library of Tibetan Works and Archives*, 1982.)

2. L'histoire de cet arbre sacré parvint en Occident au début du XIXe siècle, lorsque le prêtre lazariste Evariste Huc, qui voyagea de Pékin à Lhassa en 1845 et 1846, écrivit un récit détaillé de sa visite à Kumbum, y mentionnant l'arbre en grand détail. Il était sceptique quant à ce qu'il allait trouver et soumit l'arbre à une grande observation. Dans ses *Souvenirs d'un voyage dans la Tartarie et le Thibet dans les années 1844, 1845 et 1846* (Paris, 1850), il raconte : « Toutefois, cet arbre existe et nous avions trop souvent entendu parler de lui durant notre voyage pour ne pas nous sentir impatients à l'idée d'aller le voir. Au pied de la montagne où se trouve la lamaserie, et pas très loin du temple bouddhiste principal, se trouve une grande enceinte en carré faite de murs de brique. Après y avoir pénétré, nous pûmes examiner à loisir le merveilleux arbre dont certaines des branches s'étaient déjà montrées au-dessus du mur. Nos regards se dirigèrent d'abord avec une curiosité profonde vers les feuilles et nous fûmes emplis d'une consternation et d'un étonnement absolus en découvrant que, en fait, se trouvaient sur chacune des feuilles des

était devenu l'un des lieux de pèlerinage les plus saints du Tibet. Gyalwa Sonam Gyatso construisit un stoupa d'argent autour de celui-ci afin de le protéger des éléments. Il construisit à côté le monastère de Kumbum, ou Kumbum Jampaling, un collège monastique dédié à l'étude et à la pratique des *soutras* et *tantras* enseignés par le Bouddha. Kumbum devait rapidement devenir l'un des collèges monastiques les plus grands et les plus influents du Tibet oriental, faisant monter les profondes lignées de Lama Tsong Khapa comme un dais au-dessus des régions limitrophes de l'Est.

En raison des nombreuses activités de Gyalwa Sonam Gyatso dans les régions éloignées du Tibet et en Mongolie, Jetsun Lobzang Chokyi Gyaltsen [le premier Panchen Lama] écrivit :

caractères tibétains distinctement formés, tous de couleur verte, certains plus sombres, d'autres plus clairs que la feuille elle-même. Notre première impression fut de soupçonner qu'il s'agissait d'un trucage effectué par les lamas ; mais après une observation minutieuse de chaque détail, nous ne pûmes trouver la moindre trace de fraude. Les caractères nous apparaissaient tous comme des portions de la feuille elle-même, ayant aussi des veines et des nervures. La position n'était pas la même dans toutes ; sur une feuille, il se trouvait dans la partie supérieure, sur une autre, au milieu, et sur une troisième, à sa base ou sur le côté. Les plus jeunes feuilles ne représentaient les caractères que dans un état de formation partielle. L'écorce de l'arbre et ses branches, qui ressemblent à celles du platane, sont aussi couvertes de ces caractères. Quand vous ôtez un morceau de vieille écorce, la jeune écorce qui se trouve en dessous montre le contour indistinct de caractères dans un état germinatoire et, ce qui est très singulier, il n'est pas rare que ces caractères soient différents de ceux qu'ils remplacent. Nous examinâmes chaque chose avec la plus grande attention, afin de détecter toute trace de tromperie, mais nous ne pûmes rien trouver de la sorte et la sueur coulait littéralement de nos visages sous l'influence des sensations que ce spectacle particulièrement étonnant suscitait. Des intellects plus profonds que les nôtres pourraient, peut-être, être capables de donner une explication satisfaisante des mystères de cet arbre singulier ; mais, en ce qui nous concerne, nous y renonçons. Nos lecteurs vont peut-être rire de notre ignorance, mais nous faisons fi de cela afin que la sincérité et la vérité de notre témoignage ne soient pas suspectées. [...] Les lamas nous informèrent que [...] il n'existait nulle part ail-

Le grand lama Gyalwa Sonam Gyatso
Voyagea dans les lointaines régions périphériques du Tibet
Pour civiliser ceux que les maîtres d'avant
Avaient été incapables de dompter,
Menant ainsi à réalisation l'océan [Gyatso]
De sagesse et de mérite [Sonam] des Bouddhas
Et des bodhisattvas *des dix directions.*
Je chante par conséquent cette louange en son honneur.

Panchen Yeshe Gyaltsen [le deuxième Panchen Lama] écrivit aussi :

Hommage à Gyalwa Sonam Gyatso,
Qui dompta les difficiles à dompter
Et les plaça sur la voie de la liberté
En enseignant avec des moyens sages et habiles.

Bien que Gyalwa Sonam Gyatso ait consacré une aussi grande partie de sa vie à voyager et enseigner, et que, par conséquent, il n'ait pu écrire d'une façon aussi prolifique que l'avaient fait les deux premiers dalaï-lamas, il trouva néanmoins le temps d'écrire un certain nombre de textes importants. Le plus fameux parmi ceux-ci est sans aucun doute *L'Essence de l'or pur,* un traité sur les étapes de la voie spirituelle vers l'éveil. En plus de cela, il composa plusieurs prières, hymnes, manuels de pratique et poèmes spirituels notoires. La plupart de ceux-ci sont courts, mais profonds, révélant l'étendue de son expérience intérieure du merveilleux Bouddhadharma. Ses écrits furent rassemblés à sa mort et, s'ils ne forment qu'un volume, ils n'en explorent pas moins toute la profondeur de la pensée du Bouddha.

Après qu'il eut passé plusieurs années à voyager, enseigner et construire des monastères en Mongolie et au Tibet

leurs d'arbre semblable ; que de nombreuses tentatives ont été faites dans différentes lamaseries de Tartarie et du Tibet pour le propager en plantant des semis ou des boutures, mais que toutes ces tentatives avaient échoué. » (N.B. : Ce texte est traduit de la version anglaise de ce livre ; ce n'est pas le texte original.)

oriental, ses disciples du sud et du centre du Tibet commencèrent à s'impatienter de le voir revenir après sa longue absence. Les communautés monastiques de Sera, Drépung et Ganden étaient particulièrement contrariées car il était l'un de leurs enseignants et maîtres d'initiation les plus importants et elles commencèrent donc à envoyer un flot de requêtes à son intention, lui demandant de revenir à Lhassa. Pour sa part, Sonam Gyatso exprima lui-même plusieurs fois le souhait de revenir au Tibet central et de revoir ses vieux disciples.

Dans le même temps, de fortes requêtes lui vinrent du roi de Karachin[1], lui demandant de venir enseigner. Gyalwa Sonam Gyatso déclina d'abord l'invitation du roi, pour la raison qu'il avait déjà consacré une somme considérable d'énergie au nord-est et qu'il souhaitait retourner dans son pays natal. Le roi persista cependant avec une telle insistance que Sonam Gyatso se sentit obligé d'accepter sa requête.

A Karachin, Gyalwa Sonam Gyatso était logé au palais du Shangto, qui avait été autrefois la résidence des grands rois de Hor. Il donna là l'initiation du *mandala* de Hevajra au roi et à ses ministres, et donna au public un enseignement introductif sur la nature de la vie spirituelle, plaçant de nombreuses personnes sur la voie Upasika. A la fin de l'enseignement, le roi lui offrit une maison en argent à deux piliers. Le lama refusa l'offrande mais accepta d'y demeurer quelques jours afin d'établir une connexion karmique favorable avec lui. Celui-ci fit alors de grandes offrandes d'or, d'argent, de brocart, de chevaux, de yaks, etc., que le lama accepta afin de construire un temple et un monastère pour les gens de la région.

La mort de Sonam Gyatso

Durant le premier mois de l'année de la Souris de terre, il dirigea un long festival de prières. A la fin du mois, une lettre arriva de l'empereur de Chine, lui demandant de

1. La biographie complète mentionnait cet endroit comme Kharachin ; la courte biographie donne le nom de Kharchin.

venir visiter la capitale chinoise. Livrée dans un palanquin porté par huit hommes, elle était écrite en lettres d'or. Afin d'établir une connexion karmique auspicieuse, le lama envoya une réponse positive, promettant de venir plus tard. Mais, dans le courant du mois de nakpa, il montra de légers signes de maladie. Sachant que sa vie touchait à sa fin et qu'il avait placé sur la voie spirituelle et fait mûrir tous ceux avec qui il avait un lien karmique, il écrivit une longue lettre de conseils pour les nombreux disciples qu'il n'avait pas pu voir avant sa mort. C'était là son dernier enseignement.

A l'aube du vingt-sixième jour du même mois, il s'assit en méditation et cessa de respirer. Après cela, il transmigra vers la terre pure de Tushita, où il rencontra Bouddha Maitreya et Lama Tsong Khapa pour voir où il devrait se réincarner et quelle serait sa prochaine œuvre pour le bien des êtres sensibles.

Tel est le récit de la vie, des études, de la pratique et des activités de Gyalwa Sonam Gyatso. Nous qui pratiquons les traditions d'entraînement spirituel du Lam Rim et du Lodjong venues à travers lui et qui espérons atteindre l'éveil, noüs devrions nous inspirer de l'exemple offert par sa biographie et prier pour être capables d'égaler le dynamisme de son engagement.

Nous devrions en particulier être attentifs aux conseils spirituels que Sonam Gyatso nous a laissés dans sa merveilleuse composition, *L'Essence de l'or pur,* qui condense si habilement tous les principaux points des enseignements du Bouddha sur la voie de l'éveil. Nous devrions en voir le contenu comme un ensemble de conseils nous étant directement destinés, et nous devrions nous consacrer aux exercices spirituels qu'il présente. Il n'y a pas de meilleure manière de manifester notre gratitude envers la gentillesse de ce lama inégalé que de pratiquer ses enseignements et ainsi atteindre l'éveil. Il consacra lui-même chaque instant de sa vie à la cause de l'éveil, la suprême manière d'être bénéfique au monde, et donc, pour nous, nous consacrer à la voie de l'éveil serait la plus suprême des offrandes que nous puissions lui faire. Nous devrions faire tous les efforts en vue de cela pour notre bénéfice et celui de tous les êtres.

La lignée des dalaï-lamas

La fonction des dalaï-lamas du Tibet est l'une des institutions les plus uniques que le monde ait produites. Peu après le décès d'un dalaï-lama, un comité est formé pour trouver sa réincarnation. La plupart des dalaï-lamas ont laissé des signes donnant des indications sur le lieu de leur prochaine renaissance, et c'est toujours à partir de ces signes que les recherches sont menées. De plus, des oracles, de grands lamas, des clairvoyants et tous les éléments de l'inhabituelle société tibétaine travaillent ensemble pour localiser et réinstaurer la jeune incarnation. Des équipes de recherche sont formées, les candidats potentiels sont identifiés, puis des tests élaborés sont effectués. Chacun des jeunes candidats se voit montrer des articles ayant appartenu au dalaï-lama défunt, tels que des rosaires, des instruments de rituel, des vêtements, etc. Ceux-ci sont placés au milieu d'autres objets du même type, et l'on reconnaît la véritable incarnation par celle qui choisit correctement les articles ayant appartenu à son prédécesseur.

Le candidat retenu est reconnu officiellement et intronisé en grande pompe. Il est alors confié aux meilleurs tuteurs du Tibet, et soumis, pour les vingt ou trente années suivantes, à une éducation spirituelle intensive. Au terme de ses études, il doit passer un examen final qui consiste à débattre avec plusieurs dizaines des plus grands érudits du Tibet, et cela devant une assemblée de quelque vingt mille moines et nonnes des plus grandes universités monastiques du Tibet. C'est seulement alors qu'il est investi de l'autorité spirituelle sur le pays. L'actuel dalaï-lama est le quatorzième à tenir cette position extraordinaire.

Le terme *Dalaï* est en fait un mot mongol, bien que la lignée des dalaï-lamas soit plus vieille que le titre. Le premier à être connu comme dalaï-lama était Sonam Gyatso, qui convertit le roi Altan Khan et sa nation au bouddhisme en 1578. Plutôt que d'appeler le Lama par son nom tibétain, Altan Khan traduisit la deuxième partie de son nom, Gyatso, qui signifie « océan » en mongol, ce qui donna « dalaï-lama », c'est-à-dire « maître semblable à l'océan ». Le terme *Dalaï* évoque aussi la grandeur et la suprématie ; une autre traduction pourrait donc être « maître suprême » ou « plus grand des maîtres ». Ainsi, les Mongols furent les premiers à utiliser le titre de dalaï-lama. A partir de leur pays, le titre s'étendit à travers la Chine et l'Extrême-Orient, puis en Europe et sur le continent américain. Il ne fut jamais employé par les Tibétains eux-mêmes, toutefois, qui préféraient attribuer à leur chef spirituel des qualificatifs tibétains tels que Kundun (« la présence »), Yishin Norbu (« le joyau qui exauce tous les vœux ») et Gyalwa Rimpoché (« le précieux adepte »). Parce que Sonam Gyatso était considéré comme étant une réincarnation de Gendun Gyatso, qui lui-même en était une de Gendun Drub, le guru d'Altan Khan fut donc appelé troisième dalaï-lama, et c'est à titre posthume que ses deux prédécesseurs furent appelés premier et deuxième dalaï-lama.

Bien que les dalaï-lamas soient techniquement considérés comme des réincarnations du même être, ils n'en ont pas moins manifesté leur grandeur et choisi leur sphère d'activité et d'attention d'une façon chaque fois spécifique.

Le premier dalaï-lama, Gyalwa Gendun Drub, naquit à Gurma, dans la région de Zhabto, en 1391, et était fils de paysans nomades. A l'âge de sept ans, il fut placé par sa mère au monastère de Nartang (de l'école Kadam) pour y être éduqué. Il devait devenir le plus grand saint et érudit que ce monastère ait produit, et sa renommée s'étendit telle une bannière de victoire sur tout le Tibet.

En 1447, il fonda le monastère de Tashi Lhunpo à Shigatse, qui allait devenir la plus grande université monastique du Tibet méridional. Dans ses écrits, il se concentra sur les traditions de pratique Kadam ainsi que sur les cinq thèmes des enseignements du Bouddha (*pramana, abhidharma, prajnaparamita, madhyamika* et *vinaya*), qui avaient été rendus populaires au Tibet par l'école Sakya. Il était particulièrement renommé pour sa combinaison de l'étude et de la pratique, et il passa plus de vingt années en retraite. Il mourut en méditation assise, en 1474.

Le deuxième dalaï-lama, Gyalwa Gendun Gyatso, naquit en 1475 à Yolkar Dorjeden. Fils d'un fameux yogi de l'école Nyingma, il fut reconnu à l'âge de quatre ans comme la réincarnation de Gendun Drub. Il étudia et écrivit de nombreux ouvrages sur les pratiques des différentes écoles tibétaines, et il est particulièrement renommé pour ce qu'il écrivit sur les lignées Nyingma, Shangpa Kagyu et Géluk Nyengyu. La tradition tantrique était son principal sujet d'attention. Il est aussi connu pour avoir « découvert » et consacré le « lac des Visions » Latso et établi en ce lieu le monastère de Chokhorgyal. Il fit aussi construire la résidence du Ganden Podrang au monastère de Drépung. Il mourut en 1542, assis en méditation.

Le troisième dalaï-lama, Gyalwa Sonam Gyatso, naquit en 1543 à Khangsar dans la région de Tolung. Reconnu à un très jeune âge comme la réincarnation de Gendun Gyatso, il fut placé à Drépung pour son éducation. Il devint rapidement connu pour sa sagesse et sa réalisation, et fut nommé abbé de Drépung. Son nom se répandit à travers l'Asie, et Altan Khan, le Mongol Tumed, devint son disciple. Il se rendit en Mongolie en 1578 où il conseilla aux Tumed d'adopter formellement le bouddhisme. Il établit là-bas le monastère Tekchen Chokhor. Il voyagea ensuite dans de nombreux endroits du Tibet oriental et de la Chine occidentale, où il enseigna beaucoup et fonda un grand nombre de monastères, dont les plus importants sont Litang et Kumbum. Il était connu pour sa pratique combinée des lignées Nyingma et Géluk et pour avoir apporté la civilisation aux contrées sauvages avoisinantes d'Asie centrale. Il décéda en 1588 alors qu'il était encore en train d'enseigner au nord-est.

Le quatrième dalaï-lama, Gyalwa Yonten Gyatso, est le seul dalaï-lama qui soit né hors du Tibet. Il naquit en 1589 en Mongolie comme descendant direct d'Altan Khan. Il réalisait ainsi la promesse faite par Sonam Gyatso aux Mongols de revenir à eux dans sa prochaine vie. Parce qu'il était né en dehors du Tibet, sa reconnaissance officielle et son intronisation prirent plus de temps que d'ordinaire, et ce n'est qu'à l'âge de douze ans qu'il fut emmené au Tibet. Comme le troisième dalaï-lama, il reçut de somptueux cadeaux de l'empereur de Chine ainsi que de nombreuses invitations à visiter la cour mandchoue ; mais tous deux les déclinèrent. Le quatrième dalaï-lama n'écrivit pas d'œuvre significative, mais consacra plutôt son temps et son énergie à étudier, pratiquer et enseigner. Il mourut en 1617.

Le cinquième dalaï-lama, Gyalwa Ngawang Lobzang Gyatso, connu comme « le Grand Cinquième », naquit à Chonggye en l'année du Serpent de fer, moins d'une année après le décès de Gyalwa Yonten Gyatso. Il allait devenir le plus dynamique des premiers dalaï-lamas. Il écrivit autant que tous les autres dalaï-lamas réunis, voyagea et enseigna considérablement, et donna une nouvelle forme à la politique de l'Asie centrale. Durant sa vie, les trois provinces du Tibet (centrale, sud et est) qui avaient été divisées en royaumes séparés depuis la mort du roi Lang Dharma au milieu du IXe siècle, se réunirent de nouveau pour former un Tibet unique, placé sous l'autorité spirituelle et séculière du Grand Cinquième en 1642. Il fut invité à la cour chinoise par l'empereur Ching dans le but de restructurer les monastères bouddhistes et se rendit à Pékin en 1652. Il écrivit sur un large éventail de sujets, mais est surtout connu pour ses ouvrages d'histoire et ceux de poésie classique indienne ainsi que pour ses biographies de personnalités éminentes de son époque. Sa dernière grande réalisation fut d'amorcer la construction du magnifique palais du Potala à Lhassa, qui ne fut pas terminé avant sa mort. Il mourut en 1682, alors qu'il était engagé dans une retraite de trois ans. Pour assurer l'achèvement de la construction du Potala, il ordonna que sa mort et le lieu de sa renaissance fussent gardés secrets jusque ce que la partie principale du bâtiment fût terminée. Le Grand Cinquième a aussi marqué son époque par l'établissement d'un système national d'assistance médicale au Tibet, et l'amorce d'un programme d'éducation nationale.

Le sixième dalaï-lama, Gyalwa Tsangyang Gyatso, fut le seul dalaï-lama à ne pas garder la discipline monastique. Né dans la famille Chime Lingpa au sud du Tibet, juste à la frontière indienne (ce lieu est maintenant territoire indien), il fut trouvé deux ans plus tard et placé, en 1688, à Nangkhatse pour y être éduqué. Tout cela fut gardé secret à l'époque, et ceci jusqu'en 1695, date à laquelle le palais du Potala fut terminé. Le deuxième Panchen Lama fut envoyé pour l'ordonner et l'éduquer, et il fut intronisé en 1697. Mais il préférait le sport et la vie sociale aux monastères, et, quand il atteignit l'âge de vingt ans, il rendit ses robes et s'installa hors de la résidence officielle du Potala, dans un petit appartement qu'il avait fait construire au pied de la montagne. Il est surtout aimé de son peuple pour ses poèmes romantiques, son style de vie joyeux et son dédain pour l'autorité. Cependant, la tragédie devait le frapper. Certains Mongols n'étant pas satisfaits de son manque de discipline extérieure, ils envahirent Lhassa en 1705 et s'emparèrent de lui. Il mourut en 1706 pendant qu'il était emmené en Mongolie. Les Tibétains le considèrent toutefois comme une véritable incarnation du Grand Cinquième, et interprètent sa conduite inhabituelle comme une manifestation de la sagesse tantrique en vue de donner un enseignement paranormal à son peuple.

Le septième dalaï-lama, Gyalwa Kalzang Gyatso, naquit en 1708 à Litang, à l'est du Tibet. Il fut rapidement trouvé, mais, à cause des troubles avec la Mongolie, ne put être reconnu officiellement. C'est finalement en 1720 qu'il fut emmené au Tibet central et intronisé, mais pas avant qu'une rébellion persistante ne fût parvenue à sortir les Mongols Dzungar de Lhassa. Malheureusement, ce ne fut pas sans l'aide des Mandchous, qui considéraient la Mongolie comme leur principale ennemie et voyaient dans ce conflit une occasion de servir leurs intérêts en Asie centrale. Cette alliance allait plus tard être la cause de complications politiques. Le septième dalaï-lama allait toutefois se révéler très important pour l'histoire religieuse du Tibet, et sa vie simple et pure de moine gagna le cœur des gens. Il écrivit beaucoup, particulièrement sur ce que l'on appelle les *tantras* « populaires » : Guhyasamaja, Heruka Chakrasamvara, Vajrabhairava et Kalachakra. Il est particulièrement réputé pour sa poésie spirituelle informelle et le grand nombre de prières et d'hymnes qu'il a composés. Il mourut en 1757.

Le huitième dalaï-lama, Gyalwa Jampal Gystso, naquit l'année suivante à Tobgyal, dans la province de Tsang. Il fut reconnu et emmené à Lhassa en 1762. C'est le dalaï-lama qui construisit le légendaire Norbulingka en 1783, dans le parc situé à l'ouest de Lhassa. Eduqué par le troisième Panchen Lama, il manifesta des qualités spirituelles merveilleuses et un dégoût pour les intrigues politiques. Durant sa vie, le Tibet devint pour la première fois très conscient des intérêts coloniaux britanniques en Asie. C'est pour cette raison qu'il adopta une politique isolationniste de défense en 1802. Jampal Gyatso mourut en 1804.

Chacun des quatre dalaï-lamas suivants n'allait vivre que peu de temps. On peut se demander s'il faut y voir l'influence des intrigues, du développement de nouvelles maladies provoqué par l'augmentation des contacts avec le monde extérieur, ou simplement du manque de bon karma du peuple tibétain (le bon karma des disciples étant considéré par les Tibétains comme la cause principale de la longue vie d'un grand lama).

Quoi qu'il en soit, le neuvième dalaï-lama, Gyalwa Lungtok Gyatso, qui naquit en 1805, mourut au printemps de 1815. Il était prophétisé que ce dalaï-lama aurait des obstacles à sa durée de vie, mais que s'il vivait vieux, il effectuerait les plus grandes choses de tous les dalaï-lamas. Quand il mourut, tout le Tibet pleura sa perte.

Le dixième dalaï-lama, Gyalwa Tsultrim Gyatso, né en 1816, fut reconnu et intronisé en 1822. Son état de santé fut toujours faible et il mourut en 1837 à l'âge de vingt et un ans.

Le onzième dalaï-lama, Gyalwa Khedrub Gyatso, naquit l'année suivante à Gartar, dans le Tibet oriental. Il fut intronisé en 1855, mais mourut onze mois plus tard.

Le douzième dalaï-lama, Gyalwa Trinle Gyatso, né une année plus tard, fut le seul dalaï-lama dont la sélection fut opérée par le moyen de la « loterie de l'urne d'or » décrétée par l'Empereur chinois. Du fait qu'il n'y avait pas eu de dalaï-lama fort depuis un certain temps, la politique intérieure du Tibet était en train de devenir de plus en plus instable. Ce dalaï-lama aussi mourut jeune, en 1875.

Le treizième dalaï-lama, Gyalwa Thubten Gyatso, naquit en 1876, dans la partie sud-est du Tibet, à Takpo Langdun, d'une famille de paysans. Reconnu en 1878 et intronisé un an plus tard, il allait apporter l'autorité spirituelle et politiquc nécessaire pour raviver un Tibet atteint par l'ère de la colonialisation, avec les intrigues, les conflits et les luttes de pouvoir qu'elle provoquait. Le pays s'en trouvait très troublé. Installé au pouvoir en 1895, il dirigea son pays à travers les époques des conflits anglo-russes de la fin du XIXe siècle, de l'invasion anglaise de 1904, puis de l'invasion chinoise de 1909. Les Tibétains parvinrent à neutraliser cette dernière après trois ans d'efforts et, en 1912, tous les soldats chinois qui se trouvaient alors au Tibet se rendirent et furent déportés. Malheureusement, Tubten Gyatso ne parvint pas à faire admettre le Tibet à la Société des nations. Inquiète qu'un Tibet indépendant ne devînt une proie facile pour la Russie expansionniste, la Grande-Bretagne insista pour que, en termes de lois, le Tibet fût internationalement considéré comme sous la suzeraineté (mais non sous la souveraineté) de la Chine. Il n'en demeure pas moins que le treizième dalaï-lama bannit tous les Chinois du Tibet, et que cela fut une situation de fait tout le reste de sa vie. C'était le premier dalaï-lama à avoir de nombreux contacts avec l'Occident, et il fut beaucoup aimé par ceux qui le rencontrèrent. Le *Portrait du dalaï-lama* écrit par Sir Charles Bell est un témoignage du respect que les

Anglais lui portaient (Collins, Londres, 1946). Tubten Gyatso termina ses études à un âge précoce, puis entra en 1914 dans une retraite de trois ans. Durant les années ultérieures de sa vie, il tenta de moderniser le Tibet, malgré la résistance des pouvoirs en place. En 1932, il prophétisa la future invasion du Tibet par la Chine et exhorta son peuple à se préparer. Il écrivit beaucoup, bien que sa situation lui demandât de consacrer une grande partie de son temps à donner de la force à son pays et à ranimer l'esprit de son peuple. Il voyagea en Mongolie, en Chine et en Inde, et passa de nombreuses années sur les routes dans ses efforts pour préserver son petit pays des stratégies menaçantes des grandes puissances – l'Angleterre, la Russie et la Chine. Il mourut en 1933.

Le quatorzième dalaï-lama, Gyalwa Tenzin Gystso, est né le 6 juillet 1935, à Taktser, dans l'est du Tibet. Retrouvé et reconnu deux ans plus tard, il est emmené au Tibet central en 1939 et intronisé. A la suite de l'invasion du Tibet par les Chinois dans les années 50 et de l'échec de toutes ses tentatives de négociations avec les dirigeants chinois, il prend la fuite en 1959, suivi par un grand nombre de ses concitoyens. Il vit maintenant en Inde, à Dharamsala, une petite ville située aux confins de l'Himalaya, d'où il consacre tous ses efforts à sauver son pays et son peuple par la voie de la paix. Ses efforts lui ont valu une reconnaissance et un respect internationaux que symbolise le prix Nobel qui lui est décerné en 1989.

Le départ en exil d'une importante partie du peuple tibétain a eu pour effet de rendre le dalaï-lama et les grands lamas tibétains accessibles pour la première fois au monde occidental. Le quatorzième dalaï-lama est maintenant un citoyen du monde, qu'il parcourt sans cesse pour défendre la cause de son peuple et enseigner. La profondeur de son érudition, de sa sagesse et de son expérience de la nature de l'existence humaine lui a gagné des centaines de milliers d'amis à travers le monde. Son humour, sa chaleur et l'énergie de sa compassion sont des exemples vivants de la force et de l'efficacité du bouddhisme tibétain et de sa valeur pour l'humanité.

Le concept de *tulku*, ou lama réincarné, était une partie

intégrante de la culture tibétaine. Le dalaï-lama n'était qu'un parmi environ un millier de tels *tulkus*, mais il était parmi eux un roi des *tulkus* en quelque sorte, au-dessus et au-delà de toute limitation d'école de bouddhisme tibétaine. Dirigeant temporel de tout le Tibet, il était en plus le chef spirituel non seulement du Tibet, mais de toutes ces terres où le bouddhisme tibétain prédomine, telles la Mongolie, la Chine occidentale, l'Inde du Nord, etc. Ses fidèles n'étaient pas limités aux six millions de Tibétains, mais aux dizaines de millions de bouddhistes qui peuplent ces vastes contrées, plus vastes que l'Europe tout entière. Maintenant que le Tibet n'existe plus comme nation indépendante, sa position séculaire a perdu de son importance, mais son influence spirituelle n'en a que grandi. De plus, le respect de la communauté internationale envers les lamas tibétains et le bouddhisme tibétain s'est considérablement accru.

La destruction du Tibet et sa future résurrection furent prophétisées par le grand sage indien du VIIIe siècle, Padmasambhava, qui prophétisa aussi : « Quand des oiseaux de fer voleront et que des chevaux avanceront sur des roues, le Dharma sera apporté au pays de l'homme rouge. » Peut-être la souffrance du Tibet et la dignité étonnante des Tibétains dans cette circonstance étaient-elles nécessaires pour attirer l'attention du monde sur la richesse de la culture tibétaine...

Quand on lui parle de cette prophétie, Sa Sainteté le quatorzième dalaï-lama répond : « Que ce soit prophétisé ou non, l'Occident montre beaucoup d'intérêt pour le bouddhisme. De plus en plus d'universités proposent des études bouddhistes, et des centaines de centres de méditation bouddhiste sont apparus un peu partout dans le monde. Je crois moi-même que le bouddhisme est la propriété de toute l'humanité, et non pas d'une nation ou d'un peuple en particulier. Il peut apporter beaucoup à l'humanité dans le domaine de la compréhension et du développement de l'esprit. En comprenant l'esprit et en accroissant ses qualités créatives, nous augmentons la paix et le bonheur des hommes. Si nous, les Tibétains, pouvons contribuer à cela de quelque manière que ce soit, nous sommes très heureux de pouvoir le faire. [...] Beaucoup d'éléments du bouddhisme pourraient être bénéfiques au monde, beaucoup de méthodes pour cultiver des formes supérieures d'amour, de compassion et de sagesse. Il est bénéfique à chacun d'accroître ces qualités. [...] Les gens n'ont pas à devenir bouddhistes d'une façon formelle pour utiliser des techniques bouddhistes. Le but des enseignements est seulement d'être bénéfique aux êtres. [...] Le monde a profondément besoin de paix, d'amour et de compréhension. Si le bouddhisme peut contribuer à cela, nous serons heureux de le faire. Nous sommes tous ensemble sur cette planète, nous sommes tous des frères et des sœurs, avec les mêmes facultés physiques et mentales, les mêmes problèmes et les mêmes besoins. Nous devons tous contribuer du mieux que nous pouvons à l'épanouissement du potentiel humain et à l'amélioration de la qualité de la vie. [...] L'humanité est en situation de détresse. Nous vivons une époque désespérée. Ceux qui ont quelque chose à offrir doivent se mettre en avant. C'est maintenant le moment. »

Glenn MULLIN

Glossaire

AINSITÉ (skt *tatha* ; tib. *De-nyid*) : autre mot pour « vacuité » ou « la nature des choses » (*tatha*).

AMIS SPIRITUELS (skt *kalyanamitra*) : synonyme de guru.

ARHAT (lit. « destructeur de l'ennemi ») : généralement employé par allusion à quelqu'un qui a accompli la voie du Hinayana ou détruit l'« ennemi » des émotions perturbatrices telles que l'attachement, la colère, l'ignorance, etc., ainsi que leurs instincts. Mais quand il est employé dans un sens plus général, il se réfère aussi aux hauts *bodhisattvas* et aux Bouddhas, puisque eux aussi ont détruit ces éléments.

ARYA (lit. « supérieur ») : celui qui, par la compréhension de la vacuité, est allé au-delà du monde.

AVALOKITESHVARA (tib. *sPyan-ras-gzigs/Chenrezig*) : le *bodhisattva* de la compassion, dont les dalaï-lamas sont considérés comme des incarnations. Dans les systèmes tantriques, Avalokiteshvara devient le symbole d'un moyen yogique d'accomplir l'éveil.

BARDO : état entre la mort et la renaissance, qui se divise en trois phases : le *bardo* de la mort, le *bardo* de la réalité et le *bardo* de la renaissance.

BODHICITTA (lit. « l'esprit d'éveil ») : il a deux facettes : conventionnelle et ultime. La première se divise elle-même en deux aspects : celui qui aspire à l'éveil suprême comme moyen d'être bénéfique au monde, et celui qui s'engage dans la pratique menant à l'éveil. L'esprit d'éveil ultime est le dernier de ces deux, placé dans la compréhension de la vacuité. Dans le plus haut *tantra*, l'esprit d'éveil est de deux types : rouge, qui symbolise l'énergie féminine ; et blanc, qui symbolise l'énergie masculine. Celles-ci sont respectivement représentées par l'ovule et le sperme. Dans ce contexte, la bouddhéité est l'union de ces deux forces dans le cadre de la réalisation du Mahamudra.

BODHISATTVA : adepte du Mahayana. Il y a deux types de *bodhisattvas* : les *bodhisattvas* ordinaires, qui se sont engagés sur la voie mais n'ont pas encore acquis de perception directe de la signification de la vacuité ; et les *aryas*, qui peuvent en faire l'expérience directe dans la méditation.

BODHISATTVAYANA : voie d'un *bodhisattva* ; le Mahayana.

BOUDDHA (tib. *Sangs-rgyas/Sanggye*) : *Sangs* signifie « celui qui est purifié des deux voiles », et *rgyas* « celui qui a étendu son esprit » au point d'englober toutes les excellences et les connaissances.

BOUDDHÉITÉ : état d'éveil complet en lequel tous les aspects négatifs du monde intérieur et extérieur sont transcendés, et où compassion, sagesse, puissance et qualités spirituelles sont totalement réalisées.

CORPS D'ÉMANATION (skt *Nirmanakaya*) : le plus bas des quatre corps mystiques d'un Bouddha. C'est le seul aspect d'un Bouddha qui puisse être perçu par les êtres ordinaires.

DAKINI (tib. *mKha-gro-ma/Kandroma*, lit. « celle qui se déplace dans le ciel ») : catégorie de divinités tantriques féminines personnifiant la sagesse.

DHARANI : formule quintessentielle de sons mantriques contenant le cœur d'une doctrine particulière.

DEUX PHASES DU TANTRA : dans les trois classes inférieures de *tantra*, ce terme fait allusion au « yoga avec symboles » et au « yoga sans symboles ». Dans le plus haut *tantra,* il fait allusion aux phases de génération et d'achèvement. La première concerne surtout la génération de la vision du monde comme *mandala,* des sons comme *mantras* et des pensées comme la sagesse innée de la félicité et de la vacuité. La seconde traite principalement de l'achèvement de ce processus par la pratique consistant à canaliser toutes les énergies vitales vers le cœur pour produire le corps illusoire, réaliser les deux types de claire lumière et atteindre l'état de grande union.

DEUX NIVEAUX DE VÉRITÉ : la vérité conventionnelle et la vérité ultime. Le deuxième niveau concerne la vacuité, et le premier couvre tout le reste.

DHARMA : la doctrine du Bouddha, qui incorpore à la fois les traditions scripturales et les traditions propres à l'expérience. C'est aussi tout objet de connaissance.

DRÉPUNG : le monastère dans lequel les premiers dalaï-lamas furent éduqués. Avec plus de dix mille moines avant l'invasion chinoise de 1950, c'était le plus grand monastère du Tibet. Le tuteur supérieur du dalaï-lama, Ling Rimpoché, était originaire de Drépung.

ÉCOLE DES CHAPEAUX JAUNES : nom populaire pour désigner l'école Géluk, qui revint à l'utilisation des chapeaux jaunes des premiers pandits indiens bouddhistes ; les autres écoles du bouddhisme tibétain utilisent des chapeaux rouges tels qu'ils étaient employés dans l'Inde néoclassique (voir ÉCOLE DES CHAPEAUX ROUGES et GÉLUK).

ÉCOLE DES CHAPEAUX ROUGES : toutes les écoles du bouddhisme tibétain autres que l'école Géluk, qui est celle caractérisée par un chapeau jaune. Le chapeau jaune avait été utilisé au début en Inde, mais, sur les conseils d'une *dakini,* il fut changé en rouge. La signification du jaune est la terre et l'accroissement du sublime, alors que le rouge symbolise le feu et la destruction des ennemis. La couleur fut changée en Inde, parce que les bouddhistes se faisaient régulièrement battre par les hindous dans les débats, ce qui affaiblissait le mouvement. Tsong Khapa jugea que l'usage du rouge était obsolète, puisque le débat, au Tibet, était devenu un outil non pour vaincre les autres philosophies, mais pour s'entraîner et se développer spirituellement. Il revint donc au jaune, couleur de l'accroissement.

ÉCOUTE (tib. *thos-pa*) : signifie en fait l'étude d'un texte ou d'un sujet plutôt que l'acte passif d'écouter. Dans le bouddhisme, cependant, un texte est d'abord lu et expliqué à l'étudiant par quelqu'un qui l'avait reçu de la même manière, afin de transmettre le texte par oral – d'où le mot *thos-pa* (« écoute »).

ESPRIT D'ÉVEIL/ESPRIT ALTRUISTE D'ÉVEIL : voir BODHICITTA.

ÉMOTIONS PERTURBATRICES (OU NÉGATIVES) (skt *klesha*) : les trois principales émotions perturbatrices sont l'ignorance, l'aversion et l'attachement. La destruction de celles-ci et de leurs instincts permet de réaliser le nirvana.

ÉVEIL (tib. *byang-chub*) : *Jang* fait référence à la purification totale des deux voiles ; *chub* à l'expansion de la sagesse jusqu'aux deux niveaux de vérité.

FACTEURS PERTURBATEURS : voir ÉMOTIONS PERTURBATRICES.

GANDEN : monastère fondé par Tsong Khapa, qui devint le principal monastère de l'école Géluk. Il a été totalement détruit par les Chinois, mais une petite réplique de celui-ci a été reconstituée par les réfugiés tibétains à Mungod, au sud de l'Inde, afin de préserver la tradition.

GANDHARVAS : esprits musiciens se nourrissant d'odeurs.

GAROUDA : oiseau mystique symbolisant l'énergie qui détruit la négativité intérieure.

GÉLUK (lit. « la voie vertueuse ») : ordre éclectique du bouddhisme tibétain fondé par Tsong Khapa comme synthèse des écoles déjà existantes.

GUHYASAMAJA (lit. « l'assemblée secrète ») : système tantrique principal amené au Tibet par Marpa le Traducteur.

La lignée de Marpa de Guhyasamaja est maintenant la pratique tantrique principale de l'école Géluk, alors qu'elle a été largement remplacée par le *tantra* de Heruka dans l'école Kagyu.

GURU : voir LAMA.

HINAYANA (lit. « le petit véhicule ») : terme désignant une catégorie particulière de pratiques, dans laquelle le refuge est seulement pris dans les textes révélés durant la vie du Bouddha ; le but est le nirvana personnel, et la voie consiste principalement en la pratique des trois entraînements supérieurs : ceux de l'éthique, de la concentration et de la sagesse.

ILLUMINATION : voir ÉVEIL.

KADAM : école de bouddhisme tibétaine formée par Atisha, qui vint au Tibet en 1042. L'école Kadam servit de fondation à toutes les nouvelles écoles – Sakya, Kagyu et Géluk – et permit l'essor des sophistications philosophiques de l'école Géluk.

KAGYU : école de bouddhisme tibétaine créée par Marpa le Traducteur, qui étudia pendant douze années en Inde, au milieu du XIe siècle auprès de divers gurus, dont les plus éminents furent Naropa et Maitreya. Marpa transmit ses lignées à Milarépa, qui les passa à son tour à Gampopa, un moine de l'école Kadam. Il en résulta une fusion de ces deux traditions dont le *Joyau ornemental de la libération* de Gampopa est le fruit. Après la mort de Gampopa, les Kagyu se divisèrent en quatre branches puis en douze sous-écoles. Tsong Khapa étudia durant cinq années avec l'une d'elles, l'école Drikung Kagyu, dont il reçut le *tantra* de Guhyasamaja, les *Six yogas de Naropa*, les *Cinq traités sur le Mahamoudra*, etc.

KARMA (lit. « action » ou « acte ») : le terme de karma est plus souvent utilisé pour évoquer le processus d'évolution physiopsychique, qui est contrôlé par les actions du corps, de la parole et de l'esprit. Selon les lois du karma, aucune expérience n'est sans cause ; ou plutôt, tout ce qui arrive a sa graine dans une action passée ; et chaque action sème sa graine dans l'esprit, qui un jour mûrira en accord avec sa nature. En bref, une action négative produit la graine de souffrance future, et une action fondée sur la bonté, la graine du bonheur. Techniquement, le karma est de deux sortes : contaminé et non contaminé. Ce dernier fait allusion à un acte effectué avec la conscience de la vacuité ; celui-ci ne produit aucun effet sur le sujet de l'acte. Les karmas contaminés sont mauvais, bons, ou non fluctuants (ce dernier terme faisant allusion à ceux créés par une méditation supérieure encore conditionnée par la saisie d'une existence intrinsèque). Ils aboutissent respectivement à une renaissance inférieure, une bonne renaissance, ou une renaissance dans le royaume de la forme.

LAMA (lit. « celui qui n'a pas d'égal ») : équivalent tibétain du terme guru. Dans la pratique tantrique, le corps du guru est vu comme la Sangha, sa parole comme le Dharma et son esprit comme le Bouddha.

LAM RIM (lit. « étapes de la pratique spirituelle ») : nom général pour la forme de bouddhisme introduite au Tibet par Atisha en 1042. Cette tradition a été intégrée dans toutes les nouvelles écoles du bouddhisme tibétain, bien que ce soit une spécialité des Géluk.

LIBÉRATION (tib. *thar-pa*) : par allusion à la liberté des schémas karmiques compulsifs et des voiles mentaux et paramentaux.

MAHAMOUDRA (lit. « le grand sceau ») : nom général pour l'approche de la vacuité dans la phase d'achèvement du *tantra*. Cependant, l'école Kagyu l'utilise hors de ce contexte et l'applique dans un sens plus général.

MAHAYANA (lit. « le grand véhicule ») : véhicule au sein duquel on prend refuge dans les écritures révélées après la mort du Bouddha (et propagé par les maîtres, tels que Nagarjuna, Asanga, etc.) ainsi que dans les écritures précédentes acceptées par le Hinayana. Aussi, contrairement au Hinayana, dont la base est le renoncement, la base du Mahayana est la grande compassion et son but, plutôt que le nirvana individuel, est la bouddhéité omnisciente.

MANDALA : symbole de l'harmonie et de la perfection innée de l'existence.

MANTRA : regroupement de sons sacrés qui, s'ils sont récités en connexion avec une méditation correcte, produisent un effet magique ou magico-spirituel. Chaque système tantrique utilise de nombreux *mantras*.

MANTRAYANA : véhicule des *mantras* ; synonyme de Vajrayana.

NIRVANA : désigne généralement l'accomplissement *hinayana* de l'état d'*arhat,* ou de libération individuelle du *samsara,* mais peut aussi inclure la bouddhéité complète. Dans le premier cas, les émotions perturbatrices et leurs instincts sont détruits, donnant lieu à la liberté des compulsions cycliques ; dans le deuxième cas, la tendance innée de l'esprit à saisir l'existence intrinsèque est aussi détruite, accordant ainsi l'omniscience.

NYINGMA (lit. « les vieilles écoles » du bouddhisme tibétain) : ordres qui suivent les traductions scripturales effectuées antérieurement, au XIe siècle.

PHASE D'ACHÈVEMENT : voir DEUX PHASES DU TANTRA.

PHASE DE GÉNÉRATION : voir DEUX PHASES DU TANTRA.

PRAJNAPARAMITAYANA (lit. « le véhicule de la perfection de la sagesse ») : le Mahayana exotérique.

PRATYEKABOUDDHA : pratiquant *hinayana* qui atteint le nirvana en suivant sa voie personnelle et en vivant dans la solitude, par opposition au *sravaka arhat,* qui l'atteint principalement en écoutant les enseignements et en vivant en groupe.

QUATRE CLASSES DE TANTRA : ces quatre classes sont Kriya, qui utilise beaucoup de rituels extérieurs (tels que les lavements, etc.) ; Charya, qui équilibre les méthodes externes et internes ; Yoga, qui met l'accent sur les méthodes internes ; Anuttara, ou Mahanuttarayoga, qui a exclusivement recours à des méthodes internes.

QUATRE FORCES D'OPPOSITION : les quatre forces qui doivent être appliquées pour que les empreintes karmiques des actions négatives puissent être purifiées : la force du repentir par rapport aux actions négatives que l'on a commises ; la force de s'engager à ne pas les commettre de nouveau ; la force du refuge dans les Trois Joyaux ; et la force du remède (la pratique de Vajrasattva ou toute autre pratique de purification).

QUATRE INITIATIONS : ce sont l'initiation du vase, l'initiation secrète, l'initiation de la sagesse et l'initiation de la parole. La première introduit l'individu aux cinq sagesses des Bouddhas, purifie les négativités du corps, autorise à pratiquer la phase de génération du *tantra* et donne la graine du Corps d'Emanation d'un Bouddha. La deuxième introduit aux secrets de l'interprétation tantrique de la sexualité, purifie les négativités de la parole, autorise à pratiquer le yoga du corps illusoire et donne les graines du Corps béatifique d'un Bouddha. La troisième introduit à la signification tantrique de la « consorte », purifie les négativités de l'esprit, autorise à pratiquer le yoga de Claire Lumière et plante les graines du Corps de Vérité d'un Bouddha. La quatrième initiation introduit à la combinaison des deux vérités, purifie simultanément les négativités du corps, de la parole et de l'esprit, autorise à pratiquer le yoga de grande union, et plante les graines du Corps d'Essence d'un Bouddha. Les trois classes inférieures de *tantra* ne comprennent que l'initiation du vase. Les trois plus hautes initiations sont exclusives au plus haut *tantra*.

QUATRE NOBLES VÉRITÉS : ce sont les vérités que l'existence « non éveillée » est imprégnée de souffrance ; que les causes de cette souffrance sont les émotions perturbatrices agissant à travers des schémas karmiques compulsifs ; qu'il existe un état spirituel au-delà de la souffrance ; et qu'il y a une voie distincte menant à cet état de cessation de la souffrance.

QUATRE SCEAUX : tous les *dharmas* sont impermanents ; tous les objets contaminés ont la nature de souffrance ; tous les phénomènes sont dénués d'entité propre ; et le nirvana est paix.

REFUGE : voir TROIS JOYAUX.

SADHANA (tib. *grub-thabs*) : allusion à la méthode d'une tradition tantrique pour atteindre l'éveil et en particulier au manuel de méditation quotidienne chanté par un initié.

SAKYA : école du bouddhisme tibétain fondée au milieu du XIe siècle par Drogmé le Traducteur, puis propagée ensuite par la lignée des Sakya Panditas.

SAMADHI : pouvoirs méditatifs de l'esprit. Faculté mentale, le *samadhi* est l'habileté à se concentrer en un point. Dans la méditation, le *samadhi* devient l'habileté à totalement absorber l'esprit dans un objet de concentration.

SAMATHA : degré de concentration caractérisé par l'extase mentale et physique. Les neuf étapes menant au *samatha* sont des degrés de concentration.

SAMYAKSAMBODHI : lit. « l'éveil complet, pur, parfait ».

SANGHA : conventionnellement, les aspirants spirituels considérés comme communauté – la communauté monastique. Ultimement, la Sangha est constituée de ceux qui ont fait l'expérience de la réalité ultime, ou vacuité. Ce sont les êtres supérieurs.

SARMA : « nouvelles écoles » du bouddhisme tibétain : Sakya, Kagyu, Kadam et Géluk. Ce sont les ordres qui suivent les traductions scripturales ultérieures au XIe siècle.

SIX PERPECTIONS : pratiques de la générosité, de la discipline éthique, de la patience, de la persévérance, de la méditation et de la sagesse, fondées sur l'aspiration altruiste à atteindre la bouddhéité afin d'être bénéfique au monde.

SIX ROYAUMES : royaumes des enfers, des esprits avides, des animaux, des hommes, des dieux jaloux et des dieux.

SOUTRA : texte contenant les enseignements exotériques du Bouddha. Les *soutras* sont de deux sortes : *hinayana* et *mahayana*.

SOUTRAYANA : véhicule des *soutras*, aspect exotérique de la voie bouddhiste. Il inclut à la fois le Hinayana et le Prajnaparamitayana, ou Bodhisattvayana, c'est-à-dire le Mahayana exotérique.

SRAVAKA ARHAT : pratiquant *hinayana* qui a atteint le nirvana principalement à travers l'écoute des enseignements.

TANTRA : enseignements ésotériques du Bouddha, en un sens. *Tantra* signifie littéralement « courant » ou « fil » – le « courant » ou le « fil » de la sagesse innée qui embrasse toute expérience.

TROIS COLLECTIONS (OU TROIS CORBEILLES) : les trois catégories d'écritures – Vinayapitaka, Soutrapitaka et Abidharmapitaka.

TROIS DEGRÉS D'APPLICATION SPIRITUELLE : applications reposant sur les souhaits d'obtenir une renaissance supérieure, la libération individuelle du *samsara* et la libération dotée de l'omniscience en vue d'être bénéfique à tous les êtres.

TROIS ENTRAÎNEMENTS SUPÉRIEURS : ce sont la discipline éthique, la concentration et la sagesse, principaux thèmes des trois collections d'écritures et substance véritable de la voie *hinayana*.

TROIS JOYAUX : les trois objets de soutien spirituel tels qu'ils sont vus dans le bouddhisme (voir BOUDDHA, DHARMA et SANGHA). Dans la tradition tibétaine, le guru, ou lama, est aussi mentionné, mais plutôt que d'être un quatrième objet de refuge, il représente les trois à lui seul.

VAJRA (tib. *rDor-je*) : le diamant ou, plus exactement, le sceptre de diamant à cinq points. Tout comme un diamant est indestructible, de même en est-il du corps, de la parole et de l'esprit d'un éveillé. Les cinq points représentent la transformation des cinq agrégats ordinaires – forme, sensations, perceptions, formations mentales, consciences – en les cinq sagesses – la sagesse semblable au miroir, les sagesses de l'équanimité, de la discrimination, de l'accomplissement et de la réalité ultime.

VAJRADHARA (lit. « le détenteur du Vajra ») : le Bouddha primordial, l'état primordial d'éveil. Atteindre l'état d'un Vajradhara est le but du Vajrayana.

VAJRAYANA : « le véhicule du diamant ». Synonyme de *tantrayana,* la voie des *mantras* secrète.

VIPASSANA : méditation sur la vacuité.

VOIES ET ÉTAPES : les cinq voies successives sur la voie de l'éveil – la voie de l'accumulation, la voie de l'application, la voie de la vision, la voie de la méditation, la voie suprême – et les différentes étapes de réalisation se trouvant le long de ces voies. La première voie commence avec la réalisation de l'esprit d'éveil spontané.

VOILES (skt *avarana*) : ils sont de deux types : les voiles obstruant la libération de l'existence cyclique et les voiles qui font obstacle à l'omniscience. Un pratiquant *mahayana* élimine les deux ; un pratiquant *hinayana* ne détruit que le premier.

YIDAM : traduit en général par « divinité de méditation ». Littéralement, « l'aspect sain de l'esprit ».

YOGA (tib. *rNal-'byor*) : ou « véritable application spirituelle ». Ce yoga ne fait pas référence aux exercices physiques, comme cela semble être souvent le cas dans le système hindou, mais à des pratiques spirituelles. Etymologiquement, *rNal* signifie « véritable » et *'byor* « voie ».

YOGI : celui qui suit un yoga, ou un véritable chemin spirituel.

Bibliographie

1. TEXTES TRADUITS DANS CE LIVRE

Première partie

Troisième dalaï-lama, *L'Essence de l'or pur* (tib. *Byang-chub-lam-gyi-rim-pai-khrid-yig-gser-gyi-yang-zhan-ma*).

Deuxième partie

Troisième dalaï-lama, *Un rite préliminaire du Lam Rim* (tib. *Lam-rim-byor-spyod*).

Troisième dalaï-lama, *Une méditation sur le bodhisattva de la compassion* (tib. *sPyan-ras-gzigs-phyag-len-sgrub-tshul*).

Troisième dalaï-lama, *Cinq poèmes* (tib. *rGyal-wa-sku-'phreng-gsum-pai-rnam-thar-las-nyams-gur-slab-bya-la-sogs*).

Troisième partie

Tsechokling, *Biographie du troisième dalaï-lama* (tib. *Lam-rim-bla-brgyud-las-rgyal-dbang-gsum-pai-rnam-thar*).

2. ENSEIGNEMENTS DU BOUDDHA CITÉS DANS CE LIVRE

Le Chapitre de l'être de vérité (skt *Satyakaparivartasutra ;* tib. *bDen-pa-poi-leui-mdo*).

Soutra de la descente à Lanka (skt *Lankavatarasatra ;* tib. *Lang-kar-gshegs-pai-mdo*).

Histoires de Jataka (skt *Jatakanidara ;* tib. *sKyes-pa-rabs-kyi-gleng-gzhi*).

Soutra du roi des absorptions (skt *Samadhirajasutra ;* tib. *Ting-nge-dzin-ryal-poi-mdo*).

Soutra de la rencontre entre père et fils (skt *Pitaputrasamagamasutra ;* tib. *Yab-dang-sras-mjal-bai-mdo*).

Soutra de la confession aux trente-cinq Bouddhas (skt *Triskandhakasutra ;* tib. *Byang-chub-sems-dpai-ltung-bar-gshags-pa*).

Soutras sur la discipline (skt *Vinayasutra. ;* tib. *'Dul-bai-mdo*).

Soutras sur la perfection de la sagesse (skt *Prajnaparamitasutra ;* tib. *Shes-rab-kyi-pha-rol-tu-phyin-pai-mdo*).

3. OUVRAGES INDIENS CITÉS DANS CE LIVRE

Aryadeva, *Quatre cents stances* (skt *Chatuhshatakashastrakarika ;* tib. *bsTan-bcos-bzhi-brgya-pa-zhes-byabai-tshig-leur-byas-pa*).

Ashvagosha, *Cinquante vers sur le guru yoga* (skt *Guru pancasika ;* tib. *bLa-ma-lnga-bchu-pa*).

Atisha, *la Lampe pour la voie de l'éveil* (skt *Bodhipathapradipam ;* tib. *Byang-chub-lam-gyi-sgron-ma*).

Bouddha, *Texte racine du tantra de Guhyasamaja* (skt *Guhyasamajamulatantra ;* tib. *bSang-bdus-rtsa-rgyud*).

Chandrakirti, *Le Guide de la voie du milieu* (skt *Madyamakavatara ;* tib. *dbU-ma-la-'jug-pa ;* fr. *L'Entrée au milieu,* Editions Dharma).

Maitreya, *L'Ornement des soutras mahayana* (skt *Mahayanasutralamkarakarika ;* tib. *Theg-pa-chen-poi-mdo-sde-rgyang-gyi-tshig-leur-byas-pa*).

Maitreya, *L'Ornement de la claire compréhension* (skt *Abhisamayalamkara ;* tib. *mNgon-par-rtogs-pai-rgyan*).

Nagarjuna, *Lettre à un ami* (skt *Suhrllekha ;* tib. *Bshes-pai-pring-yig ;* fr. *La Lettre à un ami,* Editions Dharma).

Nagarjuna, *Traité fondamental sur la sagesse* (skt *Prajnanamamulamadhyamakakarika ;* tib. *dbU-ma-rtsa-bai-tshig-leur-byas-pa-shes-rab-ces-bya-ba*).

Nagarjuna, *Une guirlande précieuse* (skt *Ratnavali ;* tib.

Rin-chen-'pfreng-ba ; fr. *La Précieuse Guirlande des avis aux rois,* Editions Yiga Tcheu Dzinn).

Shantideva, *La Marche vers l'éveil* (skt *Bodhisattvacharyavatara* ; tib. *Byang-chub-sems-dpai-spyod-pa-la-'jug-pa* ; fr. *La Marche vers l'éveil,* Editions Padmakara ; fr. *Vivre en héros pour l'éveil,* Le Seuil, coll. « Points Sagesse ». Fr. *La Marche à la lumière,* Les Deux Océans, Paris. Fr. *Bodhisattvacharyavatara.* Rabten Choeling, Mont-Pèlerin, Suisse).

Commentaires de la *Marche vers l'éveil* de Shantideva

Dalaï-lama, *Comme un éclair déchire la nuit* (commentaire des huit premiers chapitres), Albin Michel.

Dalaï-lama, *Tant que durera l'espace* (commentaire du neuvième chapitre), Albin Michel.

Guéshé Lobsang Tengyé, *Sur l'océan du Mahayana,* Editions Vajra Yogini.

4. OUVRAGES TIBÉTAINS CITÉS DANS CE LIVRE

Gampopa, *Le Joyau ornemental de la libération* (tib. *Lam-rim-thar-gyan*).

Shamar Rimpoché, *Le Lam Rim du chapeau rouge* (tib. *Shva-mar-lam-rim*).

Pabongkha Dechen Nyingpo, *La Libération dans la paume de votre main* (tib. *Lam-rim-thar-pai-lag-skyang*).

Tsong Khapa, *Un grand exposé des étapes de la voie spirituelle* (tib. *Byang-chub-lam-rim-chen-mo.* Fr. *Le Grand Livre de la pogression vers l'éveil,* I et II, Editions Dharma).

Tsong Khapa, *Un exposé intermédiaire des étapes de la voie spirituelle* (tib. *Lam-rim-'bring*).

Tsong Khapa, *Un exposé concis des étapes de la voie spirituelle* (tib. *Lam-rim-bdus-don*).

5. COMMENTAIRES EN FRANÇAIS DE CERTAINS DE CES OUVRAGES

Commentaires de l'*Exposé concis des étapes de la voie spirituelle* de Tsong Khapa

L'Ode aux réalisations de Djé Tsong Khapa, commentée par Kyapdjé Ling Rimpoché, Editions Arkhana Vox.

Tsong Khapa, *Les Trois Principes du chemin* (tib. *Lam-gtso-rnam-gsum.* Fr. *Maitreya,* I, II et III, Editions Dharma).

Commentaire des *Trois Principes du chemin* de Tsong Khapa

Pratiques de la voie spirituelle, commenté par le dalaï-lama, Editions Trismégiste.

Table

Troisième partie
UNE PERSPECTIVE HISTORIQUE

5370

Achevé d'imprimer en France (La Flèche)
par CPI Brodard et Taupin
le 05 décembre 2011. 66999
EAN 9782290000304
1er dépôt légal dans la collection : octobre 1999

Éditions J'ai lu
87, quai Panhard-et-Levassor, 75013 Paris
Diffusion France et étranger : Flammarion